DROEMER

ALBERT KITZLER

DIE WEISHEIT DER LIEBE

Eine Philosophie der
Lebensfreude

Besuchen Sie uns im Internet:
www.droemer-knaur.de

Aus Verantwortung für die Umwelt hat sich die Verlagsgruppe Droemer Knaur
zu einer nachhaltigen Buchproduktion verpflichtet. Der bewusste Umgang mit
unseren Ressourcen, der Schutz unseres Klimas und der Natur gehören zu unseren
obersten Unternehmenszielen. Gemeinsam mit unseren Partnern und Lieferanten
setzen wir uns für eine klimaneutrale Buchproduktion ein, die den Erwerb von
Klimazertifikaten zur Kompensation des CO_2-Ausstoßes einschließt.
Weitere Informationen finden Sie unter: www.klimaneutralerverlag.de

Originalausgabe April 2023
© 2023 Droemer Verlag
Ein Imprint der Verlagsgruppe Droemer Knaur GmbH & Co. KG, München
Alle Rechte vorbehalten. Das Werk darf – auch teilweise – nur mit
Genehmigung des Verlags wiedergegeben werden.
Lektorat: Dr. Susanne Schackert
Covergestaltung: ZERO Werbeagentur, München
Coverabbildung: I'm Guitar/Shutterstock.com
Satz: Adobe InDesign im Verlag
Druck und Bindung: GGP Media GmbH, Pößneck
ISBN 978-3-426-27883-3

2 4 5 3 1

In memoriam
Thich Nhat Hanh (1926–2022)

Für
Klaus und Alicia
Gaia und Chiara

»*Liebe ist die universellste, erstaunlichste und mysteriöseste aller kosmischen Kräfte.*«[1]
Pierre Teilhard de Chardin

»*So ist es die allmächtige Liebe,*
die alles bildet, alles hegt,
die göttliche Kraft,
von der man nicht aufhört zu singen
und zu sagen.«[2]
Goethe

»*Es treibt ihr Spiel die Göttin der Liebe*
Unwiderstehlich.«[3]
Sophokles

»*Wenn der Weise den Rechten Weg studiert,*
so lernt er die Menschen lieben.«[4]
Konfuzius

Inhalt

Vorwort

Über die Liebe sind schon viele Bücher geschrieben worden. Wie sollte es auch anders sein, geht es doch um das stärkste Gefühl des Menschen und – wie gezeigt werden soll – um etwas, das für ein gelingendes Leben von entscheidender Bedeutung ist. Wenn hiermit ein weiteres Buch hinzukommt, dann im Hinblick auf ein Wort Senecas, wonach »nie zu oft gesagt ist, was nicht gründlich genug gelernt wurde«. Ja, lieben kann man lernen. Wie das geht, gehört keineswegs zum Allgemeinwissen. Wäre dem so, würden wir in einer anderen Welt leben.

Die Kunst der Liebe und der Lebensfreude ist kein Unterrichtsgegenstand in unserem Bildungssystem. Das ist bedauerlich und wird der Bedeutung nicht gerecht, die dieser Kunst für unser Lebensglück, für das gelingende Miteinander, den Frieden in der Welt und für unsere Umwelt zukommt. Hätten wir beispielsweise die Natur stets so hegend und pflegend geliebt, wie sie es verdient, würden wir uns jetzt nicht mit einer gewaltigen menschengemachten Klimakrise konfrontiert sehen. Vielleicht würde es auch die Kriege nicht geben, die zurzeit die Welt erschüttern.

Wenn in diesem Buch von Liebe gesprochen wird, dann ist wesentlich mehr gemeint als die partnerschaftliche Liebe. Unter Liebe soll hier jede Art von starker Sehnsucht nach etwas verstanden werden. So sprechen wir auch davon, dass wir Kinder lieben, Geschwister, Freunde, Gott, unsere Arbeit, Haustiere, Hobbys, ein gutes Essen, einen edlen Wein etc. Alles kann Sehnsucht auslösen, und immer ist ihre Erfüllung eine Art von Liebe, nämlich eine Vereinigung mit dem Ersehnten, die in uns Gefühle von Freude und Glück auslöst. Wie nachhaltig und tief die Freude ist, das hängt von dem Objekt unserer Sehnsucht ab und dem Grad der Verbundenheit.

In diesem Buch soll aufgezeigt werden, dass jede Lebensfreude ihren Grund in Formen erfüllter Liebe im weitesten Sinne hat. Es soll ferner dargelegt werden, dass wir lieben lernen können. Wir haben es daher selbst in der Hand, immer wieder Liebe zu erfahren und uns dadurch am Leben zu erfreuen. Schließlich soll deutlich werden, dass die Fähigkeit zu lieben im hohen Maße davon abhängt, inwieweit wir durch die Entwicklung unserer Persönlichkeit gelernt haben, ein gutes Leben zu führen, d. h. mit uns selbst, unseren Mitmenschen und der Welt so umzugehen, dass wir uns wohlfühlen in unserer Haut und mit uns im Reinen sind. Die Fähigkeit zu lieben wächst in dem Maße, in dem wir unsere Mitte finden und aus ihr heraus leben. Lernen, gut zu leben und zu lieben, ist dasselbe. Aus beidem erwächst die Freude am Leben.

Es soll nicht geleugnet werden, dass es in der Welt auch unendlich viel Unglück, Leid und Schrecken gibt. Viele Menschen leben in bedrückenden äußeren Umständen, die den Spielraum für Liebe und Lebensfreude erheblich einengen. Aber wo Leben ist, da hat der Mensch auch unter schwierigsten Bedingungen die Möglichkeit, das Beste aus den Umständen zu machen und Momente von Freude, Liebe und Sinn zu finden, sei es auch in noch so bescheidenem Maß.

Das Buch möchte den inneren Zusammenhang von Liebe und Lebensfreude erhellen und zu einem vertieften Verständnis dieses Verhältnisses beitragen. Es werden ausgiebig Quellen aus unterschiedlichen Kulturen und geschichtlichen Epochen angeführt, um die vielen Facetten der Liebe sowie die Zeitlosigkeit und Universalität der damit zusammenhängenden Fragen und Einsichten aufzuzeigen. Der Leser soll dadurch angeregt werden, sich selbst ein Bild über das Wesen und die Bedeutung der Liebe für die Lebensfreude zu machen. Wie über alle Lebensweisheit, so lässt sich auch über die Liebe nichts grundsätzlich Neues sagen. Alles ist bereits gedacht und gesagt worden, einiges davon aber wieder in Vergessenheit geraten. Es kommt darauf an, sich wiederzuerinnern, die vorhandenen Erkenntnisse zu sichten und erneut zu durchdenken, sie in das Hier und Jetzt zu stellen, in unserer heutigen Sprache neu zu formulieren und mit unseren eigenen Erfahrungen zu verknüpfen, damit sie uns Orientierung geben. Sie sollen für unsere tägliche Lebenspraxis wieder fruchtbar werden.

Das Buch möchte den Leser in den Stand setzen, sich selbst daraufhin zu prüfen, ob er seine Fähigkeit und sein Potenzial zu tiefer Liebe und Lebensfreude ausschöpft oder ob er diese Fähigkeit noch ausbauen kann. Das Buch beschränkt sich nicht auf die Theorie. Es wird vielmehr dargestellt, wie wir durch unser Denken, Wollen, Fühlen und Handeln dazu beitragen können, unsere Sensibilität und Fähigkeit, zu lieben und uns am Leben zu erfreuen, ausbilden und wachsen lassen können. Je mehr uns das gelingt, umso mehr wird sich unsere tiefste Sehnsucht erfüllen, die nach einem glücklichen, sinnvollen und gelingenden Leben.

Weil unser Lebensglück entscheidend von der Fähigkeit abhängt, zu lieben und Liebe zu empfangen, hatte die Liebe in allen Weisheitslehren der Antike in Orient und Okzident eine herausgehobene Stellung. Ihre Verwirklichung galt als letztes Ziel aller Lebensweisheit. Im Lieben und Geliebtwerden vollendet sich der Mensch, erfüllt seine Bestimmung und erlebt die tiefsten und nachhaltigsten Freuden.

Das Buch will deutlich machen, dass alle Weisheitslehren und ethischen Konzepte letztlich auf Einsichten, Übungen und Praktiken in gelebter Liebe hinauslaufen: Liebe zu sich selbst, den Mitmenschen, der Welt, der Natur und vielem anderen. Im letzten Kapitel soll gezeigt werden, wie wir durch konkrete Übungen und geänderte Lebens- und Verhaltensweisen unserem Denken, Wollen, Fühlen und Handeln Anstöße geben können, überall dort und immer dann zu lieben und Freude zu empfinden, wenn das Leben uns die Möglichkeit dazu bietet und das heißt im Grunde: immer und überall. Dieser Weg ist nicht immer einfach. Vielleicht gehört er sogar zum Schwierigsten, was es zu lernen gilt, soll unser Leben gelingen. Lieben ist eine Kunst, die ständig praktiziert und vertieft werden will. Sie ist eine lebenslange Herausforderung. Aber nur stetiges Wachsen und Entwickeln ist wahre Lebendigkeit, alles andere ist Stillstand.

Das Buch versteht sich als Beitrag zur praktischen Lebensphilosophie und setzt insofern die Bereitschaft voraus, sich tiefer mit dem Wesen der Liebe und dem Zusammenhang von Liebe, Lebensfreude und einem gelingenden Leben zu beschäftigen. Es ist daher kein Buch, das man schnell überfliegen kann, sondern das Zeit zum Nachdenken braucht. Dann sollte es aber für jeden klar und gut verständlich sein.

Wenn hier häufig auf die Antike zurückgegriffen wird, so deshalb, weil damals bereits alles Wesentliche erkannt und ausgesprochen wurde. Nirgendwo erscheinen die Dinge klarer und reiner als in ihrem Ursprung, wo sie noch nicht durch eine über Jahrhunderte anhaltende Diskussion zerredet und nicht selten auch verdunkelt worden sind. Es ist ein Irrtum, wenn wir glauben, mit dem Fortschritt der Wissenschaften und der Technik wären grundlegende Einsichten aus den alten Weisheitslehren zum gelingenden Leben überholt. Neben älteren Quellen sollen aber auch moderne Autoren zu Wort kommen, die die Diskussion um wichtige Aspekte bereichern und neuere wissenschaftliche Erkenntnisse einbezogen haben. Da die Wirkungsweise der Liebe in unterschiedlichen Lebensbereichen dargestellt wird, kommt es notwendig zu Überschneidungen und Wiederholungen. Dies wurde bewusst in Kauf genommen, weil es der Vertiefung dient.

Kursive Hervorhebungen in den Zitaten sind, wenn nicht anders vermerkt, vom Verfasser. Die Schreibweise älterer Zitate wurde in der Regel der heutigen angepasst. Gelegentlich ist der Text eines Zitats geringfügig geändert worden, wodurch aber in keinem Fall der Sinn entstellt worden ist. Auf die Änderung wird in der Fußnote hingewiesen.

Woher kommt die Sehnsucht nach Liebe?

»Wen wahre Liebe band, den wird sie wieder binden.«[1]
Seneca

*»Selig, welchen die Götter, die gnädigen, vor der Geburt schon
Liebten, welchen als Kind Venus im Arme gewiegt (…)«*[2]
Schiller

Das Denken, Wollen, Fühlen und Handeln des Menschen
hat seine Wurzeln in den natürlichen Trieben und Bedürfnissen. Diese aber werden maßgeblich geformt, umge-
staltet und kanalisiert durch unsere Erfahrungen, Erlebnisse,
Prägungen, Gewohnheiten, Erziehung und das soziale Umfeld, ferner durch unsere Haltungen und Werte, durch unser
Denken und Entscheiden. Dabei kommt unseren intellektu-
ellen Fähigkeiten eine wesentlich geringere Bedeutung zu,
als unser Selbstbild von einem vernunftbegabten Wesen es
nahelegt. Ganz überwiegend werden wir von verinnerlich-
ten Denk-, Wollens- und Verhaltensmustern geleitet und
nur zu einem geringen Teil von vernünftigen Überlegungen
und rationalen Entscheidungen. Wir mögen bedauern, dass
es nicht der Geist, die Vernunft, der Philosoph in uns oder
die Weisheit sind, die unser Leben steuern, sondern der endliche und mit Fehlern und Defiziten behaftete, unvollkommene Mensch, der nur mit größter Mühe seine Triebe und
Begierden zügeln kann und häufig nicht »Herr im eigenen
Haus« ist. Aber der Mensch ist nichts anderes als die Summe
seiner Denk-, Wollens- und Verhaltensgewohnheiten, die

sich aufgrund seiner Erfahrungen und Prägungen gebildet haben und leider viel zu selten aufgrund gewonnener Einsichten oder einem Prozess vernunftgesteuerter Persönlichkeitsentwicklung und Selbstkultivierung. Auf unsere natürlichen Instinkte können wir uns aber schon lange nicht mehr verlassen. Wir sind ein Mangelwesen, sagt die Anthropologie, dessen Instinkte nicht mehr so funktionieren, wie sie sollten. Die Dominanz und ein fehlgeleiteter, einseitiger Gebrauch unseres berechnenden Verstandes haben sie weitgehend denaturiert. Wir haben vom Baum der Erkenntnis gegessen und dadurch die Einheit mit der Natur verloren, sodass der unverstellte Zugang zu unseren natürlichen Instinkten beeinträchtigt ist.

Eine der ersten, sicher aber die stärkste Prägung, die jeder Mensch erfährt und die ihn sein ganzes Leben begleitet, ist die Erfahrung, die er während der Schwangerschaft als Embryo im Mutterleib macht. Während dieser Zeit entwickeln sich nicht nur der Körper und die Organe, sondern auch das Gehirn, der Wahrnehmungsapparat, die Empfindungen und Gefühle. Unabhängig von der Frage, was und wie viel bereits genetisch vorgeprägt ist, bleibt das, was in dieser Entwicklungsphase erlebt wird und sich festsetzt, bestimmend für das ganze Leben. Es ist das Gefühl von Wärme, Geborgenheit, Getragenwerden, Genährtwerden, Fürsorge, Sicherheit, körperlicher Nähe, Einssein mit der Mutter, Einssein mit der Natur.[3] »Die Mutter ist Wärme, die Mutter ist Nahrung, die Mutter ist der euphorische Zustand von Befriedigung und Sicherheit«, schreibt der Psychoanalytiker und Philosoph Erich Fromm.[4] Auch das Ende dieses Zustands bleibt als prägende Erinnerung tief in uns verankert: Unter größten Schmerzen werden wir mit der Geburt aus diesem paradiesischen Zustand gewaltsam herausgestoßen. Das Erste, was das unter heftigen Wehen herausgepresste Neugeborene tut, ist, verzweifelt zu schreien und zu weinen. Denn es spürt, dass es die Geborgenheit und schützende Hülle der Mutter verloren hat, die zugleich seine Nahrungsquelle war. Es wird aus dem wohligen, warmen Einssein mit der Mutter ausgestoßen in ein grelles, kaltes Getrenntsein, abgeschnitten von seinem lebendigen Ursprung. Nackt und ungeschützt wird es hineingeworfen in die Welt, einen unbekannten Raum, in dem sich »hart die Dinge stoßen« (Schiller). Sein erster Schrei ist Ausdruck von Verlust, Trennung, Vereinzelung und Todesangst.

Der Psychoanalytiker Otto Rank hat in diesem »Trauma der Geburt« den Verlust einer embryonalen »Urlust« und die Wurzel aller Ängste gesehen, die der Mensch in seinem späteren Leben entwickelt. Es sei eine »unzweifelhafte analytische Tatsache (...) daß ganz wie jeder Angst die Geburtsangst zugrunde liegt, jede Lust letzten Endes zur Wiederherstellung der intrauterinen (vorgeburtlichen, Verf.) Urlust tendiert.«[5] Erst wenn die Hebamme das Neugeborene auf den Bauch der Mutter legt, hört es auf zu weinen, weil es wiedervereinigt ist mit dem, woher es kommt.[6] Den ganzen Vorgang scheint bereits der Vorsokratiker Empedokles zu beschreiben:

> »Aus welch herrlicher Fülle der Ehre und Seligkeit
>   stürzt ich
> So auf die Erde herab und schweife nun unter den
>   Menschen! (...)
> Königin war die Liebe allein (im goldenen Alter). (...)
> Zahm war damals alles Getier und den Menschen
>   befreundet,
> Vögel und Wild im Walde und alles erglühte in Liebe.«[7]

Viele Impulse, Regungen und Empfindungen hat der Fötus über die Blutbahn der Mutter, ihre Bewegungen und Gefühle und über das gemeinsame Netzwerk des Hormon-, Nerven- und Immunsystems erhalten und gespeichert. Hier kann es auch zu ersten Irritationen und Beunruhigungen kommen, insbesondere bei problematischen Schwangerschaften entsprechend der jeweiligen psychischen und körperlichen Verfassung der Mutter und ihrem Verhältnis zum Vater und zu ihrer Umwelt. Aber nichts davon dürfte auch nur annähernd heranreichen an die Prägungen, die einerseits der neunmonatige Zustand der wohligen Geborgenheit, des Getragen- und Geschütztseins im Mutterleib, andererseits die als qualvoll empfundenen Stunden der Geburt in die Seele des werdenden Menschen für immer eingeschrieben haben. Diese Erfahrung dürfte mehr oder weniger jeder Mensch gemacht haben. In einem gemeinsamen Buch schreiben der Gehirnforscher Gerald Hüther und die Psychotherapeutin Inge Krens: »Sie (die Menschen) gleichen sich auch deshalb, weil sie alle aus einer für alle Menschen typischen intrauterinen Welt kommen. In dieser Welt haben sie alle ähnliche Bedingungen vorgefunden und prinzipiell ähnliche Erfahrungen gemacht. Deshalb ist auch ihr Gehirn, wenn sie zur Welt kommen, entsprechend ähnlich strukturiert.«[8]

In dieser fundamentalen Grunderfahrung liegt der Ursprung unserer Sehnsucht nach Liebe. Bei jeder Art von Liebesregung erwacht immer wieder aufs Neue der unbewusste Wunsch, jene Gefühle der Geborgenheit, des Genährtwerdens, des Schutzes, der Wärme und des Getragenseins und alle damit zusammenhängenden Gefühlsschattierungen wieder zu erleben, bildlich gesprochen: in den Mutterleib zurückzukehren. Otto Rank spricht von einer »Urtendenz der Libido«, einem »Streben nach Wiederherstellung der lustvollen Ursituation im Mutterleib, das (sic) wir als Ausdruck der höchsten Lustmöglichkeit überhaupt ansehen müssen«.[9] Wo sich im Leben eines Menschen diese oder verwandte Gefühle einstellen und befriedigt werden, da erleben wir Freude und Erfüllung, Momente des Glücks. In jeder dieser

Emotionen erlebt unsere Seele, sei es auch in noch so schwacher Form, eine Art Wiedervereinigung mit ihrem Ursprung, mit der Mutter, mit der Natur, von der wir ein Teil sind und nach deren Gesetzen unser und alles Leben geboren wird, sich entwickelt, wächst, erblüht und vergeht.

Nicht nur die genannten Gefühle lassen sich auf eine embryonale Urerfahrung und die dadurch hervorgerufene Sehnsucht nach Liebe zurückführen. Es ist darüber hinaus gezeigt worden, dass alle »spezifisch menschlichen Gefühle und Potentiale – ob Einfühlungsvermögen und Mitgefühl, Sprachlichkeit und Erkenntnisfreude, Sinnsehnsucht und weitere – in gewisser Weise kulturanthropologische Erweiterungen von Liebe sind«.[10] So ist unser ganzes Leben und Streben, Wollen und Fühlen entscheidend geprägt von der Sehnsucht nach Liebe als eine Art Rückkehr und Wiedervereinigung mit unserem Ursprung.

»Ein jedes kehrt zurück zu seiner Wurzel,
Rückkehr zur Wurzel heißt Stille.
Stille heißt Wendung zum Schicksal.«[11]

Der chinesische Philosoph Laotse, von dem dieses Zitat stammt, wollte zum Ausdruck bringen, dass jedes Wesen seine Bestimmung erfüllt und zur Ruhe kommt, wenn es in seinen Ursprung zurückkehrt. Wenn der Mensch einen Seelenzustand erreicht, der dem gleichkommt, den er vor der Geburt erlebt hat, ist er an sein Ziel gekommen (»Schicksal«), hat er vollkommene Seelenruhe erlangt (»Stille«) und ist glücklich. In diesem Sinn beschreibt Laotse an anderer Stelle seinen Zustand mit den Worten: »(...) dem Kinde gleich, der Mutterbrust noch nicht entwöhnt, ein Heimatloser (...) schätze (ich) die Nahrung an der Mutterbrust.«[12] Nie entwöhnen wir uns, meint Laotse, von der Liebe zu der uns gebärenden Mutter, der pränatalen Lebenswelt und der physischen und seelischen Nahrung, die wir in der frühesten Phase unserer Entwicklung von ihr erhalten haben.

Nach Nietzsche ist der neugeborene Mensch in eine kalte abweisende Welt geworfen, sodass er sich stets nach der verlorenen Heimat zurücksehnt. In seinem Gedicht »Abschied« lesen wir:

> »Die Welt – ein Thor
> Zu tausend Wüsten stumm und kalt!
> Wer Das verlor,
> Was du verlorst, macht nirgends Halt.
> Nun stehst du bleich,
> Zur Winter-Wanderschaft verflucht,
> Dem Rauche gleich, (…)
> Weh dem, der keine Heimat hat!«[13]

Die Heimat, sagt Erich Fromm, ist »die Mutter (…) aus der wir kommen, sie ist die Natur, die Erde, das Meer.«[14] Für C. G. Jung ist die Suche nach der verlorenen Mutter die Suche nach dem Paradies, nicht als Regression, nicht als Wunsch zur Rückkehr in den Mutterleib, sondern als Sehnsucht nach dem Erlebnis zwischenmenschlicher Geborgenheit in der Welt.[15]

Die Ansicht ist häufig und sehr früh schon vertreten worden, dass unsere Sehnsucht nach Liebe und Geborgenheit außer in dem natürlichen Fortpflanzungstrieb vor allem in dem pränatalen und frühkindlichen Lebensabschnitt seinen emotional-seelischen wie auch körperlichen Ursprung hat. Die Liebe als Gefühl der Einheit und Verbundenheit ist die erste Erfahrung, die der werdende Mensch macht. Die Liebe ist »Grund, Quelle und Sinn des Seins«, sagt Anselm Grün. Nach dem französischen Philosophen Gabriel Marcel sind Liebe und Sein identisch.[16] Bei den Griechen war Eros der älteste Gott, dem selbst die Götter machtlos ausgeliefert sind. In der *Antigone* des Sophokles heißt es:

»Dich, Eros, schlägt
Keiner (…)
Von Göttern, sie leben ohne Ende,
von Menschen, sie fristen ihr Dasein,
Entrinnt dir keiner. Wen du befällst, den
bringst du zum Rasen.«[17]

Auch sein indischer Bruder Kama erhob sich »als erste der göttlichen Gewalten (…) aus der undurchdringlichen Flut des Anfangs«, die »dunkel in Dunkel bei sich selber glühte und über sich hinaus zur *Weltgeburt* drängte«[18]. »Da war das Nichtsein (…)«, heißt es in den altindischen Veden, »daraus erhob zuvörderst sich die Liebe, sie, die des *Geistes erste Samenskraft* war.«[19]

In einem der bedeutendsten Weisheitsbücher der Chinesen, das weit in die Epoche vor unserer Zeitrechnung zurückreicht, dem Liji (Buch der Riten), wird die Bedeutung der vorgeburtlichen Prägung betont. Dort wird das noch ältere I Ging zitiert: »Im Buch der Wandlungen (I Ging) heißt es: Wenn man die Wurzel richtig macht, so kommen alle Dinge in Ordnung (…) Der Vogel Phönix hat gleich von seiner Geburt an Gedanken der Liebe und Gerechtigkeit, ein Tiger oder Wolf hat gleich von seiner Geburt an ein gieriges und grausames Herz. Die beiden Wesen haben einen verschiedenen Ruf (Charakter) durch ihre Mütter. Ach, wie vorsichtig muss man sein, dass man nicht einen Tiger großsäugt, der einst die Welt verletzt! Darum heißt es: *Die Art der Überlieferung der Erziehung im Mutterleib* ist in kostbaren Urkunden aufgezeichnet (…) um künftigen Geschlechtern zur Mahnung zu dienen. (…) Als die Königin Jen von Dschou (die Gemahlin des Königs Wu) den König Tschong in ihrem Leibe trug, da lehnte sie sich beim Stehen nicht an, beim Sitzen saß sie nicht unregelmäßig. Wenn sie allein war, so war sie nicht hochmütig; auch wenn sie zornig war, schalt sie nicht. Das ist es, was man unter *Erziehung im Mutterleib* versteht.«[20] »Wenn man die Wurzel richtig macht« steht für die ersten Prägungen, die wir im Mutterleib und in den Monaten nach der Geburt erhalten. Die erste gelebte und erfahrene Liebe zu einer intimen Bezugsperson, insbesondere zur Mutter während der Schwangerschaft, weckt in uns eine lebenslange Sehnsucht nach Liebe im Sinne von Bezogenheit, Vereinigung, Mitsein, Gemeinschaft. Die »lustvolle Ursituation im Mutterleib«, die »wir als Ausdruck der höchsten Lustmöglichkeit überhaupt ansehen müssen«, schreibt Otto Rank, wird »durch den Akt der Geburt ... in unerwünschter Weise unterbrochen«. Das »ganze Leben besteht dann darin, dieses verlorene Paradies (...) zu ersetzen, da es tatsächlich nicht mehr zu erlangen ist«.[21]

»Obwohl wir uns nicht bewusst an vorgeburtliche Erlebnisse erinnern können«, schreiben Hüther und Krens, »scheinen sie dennoch tief in unseren Körpern und Seelen verwurzelt zu sein. Bei den Naturvölkern kommt dies in vielen überlieferten Mythen und Ritualen zum Ausdruck. Im Kongo haben schwangere Frauen z. B. die Gewohnheit, ihrem Kind im Bauch immer wieder dasselbe Lied vorzusingen. Nach der Geburt erinnert es sich daran. Die vertrauten Töne beruhigen es und geben ihm Sicherheit. In Thailand geht man davon aus, dass das ungeborene Kind alles miterlebt, was in der Mutter vor sich geht. Deshalb sorgt man dafür, dass die Mutter während der Schwangerschaft vor allem positive Erfahrungen macht. Bei den Quiché in Guatemala wird im siebten Monat eine Zeremonie begangen, bei der die Mutter ihrem Kind im Bauch mit lauter Stimme erzählt, wie die Wälder, Berge und Flüsse, also die Landschaft und die Umgebung, aussehen, in die es bald hineingeboren wird. Es wird auf diese Weise willkommen geheißen und auf sein zukünftiges Leben vorbereitet.«[22]

Menzius, ein bedeutender Nachfolger des Konfuzius,

stellte die Menschenliebe in das Zentrum seiner Ethik. Darin kommt die traditionell überragende Bedeutung der Kindes- und Elternliebe in der chinesischen Kultur zum Ausdruck. »Höchste Kindlichkeit hängt lebenslang an den Eltern. Mit fünfzig Jahren noch ganz an seinen Eltern zu hängen – das ist es, was ich an Schun, dem Großen, geschaut (gelernt) habe«, sagt Menzius. »Diese leidenschaftliche Liebe zu den Eltern«, schreibt Richard Wilhelm, der Übersetzer dieser Stelle und bedeutender Kenner der altchinesischen Philoso- phie und Kultur, »ist eine Eigentümlichkeit des chinesischen Geistes. Durch sie erst gewinnt die kindliche Ehrfurcht Wär- me und Farbe. (...) Das Motiv der Liebe wird durch diese Zusammenhänge beziehungsreicher als in der europäischen Poesie.«[23] Die Liebe zu den Menschen ist ihnen »ins Herz geschrieben« (Konfuzius).[24] Damit soll nicht geleugnet wer- den, dass Kinder sich von ihren Eltern auch loslösen und un- abhängig machen können und müssen. Aber in der tiefsten Schicht ihrer Persönlichkeit bleiben sie mit den Eltern auf ewig verbunden.

Ganz in diesem Sinne lesen wir bei dem griechischen Philosophen Plutarch: »Den Menschen hingegen, ein ver- nünftiges, zum bürgerlichen Leben gemachtes Wesen, führt die Natur zu Gerechtigkeit und Gesetz, zur Verehrung der Götter, zur Gründung von Städten und freundschaftlicher *Vereinigung,* sie hat ihm daher einen edlen, herrlichen, alle diese Tugenden zur Reife bringenden Samen *in der Liebe und Zärtlichkeit gegen die Kinder* gegeben, dabei sich aber an die *ersten Grundstoffe* gehalten, welche in den *ersten Anlagen der Körper* liegen.«[25] Die Liebe gehört danach zu den »ersten Anlagen der Körper«, wird genährt und reift in »der Liebe zu den Kindern« und ist grundlegend für jede gelingende Gemeinschaft von der Partnerschaft über die Familie, das Dorf, die Stadt bis hin zum Staat und der Weltgemeinschaft. »Wen wahre Liebe band, den wird sie wieder binden«, heißt es in einer Tragödie Senecas.[26] Dass diese Liebe etwas mit der pränatalen Erfahrung und der Bindung an die Mutter zu tun hat, drückt sich wohl auch im Mythos des Ödipus aus, der, als er glaubt, eine fremde Frau zu lieben, sich in Wahrheit mit der Mutter vereinigt.

In der jüdisch-christlichen Tradition finden wir das Bild von der Vertreibung aus dem Paradies, das wir in vielen alten Kulturen antreffen. Es kann als Metapher für die Geburt des Menschen, für den Verlust der Einheit mit der Mutter und der Natur verstanden werden. Ein weiterer Mythos aus dem Alten Testament besagt, die Frau als Lebenspartnerin des Mannes sei ihm »aus der Rippe« geschnitten. In der Liebe zum Partner sehnen wir uns danach, den verlorenen Körperteil wiederzuerlangen, um wieder »ganz« und »heil« zu werden. Stets kommt es dem Menschen so vor, als wenn »in seiner Brust etwas fehlt, wenn er es nicht in einem anderen Menschen findet«, interpretiert der Theologe und Psychoanalytiker Eugen Drewermann und fährt fort: »es gibt in jedem Menschen etwas, das er in sich vermisst, etwas, das ihm fehlt und doch zu ihm gehört, und er kann es nur von außen wiedererlangen. Das Gegenüber der Liebe ist immer – zufolge dieses alten Mythems (sic) – geformt aus dem eigenen Mangel; die Geliebte ist stets die vollendete Erfüllungsgestalt der eigenen Wunde.«[27]

Der jüdische Religionsphilosoph Martin Buber betont, dass die naturhafte Verbundenheit mit der Mutter gleichzeitig eine Verbundenheit mit der ganzen Welt und dem Kosmos einschließe: »Das vorgeburtliche Leben des Kindes ist eine reine naturhafte Verbundenheit, Zueinanderfließen, leibliche Wechselwirkung; wobei der Lebenshorizont des werdenden Wesens in einzigartiger Weise in den des tragenden eingezeichnet (…) erscheint; denn es ruht nicht im Schoß der Menschenmutter allein. Diese Verbundenheit ist so welthaft, dass es wie das unvollkommene Ablesen einer urzeit-

lichen Inschrift anmutet, wenn es in der jüdischen Mythen-
sprache heißt, im Mutterleib wisse der Mensch das All, in der
Geburt vergesse er es. Und sie bleibt ihm eher als geheimes
Wunschbild eingetan. (...) Jedes werdende Menschenkind
ruht, wie alles werdende Wesen, im Schoß der großen Mutter: der ungeschieden vorgestaltigen Urwelt.«[28] Er fügt hinzu, es sei die Bestimmung des Menschen, diese naturhafte
Verbundenheit, die mit der Geburt und Ichwerdung ende,
durch tiefe, emotionale, nährende (»geistige«) Bindungen
zu anderen Menschen zu kompensieren: »Es ist dem Menschenkind Frist gewährt, für die verlorengehende naturhafte
Verbundenheit mit der Welt geisthafte, das ist Beziehung,
einzutauschen (sic).«[29]

Für die antiken Weisheitslehren in Ost und West war
Sehnsucht nach Liebe ein derart fundamentales und beherr-
schendes Lebensprinzip, dass sie es als eine kosmische Kraft
ansahen, die alles Lebendige wie Unlebendige einschließlich
der Götter selbst beherrscht. Bei den Griechen ist Eros eine
»lebenschaffende kosmische Urkraft« von »unermesslicher
philosophischer Fruchtbarkeit«. »Die zeugende Macht des
Eros« gilt »als Prinzip des Werdens der gesamten körperlichen Welt, als die schöpferische Potenz jener Urliebe«, zugleich als »das Prinzip alles Wohlseins und aller wahren
Harmonie«.[30] Der römische Dichter Lukrez schreibt in seinem Lehrgedicht »Über die Natur der Dinge«, in dem er der
Philosophie Epikurs von der Lust und Freude am Leben ein
Denkmal setzt:

> »Kurz: In den Bergen, zur See, in den machtvoll
>   sprudelnden Flüssen,
> laubüberschatteten Nestern der Vögel, auf grünenden
>   Fluren
> bewegst du (Venus) in jedem Geschöpf ein willkommenes
>   Liebesverlangen,

spornst es zu eifrigem Fortpflanzen an, zur Erhaltung
der Arten.
Derart beherrschst du den Gang der Natur als einzige
Herrin.«[31]

Die Idee, dass die Liebe die Sehnsucht nach Rückkehr und
Wiedervereinigung mit der Natur und ihren schöpferischen
Kräften ist, zieht sich durch die gesamte Kulturgeschichte
der Menschheit bis zum heutigen Tag und wird von den
Erkenntnissen der Psychologie, Soziologie und modernen
Biomedizin bestätigt. »Die Geschichte des Menschen als eines gesellschaftlichen Wesens begann damit«, schreibt Erich
Fromm, »dass er aus einem Zustand des Einsseins mit der
Natur heraustrat und sich seiner selbst als einer von der ihn
umgebenden Natur und seinen Mitmenschen abgesonderten
Größe bewusst wurde.«[32] Herbert Marcuse entwickelt eine
ähnliche Idee, wonach sich der Mensch auf die Suche nach
den »Spuren einer andersartigen verlorenen Wirklichkeit
oder einer verlorenen Beziehung zwischen Ich und Wirklichkeit« macht, in der gleichsam ein anderes als das väter-
liche Realitätsprinzip herrsche, nämlich eine tendenziell
»mütterliche Wirklichkeit« der innigen und sogar libidinösen Verbundenheit.[33]
   In einem Vortrag führt der Neurobiologe Gerald Hüther
aus: »Aus der pränatalen Erfahrung erwachsen dem Menschen zwei grundlegende Bedürfnisse: der nach Geborgenheit und der, in Geborgenheit wachsen zu können. Deshalb
ist der Mensch einerseits auf Integration in eine Gemeinschaft, andererseits auf freie Entfaltung seiner Begabungen
angewiesen. Bekommt er das nicht, beginnt er zu leiden und
sucht Ersatzbefriedigungen. Jedes Kind hofft, dass da draußen jemand ist, der ihm Geborgenheit, Schutz, das Gefühl
der Zugehörigkeit gibt.« Er spricht von der notwendigen
Wiederbelebung und Wiederfindung dessen, was irgend-

wann in der frühkindlichen Phase verloren gegangen ist: »to reconnect the disconnected«.[34]

Beim Dalai Lama lesen wir schließlich: »Als Folge dieser hochgradigen Abhängigkeit von anderen in unserer frühkindlichen Entwicklung ist die Bereitschaft zur liebevollen Zuwendung in unserer biologischen Natur angelegt. (…) für uns Menschen, die wir so lange genährt werden müssen, sind die Fürsorge und liebevolle Zuwendung anderer zweifellos lebensnotwendig und für unser Wohlergehen unverzichtbar. (…) Erkenntnisse auf dem Gebiet der Psychologie bestätigen, dass die Fürsorge, die wir als Säuglinge und Kinder erfahren, einen entscheidenden Einfluss auf unsere emotionale und psychische Entwicklung hat.«[35]

Die Zitate ließen sich beliebig fortführen. Das Gesagte soll genügen, um den Ursprung der Liebe als der stärksten Sehnsucht des Menschen, ohne die Leben gar nicht möglich ist, zu veranschaulichen. Es sollte zudem deutlich geworden sein, dass die Sehnsucht nach Liebe viel weiter reicht als die erotische Liebe und fundamental unser ganzes Sein bestimmt. Die erotische Liebe mag zu heftigsten Leidenschaften führen, die nicht selten stärker sind als unser Verstand und großes Leid verursachen können. Ein tief verwurzelter genetischer Fortpflanzungstrieb lädt diese Form der Liebe zusätzlich auf. Aber tiefer und nachhaltiger werden unsere Existenz und unser Lebensglück ergriffen, wenn sich die »Schmetterlinge im Bauch« beruhigt haben und aus dem Sturzbach der Verliebtheit der breite und mächtige Strom der Liebe geworden ist. Das ist dann der Fall, wenn sich das Gefühl der leidenschaftlichen Zuneigung in Gefühle von Geborgenheit, Sicherheit, Fürsorge, Wärme, Vertrautheit, seelisch-geistigem Einssein verwandelt hat. Eben in jene Gefühle, die uns im Mutterleib und als Kleinkind genährt, getragen und erfüllt haben und die keineswegs immer mit erotischer Liebe in Verbindung stehen müssen. Die Liebe zu den Kindern, zu

Freunden, zu uns selbst, zu unserem Tun, zur Kunst, zu einem Göttlichen etc. können ebenso starke und tragende Gefühle erzeugen, unter Umständen sogar tiefere. Aphrodite verkörperte bei den Griechen die leidenschaftliche Verliebtheit, die alles vergisst, aber auch die gereifte Liebe, die »Göttin des stillen Meeres«, den »Zauber des Meeresfriedens«.[36] Der Liebesgott Eros scheint eine ähnliche Ambivalenz aufzuweisen, denn die frühen Griechen stellten ihn auch als eine geflügelte ›Bosheit‹ dar, »da unbezähmte Leidenschaft einen störenden Einfluß auf eine geordnete Gesellschaft haben könnte«.[37]

Schließlich klang in dem Gesagten an, wie maßgeblich gelebte und empfangende Liebe unsere Lebensfreude und unser Glück beeinflusst, wie die Liebe im weitesten Sinne der Nährboden für jede Art von Freude und Glück ist. Jede befriedigte Sehnsucht löst Freude und Glücksgefühle aus. Je mehr solche Befriedigungen jene Gefühle wieder wachrufen, die uns als Embryo und Kleinkind geprägt haben, umso tiefer, nachhaltiger und erfüllender erleben wir Lebensglück. Viele Momente der täglichen kleinen Freuden berühren diese Schichten unseres emotionalen Seins nur oberflächlich. Manche dieser Freuden sind bloße Formen von Ersatzbefriedigung, zu denen wir in dem Maße Zuflucht suchen, wie es uns nicht gelingt, unsere tieferen Sehnsüchte zu stillen. Etwa, wenn wir konsumieren, kaufen, Genussmittel zu uns nehmen, guten Geschäften und beruflichen Erfolgen nachjagen, Kicks suchen oder extreme sportliche Herausforderungen bewältigen. So befriedigend und freudvoll solche Momente auch sein können, sie währen nur für eine kurze Zeit und sind keine Quelle anhaltender Lebensfreude und eines gelingenden Lebens. Anhaltende Lebensfreude ist eingebettet in eine körperlich-seelisch-geistige Gesamtverfassung, in der Gefühle wiedererlebt werden, die uns vor- und nachgeburtlich emotional geprägt haben: Geborgenheit, Wärme, Sicherheit, Vertrauen, Fürsorge, Getragen- und Geliebtsein, Verbundenheit, Mitsein, Einssein, zwischenmenschliche Resonanz.

Die Unterscheidung von flüchtiger und nachhaltiger Freude erinnert an die doppelte Bedeutung des Wortes »Glück«. Zum einen bezeichnet es ein von außen kommendes, zufälliges Glück (»ich *habe* Glück *gehabt*«); dann aber auch einen dauerhaften Seelenzustand (»ich *bin* glücklich«, »ich führe ein glückliches Leben«). Nur das zweite, das Glücklich*sein,* ist das, wonach wir uns am stärksten sehnen. Dieses Glück aber hat nichts mit Konsum, momenthafter Lustbefriedigung, vorteilhaften Ereignissen oder freudigen Zufällen zu tun, sondern wurzelt in unserer Sehnsucht nach Bezogenheit, Geborgenheit, dem Gefühl von Einssein und einer tiefen Verbundenheit mit einem anderen Menschen, mit uns selbst oder mit der Welt. So ist auch die Liebe, von der hier die Rede ist, kein flüchtiges Gefühl, sondern eine unsere ganze Existenz ergreifende und durchwaltende Grundstimmung, die viel zu tun hat mit einer ausgeglichenen, gesunden Seelenverfassung. Das soll in den folgenden Kapiteln vertieft und verdeutlicht werden.

*»In unaufhörlichem Wechsel tritt bald in Liebe
vereint alles in Eines zusammen,
Bald strebt jegliches vom Hasse entzweit wieder
nach Trennung.«*[38]

Empedokles

Liebe als Wunsch
zur Vereinigung

»Sich mit anderen Lebewesen zu vereinigen, zu ihnen in Beziehung zu treten, ist ein gebieterisches Bedürfnis, von dessen Befriedigung die seelische Gesundheit des Menschen abhängt. Dieses Bedürfnis steht hinter allen Erscheinungen, welche die gesamte Skala der intimen menschlichen Beziehungen ausmachen, hinter allen Leidenschaften, die man im weitesten Sinne des Wortes als Liebe bezeichnet.«[1]

Erich Fromm

»In Liebe sehen wir, dass es keinen Unterschied,
keine Trennung gibt.
Du bist ich, ich bin Du.
Du bist Teil von mir.
Ich bin Teil von Dir.
Diese Einheit zu fühlen, ist Liebe.«[2]

Sri Sri Ravi Shankar

U nsere tiefste und stärkste Sehnsucht im Leben ist die nach dem Erlebnis einer liebevollen Vereinigung, insbesondere mit anderen Menschen, sei es in körperlicher, geistiger oder seelischer Hinsicht oder in allen drei gleichzeitig. Sie rührt her von der Erfahrung der Liebe, Geborgenheit und Einheit mit der Mutter im vor- und nachgeburtlichen Lebensstadium. Im nachgeburtlichen Stadium kann anstelle der Mutter auch eine andere Bezugsperson treten, zu der das Kind eine tiefe emotionale Bindung aufbaut und starke Resonanz erlebt. Vereinigung meint jede Form des erlebten körperlichen, seelischen und geistigen Mit-, Bezogen- oder Zusammenseins mit einem Menschen, aber auch mit einem Gegenstand, einer Tätigkeit, einem Verhältnis, einer Idee, einer Vorstellung oder eines sonstigen immateriellen Objekts.

Wenn wir mit einem geliebten Menschen zusammen sind oder uns einem Menschen nahe fühlen, ein Einvernehmen mit ihm herstellen, ihn verstehen, mit- und nachfühlen, was er erlebt, wenn wir uns verstanden fühlen; oder wenn wir zusammen spielen, lachen, gemeinsam meditieren, singen, Musik oder Sport machen; oder wenn wir uns selbst besser verstehen, uns finden, innere Konflikte lösen, in unsere Mitte kommen, uns wohl in unserer Haut fühlen, in uns Harmonie und innere Ausgeglichenheit herstellen, zu innerem Frieden kommen, gelassen und geborgen in uns ruhen; oder wenn wir Zusammenhänge erkennen, zu neuen Einsichten kommen, etwas lernen, Werke des Geistes oder der Kunst verstehen; oder wenn wir uns an der Natur erfreuen und spüren, dass wir ein Teil von ihr sind; oder wenn wir in den Besitz eines gewünschten Gegenstands kommen: ein Kleidungsstück, ein Möbel, eine Wohnung, ein gutes Essen, ein guter Wein; oder wenn wir die gewünschte Arbeitsstelle bekommen, Lob und Anerkennung erhalten, eine ersehnte Reise machen – in all diesen Erlebnissen und Beziehungen ist das Freudvolle und Beglückende eine Art Vereinigung, Erfüllung einer Sehnsucht, ein Mitsein, Mitfühlen, Mitdenken, ein gemeinsames Erleben und Bezogensein, seelisch, emotional, geistig oder körperlich oder alles zusammen.

In alldem findet eine mehr oder weniger starke Aufhebung unserer Vereinzelung statt, wir spüren und erkennen unser Bezogensein auf die Welt, die anderen oder uns selbst und fühlen uns aufgenommen, akzeptiert und integriert. Wir durchbrechen unsere Isolation, werden größer, wachsen über uns hinaus und erfahren uns als ein Teil von etwas Umfassenderem. Wir erleben Resonanz, Anerkennung und Selbstwirksamkeit. In der erfüllenden Begegnung mit etwas oder einem anderen Menschen werden wir uns selbst gewahr. Wir bewegen und berühren etwas, werden bewegt und angerührt. Wir werden uns in dem anderen, in dem Verhältnis, in dem Ding, in der Idee selbst gewahr oder spüren uns in der Erfüllung eines Wunsches, im Erreichen, Herstellen oder Denken von etwas. In der Handlung, im Bewirken, im Gestalten, im Erschaffen, im Denken begegnen wir uns selbst. Stark ausgeprägt ist dies im zwischenmenschlichen Bereich: Im Du erkennen wir unser Ich. In der Spiegelung der anderen erfahren wir uns selbst. »Ich werde am Du«, schreibt der Religionsphilosoph Martin Buber, »alles wirkliche Leben ist Begegnung. (…) Im Anfang ist die Beziehung.«[3]

Erfüllte Liebe ist immer eine Form der Vereinigung. Wonach wir uns sehnten, ist bei uns angekommen. Der Mensch ist bei und mit uns, körperlich, seelisch, geistig oder in allen drei Hinsichten zugleich. Eine Idee, ein Plan, ein Entwurf, der zunächst nur im Kopf war, ist umgesetzt, verwirklicht und Bestandteil unserer körperlichen oder geistigen Lebenswelt geworden. Stets kommt dabei etwas überein (Idee und Wirklichkeit), fällt zusammen, wird erfüllt und stimmig. Was vorher getrennt war, ist nun zusammen. Dieses Einswerden findet vor allem im Bewusstsein statt, weshalb es weniger darauf ankommt, ob eine physische Nähe oder körperliche Vereinigung hergestellt wird. Wenn wir die ersehnte Arbeitsstelle bekommen oder eine Prüfung bestehen, hat sich räumlich nichts verändert. Aber in unserem Bewusstsein ist eine Sehnsucht oder ein Wunsch in Erfüllung gegangen. Wo eine Leerstelle war, ist nun ein neues Verhältnis getreten, das unser Denken und Leben verändert. Wir haben etwas erreicht und sind ans Ziel gekommen. In alldem erleben wir eine Form der Vereinigung im Hinblick auf das Ersehnte, des Eins- und Ganzwerdens, von Gelingen und Erfüllung, von Harmonie.

Dass ein Einssein mit etwas Ersehntem gleichbedeutend ist mit Glück, Freude, Befriedigung, wie umgekehrt Getrenntsein gleichbedeutend ist mit Leid, Einsamkeit oder Verlassenheit, ist als ein Urerlebnis unauslöschlich tief in unseren Genen, Sinnen und Erfahrungsmustern eingeprägt. In dem Erlebnis des Einsseins, insbesondere mit einem anderen Menschen, schwingt ein Gefühl von Geborgenheit, Getragenheit, Geschütztsein und Genährtsein mit. Dieses Erlebnis aber ist eine Form erfüllter Liebe. Aus ihr erwächst die Lebensfreude. Daher hat jede Freude etwas mit gelebter Liebe zu tun. So ist die Fähigkeit zu lieben und geliebt zu werden der Schlüssel für ein gelingendes, freudvolles Leben.

In den folgenden Kapiteln soll erläutert werden, was Lieben in diesem Sinn konkret bedeutet, welche Schlussfolgerungen daraus für unsere Lebensführung zu ziehen sind; ob wir die Fähigkeit des Liebens lernen und steigern können, welche Bedeutung den Objekten unserer Liebe zukommt, wie wir »richtig« lieben, sodass unsere Freude am Leben nicht an der Oberfläche bleibt, sondern uns tief ergreift und wir unser Leben als sinnvoll und gut erleben; wie wir den Fallstricken der Liebe entgehen, wie und worin wir uns üben müssen, wenn wir unsere Fähigkeit zu lieben kultivieren wollen, und was die Voraussetzungen dafür sind, erfüllend und freudvoll zu lieben.

Das alles ist nicht selbstverständlich. Wir verkennen das Wesen der Liebe, wenn wir meinen, dies sei nichts weiter als ein Gefühl, das sich einstellt oder nicht und auf das wir wenig Einfluss haben. Lieben ist eine Kunst, die keineswegs jeder Mensch von Natur aus beherrscht, sondern von den meisten gelernt werden muss, soll ihr Leben gelingen. Würden die Menschen die Kunst des Liebens beherrschen und praktizieren, würden wir in einer anderen Welt leben. Wir würden uns nicht gegenseitig persönlich angreifen und verletzen, sondern miteinander respektvoll, mitfühlend und verständnisvoll umgehen. Die Völker würden sich nicht bekriegen, ausbeuten und unterdrücken, Gläubige würden Andersgläubige nicht verfolgen, ausgrenzen und töten. Wir würden uns nicht nur den anderen Menschen, sondern auch der Natur gegenüber anders verhalten, den Einklang mit ihr suchen und sie weder schädigen noch zerstören. Wir würden mit mehr Energie und Engagement global und effektiv den Hunger auf der Welt bekämpfen und schließlich besiegen. Wir würden uns persönlich und gesellschaftlich kontinuierlich weiterentwickeln auf dem Weg zur Erfüllung unserer tiefsten Sehnsucht: die nach einem gelingenden Miteinander, nach gelebter Liebe, die nach Harmonie, Vereinigung, Einssein und Einsfühlen, die nach Geborgenheit und Seelenfrieden im Äußeren wie in der eigenen Seele.

Leider ist das ein schwieriger Weg. Das lehrt die Geschichte der Menschheit, die in Hinsicht auf zwischenmenschliche Beziehungen eher eine zirkelhafte Bewegung der ewigen Wiederkehr des Gleichen als eine echte Weiterentwicklung erkennen lässt. In manchen Dingen können wir Fortschritte feststellen, wie bei den Rechten der Frauen, den Menschenrechten, der freien Meinungsäußerung und politischen Betätigung etc.

Das vergangene Jahrhundert und leider auch die Gegenwart haben jedoch auch gezeigt, zu welch unvorstellbarem und nie da gewesenem Ausmaß an Hass, Aggression und Gewalt gegen ganze Völker und Nationen Menschen immer noch fähig sind. Doch damit nicht genug, wir sind gegenwärtig auf dem besten Weg, uns selbst und unsere Existenzgrundlage zu zerstören. So können wir nicht feststellen, dass die Menschen im Laufe der Jahrtausende wirklich Fortschritte auf dem Weg zu einem glücklichen Leben gemacht haben. Was die rein äußerlichen Lebensumstände angeht, ist ein Fortschritt für einen Großteil der Weltbevölkerung nicht zu leugnen, allerdings auf Kosten der natürlichen Umwelt und eines immer größer werdenden Teils der Weltbevölkerung, der von jeglichem Wohlstand abgeschnitten ist. Und hat der erreichte Wohlstand in den Industrienationen wirklich zu einer Verbesserung des seelisch-emotionalen Zustands seiner Menschen geführt?

Für den privilegierten Teil der Weltbevölkerung spiegelt das äußere Wohlergehen keinesfalls den innerseelischen Zustand wider. Blickt man auf die bisherige Kulturgeschichte der Menschheit, so bestehen erhebliche Zweifel daran, den heutigen Durchschnittsmenschen für glücklicher zu halten als den Menschen in irgendeinem anderen Zeitalter. Die Menschen scheinen unter denselben seelischen Problemen zu leiden wie vor 2000 Jahren, obwohl die Einsichten, die notwendig sind, damit ihr Leben gelingt, schon seinerzeit bekannt waren. Aber damals wie heute scheitern viele Menschen an der Anwendung und Umsetzung dieser Einsichten im täglichen Leben. Einzelnen mag es gelingen, in ihrem Leben Fortschritte zu erzielen, belastende Prägungen und leidvolle Affekte und Emotionen abzubauen, freudvoller zu leben und liebevoller miteinander umzugehen. Für die Allgemeinheit kann dies leider nicht gesagt werden.

Wenn es aber dem Einzelnen gelingen kann, sich weiterzuentwickeln, weil er neugierig ist, der Welt und den anderen offen und zugewandt begegnet, kontinuierlich dazulernt und an sich arbeitet, dann ist es sinnvoll, sich an längst bekannte Einsichten zu erinnern, die uns sagen, wie wir friedlich und liebevoll zusammenleben können. Das soll hier geschehen, unter Berücksichtigung der Umstände und Lebensbedingungen, wie sie heute sind, und im Hinblick auf wissenschaftliche Erkenntnisse, die wir heute besitzen. Vieles ist bekannt, anderes in Vergessenheit geraten. Häufig erschöpft sich die philosophische Reflexion darin, wie Aristoteles meinte, vergessene Weisheiten wiederzuentdecken oder, wie sich Konfuzius ausdrückte, Altes neu zu überdenken und es mit den eigenen Erfahrungen zu verschmelzen, um dadurch Veränderungsprozesse anzustoßen. Denn, wie er sagt, »wer nicht in den Spuren anderer wandelt, kommt nicht ans Ziel«, oder, wie es Epikur formulierte: »Mühselig ist es, das Leben immer wieder neu zu beginnen.«[4]

Bevor dazu übergegangen wird, sollen einige Stimmen zu Wort kommen, die untermauern, dass alles, so auch der Mensch, nach Formen der Vereinigung strebt, nach Harmonie, nach Ganzheit. Die Fülle des Materials, die dieses Thema behandelt, ist unerschöpflich. Die hier angeführten Stellen sollen einerseits verschiedene Aspekte dieser These benennen, andererseits die Dimension und Bedeutung des Gesagten für ein gelingendes Leben verdeutlichen. Zunächst soll dabei auf die drei großen Weisheitstraditionen der Antike eingegangen werden: Griechenland, China und Indien, und sodann der Bezug zur Neuzeit hergestellt werden.

Griechenland

Der griechische Mythos nennt den Liebesgott Eros den »Erstgeborenen« unter den Göttern (griechisch »Protogonos«), der aus einem Ei entsprang, das im Schoß der Dunkelheit geborgen war. Nachdem er entschlüpft war, brachte er alles ans Licht, was dann die Welt war, und setzte sogleich das All in Bewegung.[5] Die Liebe ist danach die lebenschaffende, welterzeugende, schöpferische Kraft in allem. Die Anklänge an einen pränatalen Ursprung der Liebe drängen sich in diesem Mythos auf.

An der Schwelle zum griechischen *Denken* und am Anfang der gesamten abendländischen Literatur steht Homer, der mit der »Odyssee« ein erstes epochales Bild geschaffen hat von der existenziellen Sehnsucht des Menschen nach Rückkehr in die Heimat und nach Wiedervereinigung mit den Seinen. Es ist zugleich eine Allegorie für den langen und beschwerlichen Weg der Selbstfindung, der Rückkehr der Seele zu sich selbst und zu ihrem Ursprung, bildlich dargestellt in der Sehnsucht des Odysseus nach seinem Ithaka, nach Frau, Kind und Familie. Die Liebe als Sehnsucht nach Wiedervereinigung ist identisch mit der Sehnsucht nach Selbstwerdung und Vollendung der eigenen Bestimmung. Erfüllte und erwiderte Liebe ist Selbstfindung und Selbstverwirklichung. Was zusammen war und zusammengehörte, wird wieder zusammengeführt, wird eins, ganz und heil.

Zu großer Berühmtheit gelangte der Mythos, den Platon in seinem Dialog »Gastmahl« den Komödiendichter Aristophanes erzählen lässt. Danach gab es früher drei Geschlechter des Menschen. Neben dem weiblichen und männlichen gab es noch eines, das kugelförmig war. Es hatte vier Arme, vier Beine, zwei Gesichter, ein männliches und ein weibliches Geschlecht. Es lehnte sich gegen die Götter auf, sodass Zeus »zur Strafe« für diesen Übermut beschloss, das Kugelwesen in zwei gleiche Hälften zu teilen. Diese sehnen sich nun nach der verlorenen Hälfte und sind »voller Begierde, wieder zusammenzuwachsen«, wieder »heil und ganz« zu werden. Sie wüssten selbst nicht, so Aristophanes, warum sie so »eifrig zusammen zu sein wünschen«, denn die bloße Sinnesbefriedigung könne es nicht sein. Vom Schmiedegott Hephaistos wünschten sie sich, er möge sie »in eins verschmelzen und zusammenschweißen«, sodass »aus zweien einer« werde und sie ihr »ganzes Leben als wie ein Einziger gemeinsam verleben«. Denn dies, ein »ungeteiltes Ganzes«, sei ihre »ursprüngliche Naturbeschaffenheit«. »Und so führt die Begierde und das Streben nach dem Ganzen den Namen Liebe.«[6] »Seit so langer Zeit ist demnach die Liebe zu einander den Menschen *eingeboren* und sucht die *alte Natur* zurückzuführen und *aus zweien eins* zu machen und die menschliche Schwäche zu heilen.«[7] Wer sich auf diese Weise mit seiner zweiten Hälfte vereinige, sei »glücklich und selig«. Dies alles bewirke der Gott Eros, endet der Dichter seine Erzählung.[8]

Platon beschreibt die Liebe als Sehnsucht nach Wiedervereinigung, nach einem Ganz- und Heilwerden, nach Rückkehr in einen ursprünglichen Naturzustand, der glückselig macht. Wie bei der Vertreibung aus dem Paradies ist Übermut die Ursache für den Verlust der Ganzheit, worauf in beiden Mythen als göttliche »Strafe« die Auflösung der ursprünglichen Einheit folgt, hier die Vertreibung aus dem Paradies, dort die Trennung eines einheitlichen Wesens in zwei Einzelgeschöpfe. Da wir nicht wieder zusammenwachsen können, der Weg zurück ins Paradies versperrt bleibt, fristet der Mensch sein Leben mit einer unstillbaren Sehnsucht. Was die Strafe mildert, ist, dass wir diese Sehnsucht durch zeitweilige Vereinigung und Verschmelzung mit einem anderen Menschen vorübergehend befriedigen und darin Freude und Glück erleben können. Otto Rank hält Platons Mythos für »die deutlichste bewußte Annäherung an das Verlangen nach Wiedervereinigung des Kindes mit der Mutter, die bisher in der menschlichen Geistesgeschichte erreicht wurde (...). Plato kommt zu der fast letztmöglichen biologischen Erkenntnis, der Eros sei der Schmerz, womit der Dämon (...) nach dem verlorenen Paradies seines reinen und eigentlichen Wesens zurückverlange.«[9]

Schließlich sei noch die griechische Göttin der Liebe, Aphrodite, und deren Beschreibung in den alten Mythen angeführt. Als Verkörperung leidenschaftlicher Verliebtheit kommt von ihr »das allmächtige Sehnen, das die ganze Welt vergisst um des Einzigen willen, das ehrwürdige Bande zerreißen und die heiligste Treue brechen kann, *um nur mit ihm zu verschmelzen.*«[10] Als gereifte Liebe ist sie »der göttliche Zauber des Meeresfriedens und der glücklichen Fahrt, wie sie der Zauber der blühenden Natur ist. (...) So heißt sie denn

›Göttin des stillen Meeres‹ (…) und lässt die Schiffe glücklich den Hafen erreichen.«[11] Sie ist aber viel mehr als die partnerschaftliche Liebe. Überall, wo Sehnsucht entbrennt, ist sie am Werk. Ihr Sein »ist der bestrickende, herzgewinnende Glanz, in dem alle Dinge und die ganze Welt vor dem Auge der Liebe stehen, die *Wonne des Naheseins und Einswerdens,* deren Zauber die Berührung begrenzter Wesen zum Untergang im Grenzenlosen lockt. Und sie offenbart sich, als echte Göttlichkeit, vom Naturhaften bis hinauf in die sublimen Höhen des Geistes. (…) Alles, was reizvoll, gewinnend und liebenswürdig ist, sei es Gestalt oder Gebärde, Rede oder Tun, hat von ihr den Namen (…). ›Mache uns *liebenswert* in Worten und Taten‹, ›verleihe mir schön zu werden im Innern‹, so betete Sokrates zu ihr.«[12] Schönheit steht hier für rechtes Maß und richtige Proportionen, für Ausgeglichenheit und Harmonie. So kennt der Mythos die Göttin Harmonia als eine Tochter Aphrodites.[13] Harmonie ist erfüllte Liebe. Sie bekommt eine kosmische Dimension, indem die in ihr liegende Kraft das Weltall vereint, zusammenfügt und im Gleichgewicht hält. »Diese göttliche Wonne, durch die *das Getrennte sich liebend sucht und eint,* wird nun (…) zur verbindenden Macht in einem neuen Bilde des Kosmos. So ist es für Empedokles dieselbe Aphrodite, die Menschenherzen füreinander schlagen lässt und in großen Weltperioden die vollkommene *Harmonie und Einheit* herstellt. Wie einst der große Uranos die Gaia brünstig umarmte, so sieht der Dichter jetzt Himmel und Erde sehnsüchtig zueinanderstreben.«[14]

»Ebenso ist, was irgend aus glücklicher Mischung
    entstammt ist,
Liebend vereint, aneinander gepaßt von der Macht
    Aphrodites.
Feindlich dagegen erscheint, was am weitesten getrennt
    voneinander

Ist durch Ursprung und Mischung und ausdrucksvolle
  Gestaltung,
Nimmer gewohnt, mit anderem sich zu verbinden,
  und elend
Auf des Hasses Geheiß, der seine Entstehung bewirkt
  hat.
(…)
All dies wogt noch im Zwist zwiespältig in wirren
  Gestalten,
Doch in der Liebe dann zieht es sich an und wächst
  ineinander.«[15] (Empedokles)

Auch hier wird Liebe weit gefasst als treibende kosmische
Kraft nach Vereinigung in allen natürlichen Vorgängen, an-
gezogen von jeglicher Schönheit der Welt und der Dinge.

China

Ebenso finden wir in der altchinesischen Philosophie den
zentralen Gedanken, dass alles Sein und alles Leben von der
Sehnsucht nach Vereinigung durchdrungen ist. Im Anfang
war das ungeschiedene reine Sein oder Nichts, das Dao, das
aus sich heraus die beiden polaren Kräfte Yin und Yang,
Himmel und Erde, das Männliche und Weibliche entlässt.
»Wenn die beiden *sich vereinigen und Harmonie wirken,* so
entstehen die Dinge.«[16] Dann dringen sie ein »ins Ungeteilte«, »kehren zurück zur Einfalt«.[17] Wie bei der Entstehung
eines Menschen, wo die symbiotische Einheit mit der Mutter
der Anfang ist, ist dieses Ungeteilte Anfang, Ursprung und
Ziel aller Sehnsucht: »(…) *komm in Übereinstimmung mit dem
Uranfang;* löse dein Herz; entlaß deinen Geist; *kehre zurück
ins Unbewußte:* dann kehren alle Wesen *zurück zu ihrer Wurzel.*«[18] »Erfreue Dich am *Einklang.*«[19] Diese Bewegung zu-

rück zum Ursprung war bei den alten Chinesen ein universales Prinzip und hat eine kosmische und metaphysische Dimension: »Was sie (die Menschen) lieben, ist das *Eine*«.[20] Dieses Einswerden, »wo Ich und Nicht-Ich keinen Gegensatz mehr bilden, heißt der Angelpunkt des SINNS (sic)«, d. h. des Dao, des Seins.[21] Für den Menschen bedeutet das nach chinesischer Auffassung Rückkehr zu der natürlichen, unverstellten, spielerischen Seinsweise des Kleinkinds, das unbewusst und instinktiv handelt und deshalb »dem Menschenelend entronnen« ist: »Wahrlich, ich sage dir, kannst du sein wie ein Kind? Ein Kind bewegt sich und weiß nicht, was es tut, es geht und weiß nicht, wohin (…).« Als Säugling erlebt es den höchsten »Gleichklang mit sich selbst«. Daher ist es das Ziel des Menschen, dass er »wiederkehrt (…) zur ersten Kindheit«.[22]

In dieser Wiedervereinigung und dem Einswerden mit seinem Ursprung, der Natur und dem Sein, kommt der Mensch zu sich selbst, erfüllt seine Bestimmung und erreicht Glückseligkeit, Harmonie und Seelenruhe. »Versuche es, mit mir zu wandern in das Schloss des Nicht-Seins, *wo alles Eins ist (…) zur Einfalt und Stille, zur Versunkenheit und Reinheit, zur Harmonie und Ruhe.*«[23] In diesem »Nicht-Sein« klingt der vorgeburtliche Zustand des Menschen an, der noch nicht ins weltliche Sein getreten ist, und den er als einen leidfreien, paradiesischen Zustand erlebt. Er ist der Ursprung für seine Sehnsucht nach Liebe und Vereinigung. In den Momenten erfüllter Liebe kommt es zu der beschriebenen Harmonie, Ruhe, Einfalt und Stille, zu dem Gefühl »ozeanischer Versunkenheit« im »Nicht-Sein«.

Bei Konfuzius ist das gelingende Mitsein, die Mitmenschlichkeit der höchste Wert im Leben. Bei der Schaffung eines gelingenden Miteinanders ist »die Liebe zu den Menschen das Größte«, denn »*ohne Liebe gibt es keine Verbindung*«.[24] Weil die erfüllte Liebe ein harmonisches Mitschwingen ist, gelingende Resonanz, ist es für Konfuzius die »große Musik«, die eine *harmonische Vereinigung* bewirkt. »Auf diese Weise sind alle Menschen vereint (...) und *verbunden durch gegenseitige Liebe.*« »Die Vereinigung der verschiedenen Beziehungen ohne Leid ist das Wesen der Musik. Freude, Heiterkeit, Vergnügen und Liebe sind die Wirkungen der Musik.«[25] Liebe, die vereint, führt zur Freude, Heiterkeit und Vergnügen. Liebe ist Lebensfreude.

Indien

Die engste Verbindung zwischen Liebe und Wiedervereinigung treffen wir im altindischen Denken an. Hier stoßen wir auf den weitverbreiteten Gedanken, dass es nur das Eine gibt. Jede Vorstellung von Ich und Du, von Zweiheit, Vielheit, Trennung und Unterscheidung ist ein Trugbild und eine Täuschung über die wahre Natur des Seins. Liebe ist der Pfad, dies zu erkennen, und zugleich das Ziel des Erwachens, der Erleuchtung, der Einswerdung. Der Mensch kommt liebend zu sich selbst und damit zurück in seinen Ursprung. Die Vorstellung, es gäbe ein von der Welt getrenntes Ich, ist Illusion, Maya. In Wirklichkeit ist alles in uns und wir sind in allem, in Liebe verbunden. Brahman, das allumfassende Sein, das unpersönliche Göttliche, »ist alles, *und das Selbst ist Brahman*«. In meditativer Versenkung (Prajna) erkennen wir, dass es kein Getrenntsein gibt. »Möge er zu Bewusstsein kommen in Prajna: Das öffnet (...) die Tür zum *Zustand bleibender Freude.* Prajna, allmächtig und allwissend, wohnt als der Herrscher in den Herzen aller Wesen. Prajna ist der Ursprung und das Ende aller Wesen. (...) Es ist das höchste Lebensziel. *Es ist unendlicher Friede, grenzenlose Liebe.* Realisiere ihn!«[26]

»Das Herz ist die Mitte, von der alles herstammt (...) Nichts als das Selbst existiert.«[27] Wer sein »Ego« überwindet,

von der Unwissenheit und Täuschung zu seinem wahren
Selbst vordringt, der erlebt in sich selbst das Verbundensein
bzw. Einssein mit dem Universum, der ist vereinigt mit dem
»Herrn der Liebe«. Er ist »frei von Eigenwillen und von Vor-
lieben und Abneigungen, ohne egoistische Bindungen an
Menschen und Dinge«.[28] Hier ist die Liebe nicht nur die
Sehnsucht nach Vereinigung mit einem anderen, sondern
gleichzeitig und in noch stärkerem Maße Vereinigung mit
sich selbst und dem Göttlichen, das in einem wohnt. Sie bedeutet, zu sich selbst und in die eigene Mitte zu kommen,
Selbstfindung und Selbstverwirklichung. In den altindischen
Upanischaden, dem philosophischen Teil der Veden, heißt es:
»Mit dem Herrn der Liebe vereinigt zu werden bedeutet, von
aller Konditionierung befreit zu werden. Das ist der Zustand
der *Selbst-Verwirklichung,* ganz unerreichbar für Worte und
Gedanken.«[29] An einer anderen Stelle in den Upanischaden
lesen wir:

> »Eine Ehefrau liebt ihren Mann nicht um seinetwillen,
> sondern weil das Selbst in ihm wohnt.
> Ein Ehemann liebt seine Frau nicht um ihretwillen,
> sondern weil das Selbst in ihr wohnt.
> Kinder werden nicht um ihretwillen geliebt,
> sondern weil das Selbst in ihnen wohnt.
> Reichtum wird nicht um seinetwillen geliebt,
> sondern weil das Selbst in ihm wohnt. (…)
> Alles wird nicht um seinetwillen geliebt,
> sondern weil das Selbst in ihm wohnt.«

»Wir begehren irgendetwas (eine Sache, Kreatur oder Person etc.) nicht wirklich«, erläutert der Übersetzer dieser Stelle, »sondern sehnen uns nach der Vereinigung mit dem
Selbst, das darin existiert.«[30] Und dieses Selbst sind wir. Nach
dieser Auffassung führt die Liebe den Menschen über sein

»Ich« hinaus und vereinigt ihn als »Selbst« mit der Welt, dem Universum. »Aus seinem Wesen heraus liebt der Mensch (...) Sein Leben ist ein Zustand, in dem er über sein eigenes Ich weit hinaus ist. Es ist Ausdruck der *allverbindenden Einheit des Seins,* an der er in seinem Wesen teilhat und die, wo immer er ist, allumfangend wärmt, löst und neues Leben erweckt.«[31]

Alle Meditationsübungen, die aus dem indischen Kulturkreis stammen, haben als Ziel die Auflösung des »Ichs«, das Gefühl der Verschmelzung mit allem und die Erreichung des Bewusstseins der Einheit, das an die pränatale Verbundenheit mit der Mutter erinnert. »Das Ziel all dieser Übungen ist das Nirwana«, schreibt Otto Rank, »das lustvolle Nichts, die Mutterleibssituation, zu der noch Schopenhauers halb metaphysischer Wille einzig zurückzukehren sich sehnt. Der Weg dazu ist, ähnlich dem analytischen, die Versetzung in eine dem Embryonalzustand angenäherte Situation des hindämmernden Meditierens, dessen Ergebnis (...) tatsächlich ein weitgehendes Rückerinnern an die Intrauterinsituation ermöglicht.«[32]

Die altindische Auffassung von der Einheit von Selbst, Welt und dem Göttlichen hat einen starken spirituellen, spekulativen, ja mystischen Charakter, der für den abendländischen Menschen schwer nachvollziehbar ist. Aber wenn wir uns die Momente konkret erlebter und erfüllter Liebe vergegenwärtigen, sei es in der körperlich-seelischen Vereinigung mit einer geliebten Person, sei es in der Hochstimmung eines ungetrübten glücklichen Augenblicks, in Momenten vollkommenen Wohlgefühls und Übereinstimmung mit sich selbst, dann sind diese indischen Anschauungen leichter zu verstehen. Jedenfalls beschreiben sie treffend, wonach wir uns im tiefsten Inneren sehnen, jenem »ozeanischen« Gefühl, das ein über sich Hinausgehen und eine Erfahrung des Umgreifenden ist, das zugleich ein Gefühl des Einsseins mit der Mutter wiederkehren lässt. In der Psychoanalyse hat man dieses »ozeanische Gefühl« freilich kritisiert und spricht von einer »regressiven Verschmelzung« oder krankhafter Mutter-Kind-Symbiose. »Wenn es das Wesen der geistig-seelischen Gesundheit ist, aus dem Mutterschoß in die Welt hineinzuwachsen, so ist eine schwere seelische Erkrankung dadurch gekennzeichnet, dass der Betreffende sich zum Mutterschoß hingezogen fühlt, dass er davon wieder aufgesogen und aus dem Leben herausgenommen werden möchte.«[33] Damit dürften aber nur die Fälle gemeint sein, in denen ein Mensch in der Mutterbindung so stark verhaftet ist, dass er nicht zu sich selbst findet und tatsächlich und konkret eine Wiedervereinigung mit der Mutter anstrebt.

Die altindische Lehre der Selbstwerdung in der liebenden Erfahrung des Einsseins finden wir auch bei vielen zeitgenössischen Vertretern der indischen Philosophie wie beispielsweise bei Krishnamurti, Sadhguru oder Sri Sri Ravi Shankar.

So lesen wir bei Sri Sri Ravi Shankar, einem spirituellen Lehrer und Friedensbotschafter: »Das Paradies ist nicht irgendwo da draußen, es ist inwendig in Dir. Wenn Du voller Liebe bist, wenn Du dienen kannst und wenn Du in anderen Dich selbst sehen kannst, *dann bist Du im Paradies*.«[34] »Jenseits des sich verändernden Körpers, jenseits der sich verändernden Gedanken und Gefühle ist der innerste Kern deines Seins. Er ist sehr subtil, sehr zart. Du kannst ihn Liebe nennen.«[35] *»Liebe ist das, woraus wir alle gemacht sind.«*[36]

Das, woraus wir gemacht sind und woher wir kommen, ist unser eigentliches Wesen. Erfüllte Liebe führt uns zu uns selbst. »Liebe ist kein Gefühl«, sagt Sri Sri Ravi Shankar, *»Liebe ist meine wahre Natur.«*[37] Die embryonale Erfahrung des Getragen- und Behütetseins, des Genährtwerdens, der Wärme und Sicherheit, ist bei ihm »Himmel« und »Frieden«, die den tiefsten Kern unserer Seele ausmachen: »In dir ist ein Himmel (…) ein klarer, reiner Raum, weit und tief. Dieser blaue innere Raum, das bist du. (…) Ich bin Friede. *Aus diesem Frieden bin ich gekommen (…) zu diesem Frieden werde ich zurückkehren.* Friede ist mein Ursprung und mein Ziel. Ich bin Raum. *Ich bin Friede. Ich bin Liebe.*«[38]

Nach indischer Auffassung überwinden wir in der Meditation unser Ego und unsere Ichbezogenheit, die Vorstellung von »Ich« wird aufgelöst. Wir empfinden keine Trennung mehr und erfahren die Einheit mit allem, was für Sri Sri Ravi Shankar Liebe ist. »Der erste Schritt ist also, aufzuhören, jemand zu sein, und anzufangen, niemand zu sein. Und im zweiten Schritt hört man auf, niemand zu sein, und fängt an, jeder zu sein, ein Teil von jedem. *Das ist Liebe.* Meditation führt vom Jemand-Sein zum Niemand-Sein. (…) Du siehst irgendwen an, siehst in irgendein Augenpaar, und du *empfindest keine Trennung.*«[39] In dem Ego, das sich nach der Geburt entwickelt, entstehen durch die Trennung von der Mutter Gefühle des Alleinseins, des Ausgestoßenseins, der Unverbundenheit und Unsicherheit. Daraus entspringen Ängste, Sorgen, Leiden und eine ungestillte Sehnsucht, für die wir häufig im Materiellen oder einem flüchtigen Genuss Ersatzbefriedigung suchen. Nur erfüllte Liebe kann diesen Zustand überwinden. »Das Ego verursacht Schwere, Unbehagen, Angst, Sorgen. *Das Ego hindert die Liebe am Fließen. Dem Ego entspricht Getrenntheit,* Nichtzugehörigkeit, Beweisen- und Besitzenwollen.«[40] Meditation führt zurück in den Zustand des Unbewusstseins und gleicht einem »Abwischen einer Tafel. Auf der Tafel des Bewusstseins stehen so viele Dinge geschrieben.« »Wenn ihr meditiert (…) wenn ihr dieser Raum der Weite seid, Ruhe und Liebe, strahlt ihr bestimmte Schwingungen aus. (…) Die Wirkung der Meditation ist da. *Der Friede, die Gelassenheit, die Freude und das Glück dringen in die Gene ein.*«[41] Wer dieses Erlebnis auch außerhalb der Meditation herstellen kann und sich eins mit der

Welt erfährt, ist ein Weiser: »*Das Gefühl des Einsseins in einer Menge ist ein Zeichen von Weisheit.*«[42]

Diese Vorstellung, die den Kern der altindischen Philosophie ausmacht, behauptet nicht, dass die Sehnsucht nach Liebe von embryonalen Erfahrungen herrührt. Die Nähe zu der hier vertretenen Auffassung ist jedoch unübersehbar. Die Bedeutung der Liebe, ihr Wesen und Ziel stimmen weitgehend überein. Auch nach indischer Auffassung geht es um Vereinigung, um eine Rückkehr zum Ursprung, was als ein Ganz- und Heilwerden verstanden wird, als Selbstwerdung und Selbstverwirklichung. Es führt zu Erfüllung, Freude, Glück und Seelenfrieden. Erlebte Liebe ist Erfüllung einer Sehnsucht nach dem Ursprung des eigenen Seins und den damit verbundenen Gefühlen, die das Gedächtnis des Körpers während der Schwangerschaft abgespeichert hat: Geborgenheit, Wärme, Verbundenheit, Einssein, Getragensein, Fürsorge, Beschütztsein, Ganz- und Heilsein. Erfüllte Liebe ist Selbstfindung im Mitsein. Selbstfindung im Mitsein ist Vereinigung. Vereinigung ist Glück und Lebensfreude.

Neuzeit

In unserem kurzen historischen Rückblick überspringen wir das Mittelalter, das insbesondere in der religiösen Mystik den Zusammenhang von Liebe, Vereinigung, Eins- und Mitsein gesehen, durchdacht und auch praktiziert hat. Einschlägig ist hier die christliche Mystik, die arabisch-mohammedanische Liebeslyrik und der Sufismus. Verweise darauf finden sich in dem Kapitel »Liebe zu Gott«. Aus der Neuzeit soll aus dem unendlichen Fundus von Literatur zu diesem Thema nur punktuell auf einige wenige bedeutsame Darlegungen hingewiesen werden. Sie stammen aus den Gebieten der Psychologie, Soziologie und den Neurowissenschaften.

Wenn die Zitate umfangreicher ausfallen, so soll dies einem vertieften Verständnis der Liebe dienen. Je besser wir verstehen, woher unsere Sehnsucht nach Liebe kommt, worauf sie zielt und wie Glück und Lebensfreude mit ihr zusammenhängen, umso eher werden wir imstande sein, unsere Fähigkeit zu lieben und freudvoll zu leben, auszubilden und zu kultivieren.

Klare Erkenntnis und ein vertieftes Verständnis sind die beste Grundlage dafür, unsere Lebenspraxis für gelingende Resonanzbeziehungen zu öffnen. Sie geben der Seele den Schwung, um die Entschlossenheit, Beharrlichkeit und Konsequenz aufzubringen, die notwendig sind, um Veränderungsprozesse in Gang zu setzen und unsere Persönlichkeit weiterzuentwickeln. Bequemlichkeit, Trägheit und das Festhalten an alten Gewohnheiten, Denk-, Wollens- und Verhaltensmustern sind es, die die Menschen davon abhalten, ihr Potenzial an Liebesfähigkeit auszuschöpfen und zu mehr Lebensfreude zu gelangen.

An erster Stelle sollen hier einige Gedanken des Psychoanalytikers, Philosophen und Sozialpsychologen Erich Fromm wiedergegeben werden, der in den 60er-Jahren des 20. Jahrhunderts in seinem Weltbestseller »Die Kunst des Liebens«, aber auch in anderen Büchern, das Wesen der Liebe beschrieben und den Zusammenhang von Liebe und Lebensglück herausgearbeitet hat. Fromm stellt die fundamentale Bedeutung der Liebe für ein gelingendes Leben heraus und betont ihre Verwurzelung in dem Erlebnis der vorgeburtlichen Einheit mit der Mutter und der Natur. Auf der Grundlage eines umfangreichen psychologischen, philosophischen, soziologischen, anthropologischen und kulturhistorischen Wissens stellt er die verschiedenen Erscheinungsformen der Liebe im weitesten Sinne dar, weist auf ihre Entstehungsbedingungen, aber auch auf ihre pervertierten und krankhaften Erscheinungen hin. Er betont die Bedeutung der Liebe für die

Selbstverwirklichung, seelische Gesundheit und Lebensfreude sowie für ein gedeihliches Zusammenleben.

»Die elementarste der natürlichen Bindungen«, so schreibt er, »ist die *Bindung des Kindes an die Mutter.* Das Kind beginnt sein Leben im Mutterleib und (…) sogar noch nach der Geburt bleibt das Kind körperlich hilflos und völlig von der Mutter abhängig (…) das Kind erlebt die Mutter in diesen entscheidenden ersten Lebensjahren als die Quelle des Lebens, als eine *allumfassende, beschützende, nährende Kraft. Die Mutter ist Nahrung; sie ist Liebe; sie ist Wärme; sie ist Erde.* Von ihr geliebt zu werden, bedeutet lebendig sein, verwurzelt sein, daheim sein.

Genauso wie die Geburt bedeutet, dass man den umhüllenden Schutz des Mutterleibes verlassen muss, so bedeutet das Heranwachsen, dass man die schützende Welt der Mutter zu verlassen hat. *Aber selbst beim reifen Erwachsenen verliert sich die Sehnsucht nach jener einmal vorhandenen Situation nie völlig* (…).«[43]

An anderer Stelle weist Fromm darauf hin, dass die Bindung an die Mutter auch eine Bindung an die Natur ist, mit der man – vermittelt durch den Leib der Mutter – eine Einheit bildet. Die durch die Geburt vollzogene Trennung würde zum Erlöschen des Lebens führen, wenn an die Stelle der ursprünglichen Einheit keine neuen zwischenmenschlichen Beziehungen treten.

»Der Mensch ist aus seiner ursprünglichen Einheit mit der Natur, welche für das Leben der Tiere kennzeichnend ist, herausgerissen. (…) Er könnte diesen Zustand keinen Augenblick ertragen, wenn er nicht neue Bindungen an seine Mitmenschen finden könnte, welche die alten, von Instinkten regulierten, ersetzen. (…) Die Notwendigkeit, mit anderen lebenden Wesen eine Verbindung einzugehen, mit ihnen in Beziehung zu stehen, ist ein *unverzichtbares Bedürfnis, von dessen Befriedigung die geistige Gesundheit des Menschen* abhängt. Dieses *Bedürfnis nach Bezogenheit* steht hinter allen Phänomenen, welche die ganze Skala intimer menschlicher Beziehungen ausmachen, *hinter allen Leidenschaften, die wir im weitesten Sinne des Wortes als Liebe bezeichnen.*«[44] In der Liebe erlebt der Mensch »ein neues Gefühl der Einheit, des Teilens und des Einsseins.«[45]

Der Mensch ist ein Teil der Natur, aber nachdem »er einmal aus dem Paradies – dem *Zustand des ursprünglichen Einsein mit der Natur* – vertrieben ist, verwehren ihm die Cherubim mit flammendem Schwert den Weg, wenn er je versuchen sollte, dorthin zurückzukehren. Der Mensch kann nur vorwärtsschreiten, indem er (...) eine neue, *eine menschliche Harmonie findet anstelle der vormenschlichen Harmonie,* die unwiederbringlich verloren ist.«[46]

Nach der Geburt ist der Mensch bestrebt, mit der Natur wieder eins zu werden. Das gilt für alle Menschen gleichermaßen, weil alle im Mutterleib von ganz ähnlichen Erfahrungen geprägt sind.

»Am Anfang seiner Geschichte sieht sich der Mensch zwar aus seiner ursprünglichen Einheit mit der Natur ausgestoßen, doch hält er noch weiter an den ursprünglichen Bindungen fest. Er findet seine Sicherheit, indem er wieder zurückgeht oder diese ursprünglichen Bindungen beibehält. Noch immer identifiziert er sich mit der Welt der Tiere und Bäume, und er versucht dadurch zur Einheit zu gelangen, dass er eins bleibt mit der Welt der Natur. (...) *Alle Menschen sind gleich, weil sie alle Kinder einer Mutter sind, weil sie alle Kinder der Mutter Erde sind.*«[47]

Bei jedem Menschen ist daher der Wunsch nach zwischenmenschlichen Beziehungen fundamental, weil diese Wärme, Schutz und Sicherheit vermitteln.

»Jeder Erwachsene braucht Hilfe, Wärme und Schutz, die sich zwar in mannigfacher Weise von den Bedürfnissen des Kindes unterscheiden, ihnen in vieler Hinsicht aber auch wieder ähnlich sind. Ist es da erstaunlich, dass man bei allen Erwachsenen *eine tiefe Sehnsucht nach Sicherheit und Verwurzelung* findet, die ihnen einstmals die Beziehung zu ihrer Mutter gab?«[48]

Es gehe darum, schreibt Fromm, das Trauma der Trennung und Vereinzelung zu überwinden und die existenzielle Einsamkeit in liebevollen Gemeinschaften aufzulösen.

»Das tiefste Bedürfnis des Menschen ist demnach, seine Abgetrenntheit zu überwinden und aus dem *Gefängnis seiner Einsamkeit* herauszukommen. (…) Der Mensch sieht sich – zu allen Zeiten und in allen Kulturen – vor das Problem der Lösung der einen und immer gleichen Frage gestellt: wie er sein Abgetrenntsein überwinden, wie er zur Vereinigung gelangen, wie er sein eigenes einzelnes Leben transzendieren und das *Einswerden* erreichen kann. (…) Die Geschichte der Religion und der Philosophie ist die Geschichte dieser Antworten in ihrer Vielheit wie auch in ihrer zahlenmäßigen Begrenzung. (…) Beim Kind ist das Ich noch wenig entwickelt. Es fühlt sich noch eins mit seiner Mutter und hat nicht das Gefühl des Getrenntseins, solange die Mutter in seiner Nähe ist. Sein Gefühl des Alleinseins wird durch die körperliche Gegenwart der Mutter, ihre Brust, ihre Haut aufgehoben. Nur in dem Maße, wie sich beim Kind das Gefühl des Getrenntseins und der Individualität entwickelt, genügt ihm die physische Gegenwart der Mutter nicht mehr, und es hat das Bedürfnis, sein Getrenntsein auf andere Weise zu überwinden.«[49]

»Eine voll befriedigende Antwort findet man nur in der zwischenmenschlichen Einheit, in der *Vereinigung mit einem anderen Menschen, in der Liebe. Dieser Wunsch nach einer zwischenmenschlichen Vereinigung ist das stärkste Streben im Menschen.* Es ist seine fundamentale Leidenschaft, es ist die Kraft, welche die menschliche Rasse, die Sippe, die Familie, die Gesellschaft zusammenhält. Gelingt diese Vereinigung nicht, so bedeutet das Wahnsinn oder Vernichtung (...) *Ohne Liebe könnte die Menschheit nicht einen Tag existieren.*«[50]

Fromm sieht in der Einheit mit der Mutter während der Schwangerschaft ein »biologisches Modell« von einer geeinten Zweiheit, die wir später in der Liebe wiederfinden können, wenn wir in der engen Verbundenheit mit dem Partner gleichzeitig die eigene Integrität und Individualität wahren.

»Die symbiotische Vereinigung besitzt ihr biologisches Modell in der Beziehung zwischen der schwangeren Mutter und dem Fötus. Sie sind zwei und doch eins. Sie leben zusammen (Sym-biose), sie brauchen einander. Der Fötus ist Teil der Mutter und empfängt von ihr alles, was er braucht; die Mutter ist sozusagen seine Welt, sie füttert ihn, sie beschützt ihn, aber auch ihr eigenes Leben wird durch ihn bereichert. Bei der psychischen symbiotischen Vereinigung sind zwar die beiden Körper voneinander unabhängig, aber die gleiche Art von Bindung existiert auf der psychologischen Ebene.«[51]

»Es gibt nur eine einzige Leidenschaft, die das Bedürfnis des Menschen, mit der Welt eins zu werden und gleichzeitig das Gefühl seiner Integrität und Individualität zu erlangen, befriedigt: die Liebe. Liebe ist die Vereinigung mit einem anderen Menschen oder Gegenstand außerhalb seiner selbst unter der Voraussetzung der Beibehaltung des Abgetrenntseins und der Integrität des eigenen Selbst.«[52]

Es sei darauf hingewiesen, dass Fromm hier die Liebe nicht auf die Beziehung zu einem anderen Menschen beschränkt, sondern die Liebe zu Gegenständen miteinbezieht, worunter er körperliche wie ideelle Dinge jeder Art wie auch Verhältnisse und Tätigkeiten verstanden haben dürfte. In diesem Zusammenhang benutzt er auch den Begriff der »Heimat«.

»Die Mutter ist die Heimat, aus der wir kommen, sie ist die Natur, die Erde, das Meer.«[53]

Schließlich betont er, dass die Liebe nicht bloß ein Gefühl ist, sondern eine grundlegende Einstellung zum Leben, mit der der Mensch sein Verhältnis zur Welt versteht und definiert.

»Liebe ist nicht in erster Linie eine Bindung an eine bestimmte Person. Sie ist eine *Haltung,* eine *Charakterorientierung,* welche die Bezogenheit eines Menschen zur Welt als Ganzem und nicht nur zu einem einzigen Objekt der Liebe bestimmt.«[54]

Es wird deutlich, wie stark Fromm bei der Liebe die Gesichtspunkte des Einsfühlens, der Bezogenheit, des Mitseins, der Selbstverwirklichung, der Lebensfreude und des Lebenssinns betont hat. In den folgenden Kapiteln wird immer wieder auf Fromm zurückzukommen sein, um weitere seiner Überlegungen zur Liebe einzubeziehen und zu kommentieren. Er hat hier Bleibendes geschaffen, das bis zum heutigen Tag nichts von seiner Aktualität und Relevanz verloren hat.

Die grundlegenden Thesen Fromms werden von der modernen Gehirnforschung bestätigt. Bei Hüther/Krens lesen wir: »Die erste Beziehung zwischen Mutter und Kind ist die intensivste Beziehung, die wir jemals hatten und die wir jemals haben werden – aufs Engste verbunden mit dem mütterlichen Organismus, total abhängig davon, dass dieser uns nährt und schützt und Umstände zur Verfügung stellt, die wir zum (Über-)Leben brauchen.«[55] »Jeder Mensch hat diese wichtige Grunderfahrung (Zuwendung eines anderen, Verf.) zu einem sehr frühen Zeitpunkt seines Lebens gemacht, und sei es auch nur während der ersten Monate im Mutterleib. Sie ist deshalb tief in jedem Menschen verankert, und sie kann daher, wann immer es einem solchen enttäuschten Menschen in seinem späteren Leben gelingt, wieder jemanden zu finden, der sich ihm zuwendet, auch wieder wachgerufen werden. Deshalb steckt in jeder Begegnung mit einem anderen Menschen die Chance, sich selbst wiederzufinden.«[56]

Goethe, bei dem wir viele Weisheiten und Einsichten bis in die tiefsten Schichten des menschlichen Seelenlebens finden, meinte: »Das ganze Dasein ist ein ewiges Trennen und Verbinden.«[57] Obgleich mit vielen Menschen tief verbunden, hat Goethe immer wieder unter dem Gefühl der Einsamkeit gelitten, sodass es nach den Worten eines seiner Biografen sein Schicksal war, »dass er einsam bleiben musste bei unendlichem Bedürfnis nach Nähe«.[58] Er hat diese Sehnsucht in der Figur des Faust dargestellt:

»Und was der ganzen Menschheit zugetheilt ist,
Will ich in meinem innern Selbst genießen, (…)
Und so mein eigen Selbst zu ihrem Selbst erweitern (…).«[59]

Hegel sah im Faust die Tragik des Menschseins wiedergegeben, »weil Mensch werden heißt, vom Unendlichen losgerissen sein und die Wiedervereinigung ersehnen«.[60]

Dass das Gefühl des Einsseins und der Verbundenheit das Erste ist, dem die Entwicklung eines Ichs erst nachfolgt, betont der jüdische Religionsphilosoph Martin Buber. »Es ist eben nicht so«, schreibt er, »daß das Kind erst einen Gegenstand wahrnähme, dann etwa sich dazu in Beziehung setzte; *sondern das Beziehungsstreben ist das erste,* die aufgewölbte Hand, in die sich das Gegenüber schmiegt (…) das Dingwerden aber ein spätes Produkt, aus der Zerscheidung (sic) der Urerlebnisse, der Trennung der verbundenen Partner hervorgegangen – wie das Ichwerden.«[61]

Das stimmt überein mit den Erkenntnissen der modernen Neurowissenschaften. Der Neurowissenschaftler, Arzt und Psychotherapeut Joachim Bauer schreibt: »Das ›Selbst‹ und der signifikante Andere, Ich und vertrautes Du sind neuronal gekoppelt. Dies ist keine Überraschung, wenn man sich die Entstehungsgeschichte des ›Selbst‹ vergegenwärtigt, die mit dyadischen, also zweiseitigen resonanten Interaktionen zwischen Säugling und Bezugsperson ihren Anfang nimmt.«[62] »Die am Beginn des Lebens installierte neuronale Kopplung zwischen ›Ich‹ und signifikantem ›Du‹ bleibt – sozusagen untergründig – lebenslang erhalten.«[63] Für ihn, wie für den Soziologen Hartmut Rosa, auf den wir noch eingehen werden, ist Liebe gelingende Resonanz, ein verbundenes Mitschwingen, von dem Bauer sagt: »Resonanz zu erhalten, ist die tiefste Sehnsucht des Menschen. Sie ist neurobiologisch verankert und bildet das Urmotiv für Liebe, Sexualität und Partnerschaft.«[64]

Barbara Fredrickson, eine der führenden Vertreterinnen der positiven Psychologie, geht – wie Fromm – von einem weiten Begriff der Liebe aus, der jede Form der gefühlten Verbundenheit umfasst, der aber meistens nur in kurzen, vorübergehenden Momenten erlebt wird. Diese Momente aber haben maßgeblichen Einfluss auf das ganze Leben eines Menschen: »Die Liebe, nach der Sie sich sehnen, liegt in der flüchtigen Erfahrung von Verbundenheit. (…) Liebe ist für ihn (den Körper) der Mikromoment der Wärme und Verbundenheit, den wir mit einem anderen lebendigen Menschen teilen. (…) Die Liebe ist das höchste Gefühl, durch das wir uns vollkommen lebendig fühlen – vielleicht die wichtigste emotionale Erfahrung, die wir machen können.«[65] »Liebe besteht aus Sekundenbruchteilen emotionaler Verbundenheit, die unsere Psyche, unseren Körper und unser soziales Umfeld positiv beeinflussen. Unser ganzes Leben profitiert von diesen kurzen Momenten der Verbindung zu anderen Menschen, die wir nicht einmal kennen müssen.«[66]

Auf die Erfahrung der Liebesvereinigung im religiösen Kontext, die in der christlichen Mystik besonders stark ausgeprägt ist, weist der Benediktinerpater Anselm Grün hin: »Das wesentliche Streben aller Mystik: *sich vereinigen* (d. h. der Andere werden) (...) Das Wesen christlicher Mystik ist die Liebe, von der Teilhard sagt, dass sie ›Prinzip und Wirkung aller geistigen Verbindung‹ ist. Die Liebe will uns Menschen miteinander verbinden. Und sie will uns mit der Materie und mit der ganzen Schöpfung verbinden.«[67]

Schließlich sei noch der Dalai Lama angeführt, der die im Buddhismus zentrale Aufforderung zu einem liebevollen und empathischen Mitsein aller Menschen ebenfalls auf frühkindliche Erfahrungen zurückführt: »Als Folge dieser hochgradigen Abhängigkeit von anderen in unserer frühkindlichen Entwicklung ist die Bereitschaft zur liebevollen Zuwendung in unserer biologischen Natur angelegt.«[68]

Wir sehen, wie in den unterschiedlichsten Zeiten und Kulturkreisen, vor dem Hintergrund der unterschiedlichsten religiösen und metaphysischen Weltanschauungen, die Liebe stets als ein Akt der Vereinigung und gelebten Verbundenheit verstanden wurde, bei dem wir die Grenzen unseres Ichs überschreiten, um körperlich, geistig oder seelisch ganz oder teilweise eins zu werden mit etwas anderem, insbesondere mit einem anderen Menschen. Und dass die Wurzeln dieser tiefen Sehnsucht auf die »lustvolle Ursituation zwischen Mutter und Kind«[69] zurückgehen, auf pränatale und frühkindliche Urerfahrungen, in denen wir erstmals Gefühle von Geborgenheit, Wärme, Getragen- und Genährtwerden, Sicherheit, Vertrauen, Fürsorge und Einssein empfunden haben, die für den Rest unseres Lebens tief und unauslöschlich in unserem Körpergedächtnis eingeprägt bleiben.

Liebe als gelingendes Miteinander

*»Die Alten hielten bei der Ausübung der Regierung die Liebe
zu den Menschen für das Wichtigste.«*[1]
Buch der Riten, Sitten und Gebräuche (Liji)

*»Immer strebe zum Ganzen,
und kannst du selber kein Ganzes
Werden, als dienendes Glied
schließ an ein Ganzes dich an.«*[2]
Goethe

Nach Zenon von Kition, dem Begründer der stoischen
Lehre, bewirkt Eros, der Gott der Liebe und der
Freundschaft, das gedeihliche Zusammenleben der Menschen und den Erhalt der Städte, indem er für Eintracht
sorgt.[3] Es ist der Gott Eros, schreibt Platon, »der da schafft
Frieden unter den Menschen und reglose Glätte dem Meere,
zauberisch Schweigen in Stürmen und leidlos ruhigen
Schlummer. Er befreit uns von der Fremdheit; macht uns
reich an Vertrautheit.«[4] Wir haben gesehen, dass das stärkste
Bedürfnis des Menschen auf eine emotionale Verbundenheit
mit anderen Menschen gerichtet ist, die von Wärme, Wohlgefühl, Geborgenheit und Sicherheit geprägt ist. Die bedeutendsten Denker, Religionsführer und Kulturstifter der Antike bemühten sich vor allem darum, die Regeln und Gesetzmäßigkeiten zu erkennen, die ein gelingendes Miteinander
der Menschen ermöglichen, von der Familie bis zum Staat.

Viele von ihnen wuchsen in Zeiten auf, in denen die ethischen Grundlagen für ein friedliches und gedeihliches Zusammenleben sowohl im Umgang der Völker untereinander wie auch innerhalb der Familie und der Bürgerschaft im Niedergang begriffen waren. Egoismus, Gewinnsucht, Rücksichtslosigkeit und Neid verdrängten die Werte der Mitmenschlichkeit aus den Herzen vieler Menschen. Kriege, Überfälle und Eroberungen waren an der Tagesordnung. Daraus entstanden Ausbeutung, Unterjochung und Sklaverei. So ging zur Zeit des Konfuzius kein Jahr vorüber, ohne dass auf dem Gebiet des heutigen Chinas unter den konkurrierenden Einzelstaaten zahlreiche Kriege geführt wurden, die vor allem das einfache Volk in Elend und Hungersnöte stürzten. Sokrates erlebte den Höhepunkt der attischen Republik, aber auch ihren Zerfall nach einem jahrzehntelangen Krieg mit Sparta und einer zeitweisen tyrannischen Terrorherrschaft in Athen. Die Propheten des Alten Testaments predigten mit scharfen Worten gegen ungerechte und unsoziale Zustände im Land.

Die Überlegungen dieser Denker beschäftigten sich mit der Frage, wie verloren gegangene humane Werte wie die der Gerechtigkeit, Genügsamkeit, Gewaltlosigkeit, Güte und Mitmenschlichkeit in den inneren Haltungen der Menschen wiedererweckt und neu verankert werden können. Letztlich ging es stets darum, dass die Menschen wieder lernen sollten, sich mit Respekt und Wohlwollen zu begegnen und in dem Mitmenschen den Verwandten und Angehörigen einer großen Familie zu sehen.

Zur Beschreibung der Zielvorstellung für den Umgang der Menschen untereinander benutzten sie das Wort »Liebe«. Durch viele Quellen in Orient und Okzident lässt sich belegen, dass die großen Denker und Heiligen die »Liebe« der Menschen zueinander als das höchste Ziel aller Weisheitslehren angesehen haben. Für Konfuzius war Mitmenschlichkeit der höchste Wert überhaupt. Das chinesische

Zeichen dafür (chin. ren oder jen) ist zusammengesetzt aus dem Zeichen für »Mensch« und der Zahl »2« und weist auf den Beziehungscharakter hin. Übersetzt wird es mit »Sittlichkeit«, »Güte«, »Wohlwollen«, aber auch mit »Liebe«. Konfuzius riet, »dass man sich beim Einüben des Menschlichseins dem anderen gleichsetzen soll. Er sprach von einer wechselseitigen Beziehung der Rück- und Nachsicht (chin. shu), welche die Neigung mildert, sich selbst mehr zu erlauben, als man anderen zugesteht.«[5] Menzius, sein bedeutendster Nachfolger, schrieb: »Anhänglichkeit an die Nächsten ist die Liebe. (...) Es handelt sich um nichts anderes, als diese Gefühle auszudehnen auf die ganze Welt.«[6] Auch im alten Griechenland finden wir diesen Gedanken. So lesen wir bei dem Stoiker Chrysippos: »Es ist ein Naturgesetz, dass die Eltern ihre Kinder lieben, und wir können verfolgen, wie die ganze Gemeinschaft des Menschengeschlechtes von da ihren Ausgang nimmt. (...) Daraus folgt, dass die gegenseitige Schätzung der Menschen untereinander etwas Natürliches ist, dass der Mensch dem Menschen, schon weil er Mensch ist, nicht fremd erscheint.«[7] Das hat auch heute noch Gültigkeit. Bei Erich Fromm lesen wir: »Das Menschengeschlecht hätte sich nicht höher entwickelt, hätte es nicht das Bedürfnis, sich nahe zu sein, über Vater, Mutter und Geschwister hinaus auf weitere Kreise ausgedehnt.«[8]

Liebe als Wohlwollen, Zugewandtheit, Güte, Friedfertigkeit, Verstehen und Verzeihen wurde in allen Kulturen als Voraussetzung für ein gelingendes Gemeinschaftsleben angesehen. »Wenn alle Menschen ihre Nächsten lieben und ihre Älteren ehren, so ist die Welt in Frieden«, schreibt Menzius.[9] Die Notwendigkeit der gegenseitigen Fürsorge, Milde und Schonung betont Seneca: »(...) so sollen die Menschen jeden Einzelnen schonen, weil sie zur Gemeinschaft geboren sind, das Wohl der Gemeinschaft aber nicht gewahrt werden kann ohne die *liebevolle Obhut über die Teile*.«[10] Die Liebe gehört zu denjenigen Prinzipien, durch die nicht nur menschliche Gemeinschaften, sondern der ganze Kosmos zusammengehalten wird. Die Liebe ist, wie wir von Chrysippos gehört haben, ein Naturgesetz. In einem platonischen Dialog lesen wir: »Die Weisen aber sagen, lieber Kallikles, den Himmel und die Erde, die Götter und die Menschen hielten Gemeinschaft, Freundschaft, Ordnung, Liebe, Besonnenheit und Gerechtigkeit zusammen; und das All nennt man deshalb ›Weltordnung‹, lieber Freund, nicht Unordnung und auch nicht Zügellosigkeit.«[11] Für Aristoteles ist die Liebe und Freundschaft unter den Menschen (griechisch »philia«) das größte Gut jeder Gemeinschaft und gehört zum Notwendigsten im Leben.[12]

Wie das einleitende Zitat zu diesem Kapitel zeigt, wiesen die alten Chinesen darauf hin, dass die Liebe insbesondere von denen ausgehen und praktiziert werden sollte, die über die Gemeinschaft herrschen oder denen eine maßgebliche, vorbildhafte Funktion zukommt. An einer anderen Stelle des Buchs, dem das Zitat entnommen ist, heißt es: »Wenn die Oberen Gerechtigkeit haben, so kommen Staat und Haus in Ordnung. Wenn die Vorgesetzten gute Sitten haben, so streitet das Volk nicht. Wenn man die Götter verehrt, so kommt Ehrfurcht in Staat und Haus. *Wenn man die Leute alle in Liebe umfasst, so hegt das Volk keinen Groll.*«[13] Man kann diesen Gedanken auf alle Formen von Gemeinschaften übertragen, von der Familie über die Nachbarschaft, Gemeinde, Unternehmen und Organisationen etc. Liebe als wohlwollende, zugewandte Mitmenschlichkeit ist die Grundvoraussetzung für jedes harmonische, friedliche, konstruktive und erfüllende Miteinander. Streit, Ärger, Zorn, Neid können dort nicht entstehen, wo die Menschen rücksichts- und liebevoll miteinander umgehen. Weil ihnen das aber häufig nicht gelingt, ist die Welt so, wie sie ist. Sri Sri Ravi Shankar empfiehlt daher, die Geborgenheit im eigenen Innern zu suchen und darauf zu hoffen, dass sie Vorbild für andere werde: »Streit ist das Wesen der Welt. Geborgenheit ist das Wesen des Selbst. Suche die Geborgenheit inmitten des Streits.«[14]

Hören wir zum Abschluss dieses Kapitels den Neurowissenschaftler, Arzt und Psychotherapeuten Joachim Bauer: »Der Umgang mit unserem Selbst – und mit dem unserer Mitmenschen – erfordert Sensibilität, Geduld, Bewahrung, manchmal aber auch einen mutigen Schritt, hinein in Möglichkeits- und Entwicklungsräume. Mehr als alles andere aber braucht unser Selbst – und das unserer Mitmenschen – dieses eine: Liebe.«[15] An anderer Stelle führt er aus, dass in einem durch Liebe verbundenen Miteinander die eigentliche Bestimmung des Menschen liegt: »Wenn es ohne soziale Akzeptanz, zwischenmenschliche Verbundenheit und Zuneigung keine Vitalität, keine Motivation und keine Lebensfreude geben kann, dann erscheint klar, dass im gelingenden sozialen Zusammenleben die Bestimmung des Menschen liegt.«[16]

Kein Zusammensein, keine Partnerschaft, keine Familie, keine menschliche Gemeinschaft, keine Organisation, kein Unternehmen kann auf wohlwollendes gegenseitiges Verstehen verzichten, ohne die eigene Existenz zu gefährden. Wechselseitiges Verstehen ist emotionale Verbundenheit und somit eine Form von Liebe. Sie unterliegt bestimmten Gesetzmäßigkeiten, die im Folgenden noch näher dargestellt werden sollen. Wo Liebe fehlt, herrscht Trennung und Unverbundenheit, sodass sich immer wieder ein rücksichtsloser, selbstbezogener Egoismus durchsetzt und es zu Aggression, Streit, Zorn, Ärger, Hass, Wut, zu Unterdrückung, Diskriminierung, Ausbeutung und Krieg kommt. In einem sumerischen Ausspruch, der ca. 4500 Jahre alt ist, heißt es: »Ein liebendes Herz ist es, das Häuser erbaut. Ein hassendes Herz ist es, das Häuser zerstört.«[17] Leider kann man sich des Eindrucks nicht erwehren, dass die aus selbstbezogenem Egoismus geborenen Affekte stärker unser Zusammenleben prägen als die gegenteiligen eines verständnis- und liebevollen Miteinanders. Auf die Gründe dafür wird noch genauer einzugehen sein, weil sie gleichzeitig lehren, worauf wir zu achten haben, wenn unser Leben gelingen soll.

»Konfuzius sprach:
Die Tugend der Menschenliebe – ist sie denn gar so fern?
Sie ist durchaus zu erreichen, wenn man sie wirklich will.«[18]

»Niemand ist machtvoller als der Mensch,
der sich in der Nichtverletzung vervollkommnet hat.
In seiner Gegenwart kann niemand kämpfen oder streiten.
Ja, seine bloße Gegenwart bedeutet Frieden, bedeutet Liebe,
wo immer er auch sein mag.
Selbst wilde Tiere werden in seiner Gegenwart friedlich.«[19]

Vivekananda

Liebe als Erfüllung

»Liebe ist die Krönung allen Seins und der Weg
zu dessen Erfüllung.
Durch Liebe erhebt es sich zur vollen Intensität,
zu jeglicher Fülle und zum Entzücken
der höchsten Selbst-Findung.« [1]
Aurobindo Ghose

Wenn Liebe, wie wir oben gehört haben, die Bestimmung des Menschen ist und zugleich seine stärkste Sehnsucht, dann gibt sie uns, wo sie gelebt wird und gelingt, das Gefühl eines erfüllten Lebens. Aristoteles meinte, alle Lebewesen hätten von Natur aus eine innere Bestimmung, bei deren Verwirklichung sich das Gefühl der Glückseligkeit einstelle. Eines der wichtigsten Prinzipien der Stoiker war die Aufforderung, »naturgemäß« zu leben, d. h. seinem Wesen und seiner Bestimmung entsprechend. Ähnlich kannten die alten Chinesen eine kosmische Kraft, das Dao, die alles durchwaltet und in Bewegung hält. Sie war darauf gerichtet, durch die Spannung zwischen den polaren Gegensätzen Yin und Yang das Ganze immer wieder zu einem Ausgleich und in eine sich selbst erhaltende Harmonie zu bringen. Häufig wird das »Dao« mit »der rechte Weg« übersetzt und als innere »Bestimmung« verstanden, die das kosmische und natürliche Geschehen ebenso prägt und antreibt wie den einzelnen Menschen. Dieses Dao hatte Menzius im Sinn, wenn er sagt, dass ein Leben und Handeln, das von Nächstenliebe geprägt ist, der »nächste Weg zur Vollkommenheit« ist. [2] »Liebe ist der höchste göttliche Adel und der Menschen friedliches Heim.«[3] »Heim« meint die eigene Mitte, den Kern und Mittelpunkt des eigenen Wesens. In diesem Sinne sagt Martin Buber, »der Mensch wohnt in seiner Liebe«.[4] Dort hinzukommen ist die »höchste Freude«, ist Glück und Erfüllung. Es kommt etwas an sein Ziel, eine Bestimmung wird erfüllt, etwas erlangt vollkommene Fülle.

Aristoteles hat gemeint, die »Bestimmung« einer Gattung, ihr »telos« (griech.: Ziel, Erfüllung), sei ihr spezifisches Charakteristikum, wodurch sie sich von anderen unterscheide, das »Eigene«, das nur dieser Gattung zukomme und keiner anderen. Beim Menschen sei dies die Vernunft, die kein anderes Lebewesen besitze. Daher sei ein Leben nach der Vernunft die Bestimmung des Menschen und seine höchste Erfüllung. Im Fragen, Erforschen und Erkennen, in der wissenschaftlichen Tätigkeit und dem reinen Erkennen der letzten Prinzipien erlange der Mensch die höchste Stufe seiner Entwicklung. Hier berührt das Denken des Aristoteles indische Vorstellungen von einem »Erleuchten« oder »Erwachen« als der letzten Stufe meditativer Versenkung. Der Schleier der Maya wird durchbrochen, Verblendung und Unkenntnis überwunden und das wahre Wesen der Dinge erkannt. »Denn die Liebe ist die Krone des Wirkens und die Blüte am Baum der Erkenntnis«, sagt der indische Philosoph und Yogi Aurobindo Ghose.[5] Wie bei Aristoteles ist dieses Erkennen für die Inder das höchste menschliche Glück und damit die Erfüllung der stärksten Sehnsucht des Menschen. Aber anders als bei Aristoteles bedeutet diese Erfüllung für die Inder Einswerden mit dem »Herrn der Liebe«, mit unserem Gegenüber, mit der ganzen Welt. »Tat tvam asi« – Das bist du!, heißt es immer wieder in den Upanischaden, dem philosophischen Teil der uralten Veden. Die Unterscheidung von Ich und Du, Ich und Welt, Ich und dem Göttlichen hat sich als Illusion herausgestellt. Der Erleuchtete erkennt, dass alles in ihm ist und er in allem.

Diesen Zusammenhang von Erkennen, Liebe, Glückseligkeit und Erfüllung finden wir auch bei Platon, dem Lehrer des Aristoteles. Platon meinte, dass es die Liebe sei, die zu immer tieferem Erkennen treibt und in der Erkenntnis der »höchsten Güter« ihre Erfüllung findet.[6] Auf den Zusammenhang von Liebe und Erkenntnis wird in dem Kapitel »Liebe zur Weisheit« näher eingegangen werden. Hier ist von Belang, dass in gelebter Liebe, in dem tiefen Gefühl des Einsseins, der Verbundenheit, die stärkste Sehnsucht des Menschen befriedigt wird. Wir erleben Momente der Erfüllung, des Zur-Ruhe-Kommens, des Ans-Ziel-Gelangens und In-die-Heimat-Kommens, Vereinigung mit unserem Ursprung. Häufig sind es nur Momente, denn die Dynamik des Lebens hört nicht auf, Yin und Yang pendeln weiter zwischen Abstoßung und Anziehung. Diastole (Ausdehnung) und Systole (Zusammenziehung) bestimmen den Rhythmus allen Lebens, meinte Goethe.[7] Die Sehnsucht wird auf der Ebene des menschlichen Alltags ständig neugeboren und nie endgültig und dauerhaft befriedigt.

Während der Mensch bisweilen darunter leidet, seine Sehnsucht nicht vollständig befriedigen zu können, erhebt sich der Philosoph in uns über dieses Geschehen, indem er Distanz zu den leiblichen Begierden wahrt. Er erkennt, dass in den Momenten tief gefühlter Verbundenheit, eingebettet in dem naturgegebenen, ewigen Rhythmus von Sehnsucht und Erfüllung, das höchstmögliche menschliche Glück liegt. Er kann sagen, das Leben hat sich in diesen Momenten erfüllt, ich bin zufrieden, mehr kann ich nicht erwarten, mehr kann ich nicht erreichen. Der Philosoph beruhigt den Menschen in uns mit seiner festen Haltung der Demut, Bescheidenheit und Dankbarkeit, mit der Einsicht in die Begrenztheit allen menschlichen Lebens. Die Auf und Abs, die folgen, betreffen unmittelbar nur den Menschen, der verstrickt bleibt in dem weltlichen Geschehen und stets begehrt, strebt und vollbringt. Dass wir zugleich Mensch und Philosoph sein können, ist keine krankhafte Persönlichkeitsspaltung, sondern folgt aus dem Umstand, dass, wie der Philosoph Kierkegaard sagt, der Mensch das Verhältnis ist, das sich zu sich selbst verhält. Der Mensch führt ständig ein inneres Gespräch mit sich selbst. In diesem Gespräch kann er sich selbst von etwas überzeugen oder von etwas abhalten, kann sich ermutigen oder auch trösten. Hat er einen Philosophen in sich kultiviert, d. h. denkt er philosophisch und losgelöst von situativer Befangenheit, so lernt er die Zeiten der unerfüllten Sehnsucht nach Liebe geduldig zu ertragen, lässt sich weder beunruhigen noch erschüttern noch herabziehen, sondern bewahrt auch in Zeiten von Entbehrungen eine Grundstimmung heiterer Gelassenheit. Die Fähigkeit und Bereitschaft zur Liebe und das Bewusstsein, über den Moment der Erfüllung hinaus zu lieben und geliebt zu werden, sind Teil dieser Grundstimmung. Sie wachsen und nähren sich aus ihr. Umgekehrt ist es die Liebe, die uns die Kraft und Duldsamkeit gibt, das ständige Wechselspiel von Sehnsucht und Erfüllung gelassen zu ertragen.

Diesen Philosophen haben alle diejenigen Menschen in sich, die in Zeiten, in denen sie etwas verlieren, etwas misslingt, in denen sie etwas verlässt, zu sich sagen können, dass auch das zum Leben gehört und geduldig ertragen werden muss. Es wird vorübergehen, und es werden wieder bessere Zeiten kommen. »Ein großes Unglück ist es, das Unglück nicht ertragen zu können«, sagte der griechische Philosoph Bion.[8]

Dieses Bewusstsein und die daraus folgende Wohlgemutheit, Zufriedenheit und Freude an dem eigenen Leben ist ohne ein Gefühl von Verbundenheit mit anderen Menschen, mit der Natur, der Welt und ihrer Schönheit, dem Göttlichen, mit dem, was wir tun und wie wir es tun, kurz: ohne Liebe nicht erreichbar. Die tragenden Säulen eines erfüllten

Lebens sind gelingende Resonanzen. Darüber hinaus sollten wir nichts Größeres vom Leben erwarten. Daher ist diese Weise gelebter Liebe Erfüllung. Wer sich mehr oder anderes vom Leben erhofft, wird enttäuscht und unglücklich werden. Eine nachhaltige Freude am Leben wird sich mit einer solchen Erwartungshaltung schwerlich entfalten können. »Die Liebe«, sagt der Philosoph und Sozialökologe Maik Hosang, ist »Grund, Quelle und Sinn des Seins«.[9]

In seinem Buch »Einfach Lieben« führt der vietnamesische Mönch Thich Nhat Hanh aus, dass wir diese Liebe auf alle unsere Handlungen ausdehnen können. Dann werden sie begleitet von einem Gefühl der Zufriedenheit. Wir sind vollkommen präsent und erleben in jedem Moment Erfüllung. »Wir sollten so praktizieren«, schreibt er, »dass jeder Augenblick erfüllend ist. Jeder Atemzug, jeder Schritt, jede Handlung sollte von einem *Gefühl der Zufriedenheit* begleitet sein. *Das ist wahre Erfüllung.* Wenn Sie einatmen und ausatmen, ist Erfüllung da. Machen Sie einen Schritt, ist das erfüllend. Vollziehen Sie eine Handlung, stellt sich ein Erfülltsein ein, welches daher rührt, dass Sie tief im gegenwärtigen Moment leben.«[10]

Liebe als Lebensfreude

*»Die Liebe zu den Nächsten ist die höchste Freude
und der Weg zur Vollkommenheit.«* [1]

Menzius

Glück ist Liebe, nichts anderes. Wer lieben kann, ist glücklich.«[2] Diese Worte Hermann Hesses bringen das Wesentliche zum Ausdruck: In dem, was wir unter Liebe verstehen, erfüllen sich unsere stärksten Sehnsüchte: die nach Glück und Lebensfreude oder – was dasselbe ist – nach Vereinigung, Mitsein, Geborgenheit im zugewandten, tiefen Miteinander. Von allgemeiner Gültigkeit ist es, wie Hesse zu dieser Einsicht gelangte. Er führt aus: »Je älter ich wurde und je schaler die kleinen Befriedigungen mir schmeckten, die ich in meinem Leben fand, desto mehr wurde mir klar, wo ich die Quelle der Freuden und des Lebens suchen müsse. Ich erfuhr, dass geliebt werden nichts ist, lieben aber alles. (…) Geld war nichts, Macht war nichts. Man sah viele, die beides hatten und elend waren. (…) *Glück aber war überall da, wo ein Mensch starke Gefühle hatte* und ihnen (sic) lebte, sie nicht vertrieb und vergewaltigte, sondern pflegte und genoss. (…) *Jede Bewegung unserer Seele, in der sie sich selber empfindet und ihr Leben spürt,* ist Liebe. Glücklich ist also der, der viel zu lieben vermag. Lieben aber und begehren ist nicht ganz dasselbe. *Liebe ist weise gewordene Begierde.* Liebe will nicht haben, nur lieben. Darum war auch der Philosoph glücklich, der seine Liebe zur Welt in einem Netz von Gedanken wiegte, der immer und immer neu die Welt mit seinem Liebesnetz umspannte.«[3]

Die Verbindung von Glück, Liebe und Philosophie (wörtlich: »Liebe zur Weisheit«), die Hesse hier herstellt, klingt bereits bei einem der Urväter der westlichen Philosophie an. Aristoteles lehrte: »Angenehm zu leben also und *wahrhaft Freude zu empfinden,* ist allein oder doch vorzugsweise Sache der Philosophen. (…) So sollen also die Verständigen philosophieren, gerade um *die wahren und guten Freuden zu genießen.*«[4] Liebe ist kein bloßes Gefühl. Sie besteht in einer Tätigkeit, die kein Ende kennt, wie das Erstreben, Erforschen und Denken des Philosophen. Zwar kommt es in der Liebe wie in der Philosophie zu punktuellen Momenten der Erfüllung, so im Akt der Vereinigung, bei der Gewinnung einer Erkenntnis oder bei der Aufdeckung von Irrtümern. Beide Seinsformen, Lieben und Philosophieren, kommen aber nie zu einem endgültigen Abschluss, zu einem Haben. Ihr eigentliches Wesen liegt im kontinuierlichen Vollzug und in der fortschreitenden Praxis. Im Vollziehen rufen sie ihre nachhaltigste Freude hervor. Anders verhält es sich mit der Begierde, die auf ein Haben gerichtet ist und erst in der Befriedigung Freude erlebt. Epikur meinte daher, »beim Philosophieren kommen Lernen und Genuss gleichzeitig«.[5] Ebenso ist es mit der »wahren Liebe«. Wichtiger als der momenthafte Akt der befriedigenden Vereinigung ist das dauerhafte Gefühl des Wohlseins, der Verbundenheit, der Geborgenheit, der Zusammengehörigkeit, das unsere Grundbefindlichkeit prägt: Wir sind nicht allein, wir lieben und werden geliebt. Aktives Lieben ist die ständig sprudelnde Quelle unserer Lebensfreude.

Zwar richtet sich die Liebe des Philosophen nicht auf ein Mitsein mit einem anderen Menschen, sondern auf Erkenntnis. Aber auch Erkenntnis ist eine Art der Vereinigung, nämlich eine geistige, indem ich in meinem Denken und Vorstellen eins werde mit dem Erkannten. Je mehr wir die Welt, die anderen und uns selbst verstehen, umso mehr werden wir eins mit ihnen und erleben Harmonie und Verbundenheit. Wir befriedigen nicht nur unseren Wissensdurst, sondern wachsen im Verstehen mit der Welt, den anderen und uns selbst zusammen. Während uns Unverstandenes beunruhigt, entfremdet und Angst bereitet, befreit uns Erkenntnis von dem Rätselhaften und Unerklärlichen, gibt dem Ganzen Sinn, macht uns vertraut mit allem, überwindet die Ängste und vermittelt uns so das Gefühl von Sicherheit und Geborgenheit, von Zu-Hause-Sein. Es sind ebenjene Gefühle, die wir mit der Vorstellung von einer erfüllten Liebe zu anderen Menschen verbinden und die zu einer tief empfundenen Freude führen, die wir Glück nennen.

Dass hier von einer besonderen, ja der höchsten Lebensfreude die Rede ist, zu der der Mensch gelangen kann, macht Hesse deutlich, indem er sie von den »kleinen Befriedigungen« abgrenzt, die er mit zunehmender Lebenserfahrung als immer »schaler«, leerer und oberflächlicher empfand. Liebe und die daraus entspringende Freude aber beruhen auf »starken Gefühlen«, weil sie am nächsten an unsere stärkste Sehnsucht heranreichen, die nach menschlicher Wärme, Nähe, Geborgenheit, Harmonie, Verbundenheit und Zugewandtheit. Hesse schreibt weiter: »(...) das Innerste in uns begehrt Glück, begehrt einen *wohltuenden Zusammenklang* mit dem, was außer uns ist. Dieser Klang wird gestört, sobald unser Verhältnis zu irgendeinem Ding ein anderes ist als Liebe, es gibt keine Pflicht des Liebens, es gibt nur eine Pflicht des Glücklichseins. Dazu allein sind wir auf der Welt, und mit aller Pflicht und aller Moral und allen Geboten macht man einander selten glücklich, weil man sich selbst damit nicht glücklich macht. Wenn der Mensch gut sein kann, so kann er es nur, *wenn er glücklich ist, wenn er Harmonie in sich hat, also wenn er liebt.*«[6] Hier fällt nicht nur Liebe und Lebensglück zusammen, sondern Hesse legt auch dar, dass wir dazu nur fähig sind, wenn wir in uns selbst Frieden gefun-

den haben, wenn wir unseren eigenen Seelenhaushalt aufgeräumt haben, wenn wir »weise« geworden sind.

Hesse geht noch weiter, wenn er Liebe mit innerer Ausgeglichenheit und Seelenfrieden identifiziert. Der weise gewordene Mensch ist der liebende Mensch und nur er erlebt wahrhaftes Glück und tiefste Freude am Leben. Geborgenheit im
Miteinander setzt Geborgenheit in uns selbst voraus. Sie wiederum befähigt uns erst, zu lieben und Liebe zu empfangen,
und das ist für Hesse zugleich Güte, Menschlichkeit, »gut
sein«. Hesse zeigt auf, wie die wichtigsten Merkmale eines
gelingenden Lebens miteinander verschränkt sind, ja zusammenfallen: Liebe, innere Ausgeglichenheit und Stimmigkeit,
Seelenfrieden, Lebensfreude, Glück und Güte. Daher gipfelt
alle Weisheit eines glücklichen Lebens in der Fähigkeit zu
lieben. Deshalb laufen nahezu alle bekannten Weisheitslehren, die nach dem Glück des Menschen suchen, darauf
hinaus, dieses Glück in gelingenden Resonanzbeziehungen
zu finden und in der Fähigkeit zu lieben. Hesse kann daher
seine Gedanken in dem folgenden Satz zusammenfassen:
»Der Grund aller Weisheit ist: Glück kommt nur durch Liebe.«[7]

Alle Menschen erleben Momente der Liebe und Lebensfreude. Die Qualität, Häufigkeit und Dauer dieses Gefühls
sind jedoch ganz unterschiedlich. Sie reichen von einer
schnell vergehenden, oberflächlichen Freude bis zu tiefgrei-
fenden, unvergesslichen Augenblicken oder ganzen Lebensphasen voller Lebensfreude, die unsere Gemütsstimmung so
nachhaltig und umfassend prägen, dass wir unser Sein als
glücklich und erfüllt empfinden. Das aber hängt davon ab,
wie stark wir lieben und ob wir unsere ganze Persönlichkeit
und das, was unsere Mitte ausmacht, in dem Gefühl der Verbundenheit wiederfinden, ob wir von diesem Gefühl getragen und geborgen werden. Je mehr die Mitte unseres Wesens
in gelebter Liebe gespiegelt wird, je mehr wir mit dem geliebten Menschen, Verhältnis, Gegenstand oder Gedanken

mitschwingen, uns berühren lassen, uns mit ihm verbunden fühlen, ja eins werden, umso tiefer ist das Glücksgefühl.

Die unterschiedliche Qualität der von jedem Menschen erlebten Gefühle von Liebe und Freude ist der Grund dafür, dass viele Menschen trotz gelegentlicher Freuden meinen, kein glückliches Leben zu führen. Und tatsächlich tun sie es auch nicht. Negative Affekte wie Zorn, Ärger, Wut, Ängste, Sorgen, Neid, Eifersucht, Gier, innere Unruhe, Unausgeglichenheit überwiegen, Momente der Freude sind dagegen eher selten, eine Grundstimmung heiterer Gelassenheit fehlt. Wahre Liebe und echte Lebensfreude sind keine Gefühle, die sich von selbst einstellen und leicht zu realisieren sind. Dazu bedarf es vielmehr der Selbsterkenntnis und spezifischer Charaktereigenschaften wie etwa innere Ausgeglichenheit, Offenheit, gesunde Selbstliebe und Empathiefähigkeit. Man muss seine Persönlichkeit entwickelt haben, sich in seiner Haut wohlfühlen, eine gewisse Reife erreicht haben, um die Fähigkeit zu erlangen, so zu lieben, dass daraus dauerhafte Lebensfreude wird. Die Fähigkeit, tief zu lieben, wächst mit der Fähigkeit, gut zu leben und umgekehrt. Das ist nicht einfach. In der Regel ist der heranwachsende, zum Selbstbewusstsein erwachte Mensch mit Prägungen, ungelösten inneren Konflikten und unverarbeiteten Erfahrungen vorbelastet, die die Fähigkeit zu lieben behindern und erschweren. Der Mensch muss erst lernen, tief zu lieben, und das heißt: Er muss mit sich ins Reine und zu sich selbst kommen.

Die Fähigkeit, Liebe zu schenken, zu empfangen und in ihr zu leben und damit die Fähigkeit, ein freudvolles Leben zu führen, hängt daher entscheidend davon ab, dass wir selbst zuvor oder im Vollzug der Liebe in unsere Mitte kommen, wir selbst werden und innerlichen Ausgleich finden. Thich Nhat Hanh sagt seinen Lesern: »*Sie können anderen kein Glück schenken, solange Sie nicht selbst glücklich sind. Schaffen Sie sich ein Zuhause in sich selbst,* indem Sie sich annehmen, wie Sie sind, und lernen, sich selbst zu lieben.«[8] Das sei das »Wesen liebender Güte«. »Wahre Liebe besteht aus vier Elementen: liebende Güte, Mitgefühl, Freude und Gleichmut.« Es »beinhaltet ein *Gefühl tiefer Freude* darüber, lebendig zu sein. Wenn wir das nicht spüren, dann ist es keine wahre Liebe.«[9]

Weil wir, um »wahrhaft lieben« zu können, in unsere Mitte kommen, uns selbst erkennen, verstehen und lieben müssen, ist Selbsterkenntnis nötig, jene »Weisheit«, von der Hesse gesprochen hat. Aus der liebenden Selbsterkenntnis erwachsen Selbstvertrauen und ein gefestigtes Selbstwertgefühl, daraus wiederum die wichtige Fähigkeit, sich für andere oder anderes zu öffnen, das andere zu verstehen, uns mit ihm innerlich verbunden zu fühlen. »Wir schauen tief in uns hinein«, schreibt Thich Nhat Hanh, »bis Einsicht entsteht und unsere Liebe an die Oberfläche fließen kann. Wir strahlen Freude und Glück aus, und allen, die uns umgeben, tun unser Lächeln und unsere Anwesenheit gut. Wenn wir uns gut um uns selbst kümmern, helfen wir damit allen.«[10] Diese Liebe kann nach seiner Auffassung alles erfassen, sich an allem entzünden und an allem geübt werden. »Nehmen wir uns jeden Tag Zeit, in einer friedlichen Umgebung zu sein, einen Spaziergang in der Natur zu machen, eine Blume anzuschauen oder in den Himmel zu gucken, dann wird diese Schönheit uns durchdringen und *unsere Liebe und unsere Freude nähren.«* »Wahre Liebe bringt uns und anderen Wohlbefinden.« *»Das ist die Kunst, Glück zu schaffen.«*[11]

Wer diese Kunst beherrscht, der findet in sich Frieden und Glück, strahlt dies aus, berührt damit andere und bringt sie dazu, Liebe und Wohlwollen zurückzuspiegeln. Ein solcher Mensch erweckt Wohlwollen und Zugewandtheit beim anderen, knüpft Freundschaften und erlebt es immer wieder, dass er anderen nahekommt und sich ihre Seelen berühren, dass sie »sich vom Wesen ihres Seins her erleben, daß sie miteinander eins sind, anstatt vor sich selber auf der Flucht zu sein« (Fromm).[12] In solchen Resonanzen findet der Mensch Erfüllung und vollendet sein Wesen. Darin wurzeln seine Freude und das Glück seines Lebens. Das meint der chinesische Philosoph Menzius, wenn er sagt: »Worin der Edle (Weise) sein eigentliches Wesen sieht, das ist Liebe und Pflicht und Ordnung und Weisheit. Diese wurzeln ihm im Herzen, und die Wirkungen, die sie nach außen hervorbringen, zeigen sich in der milden Heiterkeit seines Gesichts, in der Würde, die man ihm selbst von hinten ansieht, und der ganzen Art seiner Bewegungen.«[13] »Pflicht und Ordnung« meint Treue sich selbst gegenüber, authentisch sein, seinem inneren und äußeren Leben einen Rhythmus und eine Beständigkeit geben, feste Haltungen zu haben, sie konsequent umzusetzen und so in einen guten Fluss des Lebens zu kommen. Von Sokrates hieß es, er blieb sich immer gleich, in guten wie in schlechten Zeiten. Er war immer er selbst, immer authentisch, immer in seiner Mitte, tat immer das, was er für richtig hielt und was seinem Wesen entsprach. Dadurch lebte er ein glückliches Leben, philosophierend, d. h. in Liebe und auf der Suche nach Weisheit, im Kreis der Freunde, die ihm bis zuletzt in liebender Treue verbunden waren.

In diesem Kapitel sollte gezeigt werden, dass die Fähigkeit zu lieben und Lebensfreude wesensmäßig miteinander verbunden sind. Wir können das eine nicht ohne das andere erlangen. Am Leben Freude zu haben, ein glückliches, gelingendes und erfülltes Leben zu führen, hängt wesentlich davon ab, ob wir imstande sind, mit anderen Menschen, Dingen, Verhältnissen oder Tätigkeiten tiefere innere Verbindungen einzugehen, lebendige und nährende Resonanzen herzustellen, unsere Isolation und unser Alleinsein zu überwinden und in dieser Verbundenheit dauerhaft Gefühle von Geborgenheit, Nähe, Wärme, innigem Mitsein zu erleben, kurz: ob und in welchem Maße wir imstande sind zu lieben. Erst wenn wir diese Fähigkeit im ausreichenden Maß entwickelt haben und praktizieren, empfinden wir unser Leben als sinnvoll, erfüllt, heil und ganz. Diese Empfindung und Grundstimmung wiederum nährt die Freude am Leben, an den Menschen, denen wir begegnen, an den Dingen des täglichen Lebens und an unseren Erlebnissen. Liebe und Lebensfreude bedingen und stärken sich wechselseitig. Nelson Mandela soll einmal gesagt haben: »Ganz und gar von Liebe und Güte erfüllt zu sein, ist wohl der *positivste Geisteszustand,* den man haben kann, und er bewirkt eine optimale Lebenseinstellung. Das heißt, *du fühlst dich dauerhaft wohl.*«[14]

>*»Allgegenwärtige Liebe!*
>*durchglüht mich, (...)*
>*Hast mir gegossen*
>*Ins früh welkende Herz (...)*
>*Freude, zu leben,*
>*Und Mut.*«[15]
>Goethe

Liebe als Lebensglück

»So behaupte ich denn also,
daß Eros unter den Göttern der älteste und ehrwürdigste sei
und am meisten imstande,
den Menschen zur Erwerbung der Tugend und
Glückseligkeit zu verhelfen
im Leben und im Tode.«[1]

Platon

Die Freude, die von einer gelebten und erwiderten Liebe sowie von der Fähigkeit und Bereitschaft zu lieben ausgeht, ist die tiefste Freude, die wir empfinden können. Sie ist ein anhaltendes Gefühl, weil sie einer Grundbefindlichkeit ähnelt und nicht notwendig an ein konkretes Objekt der Liebe gebunden ist. Endet eine Liebesbeziehung, weil ein geliebter Mensch uns verlässt, wir auf ein geliebtes Verhältnis, eine geliebte Tätigkeit oder einen geliebten Gegenstand verzichten müssen, geraten wir vorübergehend in einen Trauerzustand – insbesondere bei dem Verlust eines Menschen –, verlieren aber nicht unsere grundsätzliche Lebensfreude. Hat ein Mensch in sich Ruhe, Frieden und Ausgeglichenheit gefunden, so ist seine Fähigkeit zu lieben, die der Nährboden seiner Lebensfreude ist, ständig präsent. Der Verlust schmerzt, aber seine Liebe zu sich selbst, zu anderen Menschen, Dingen oder zu dem, was er tut, ist weiterhin aktiv. Seine Lebensfreude ist nicht abhängig von einer einzelnen gelingenden Beziehung, weil er immer auch andere gelingende Resonanzen lebt und genießt, weil er weiterhin offen und empfänglich für seine Mitwelt bleibt und immer wieder

mit ihr in Resonanz tritt, d.h. in ein Verhältnis der Zugewandtheit und Verbundenheit. Er wird getragen von einem
Netz nährender Bezogenheiten. Gemeint ist damit nicht,
dass er gleichzeitig mehrere Lebenspartnerschaften pflegt,
sondern dass er Geborgenheit, Freude und Erfüllung auch
außerhalb seiner Lebenspartnerschaft findet. Wer in sich
selbst ruht, weil er in sich und seiner Fähigkeit zu lieben die
tiefste Quelle seiner Lebensfreude gefunden hat, der kann
sich einem anderen hingeben, ohne zu klammern und anzu-
haften. Deshalb kann er loslassen und verliert seine Lebensfreude nicht, wenn eine konkrete Liebesbeziehung endet.

Weil daher die Freude, die aus der Fähigkeit zu lieben erwächst, von Dauer und losgelöst von konkreten Liebesbeziehungen ist, weil sie die Grundstimmung dieses Menschen
ausmacht, steht sie für das, was wir Glück nennen. Glück ist
mehr als die Summe freudiger Momente, weil es die Seelenverfassung und unser Verhältnis zum Leben als Ganzes beschreibt. Wir sagen, wir sind glücklich, wenn wir rundum
mit unserem Leben zufrieden sind, uns wohl in unserer Haut
fühlen, und sich an dieser Grundstimmung auch dann nichts
ändert, wenn wir zeitweilig von negativen Affekten wie
Traurigkeit, Sorgen, Unmut oder Missstimmung heimge-
sucht werden. Glück meint in diesem Zusammenhang eine
Grundbefindlichkeit, einen gesunden Zustand unseres See-
lengartens, in dem ständig neue Blumen und Früchte der
Freude wachsen. Momente des Unwohlseins, der Betrübnis,
der Trauer treten dahinter zurück und sind nicht prägend
für unser Lebensgefühl. Es kommt vor, dass »Unkraut« her-
vorsprießt, es verschwindet aber schnell wieder. Wir sind in
jedem Moment und in jeder Hinsicht fähig, neue wohltuende Resonanzen herzustellen und zu erleben. Wir freuen uns
an einer Blume, an dem schönen Wetter, an unserer Gesundheit, an einem guten Gespräch, an unserer inneren Harmonie und Ausgeglichenheit. Wir ruhen in uns, sind heiter und

gelassen, strahlen Zugewandtheit und Wohlwollen aus und bewirken dadurch, dass die Mitmenschen mit gleichen Gefühlen antworten. Wer so lebt, von dem sagen wir, er lebt ein glückliches Leben. Dieses Glück aber wurzelt in seiner Fähigkeit zu lieben.

Auch ein solcher Mensch erlebt traurige Momente, Rückschläge, Verluste, Enttäuschungen. Aber seine Fähigkeit, sich selbst, die anderen und die Welt zu lieben und nährende Resonanzen herzustellen, wird ihm immer wieder die Kraft, den Mut, die Geduld und das Selbstvertrauen geben, zu sich selbst zurückzufinden und von neuem Freude und Erfüllung in gelebter Liebe zu finden. Ein solcher Mensch bleibt nicht allein, bleibt nicht ohne Spiegelung, bleibt nicht ohne erwiderte Liebe. Deshalb empfindet er sein Leben als Ganzes als ein Glück, das weitgehend unabhängig von den konkreten äußeren Umständen ist. Der Glücksatlas der Welt führt auf den vorderen Plätzen zahlreiche Länder an, die zu den ärmeren zählen. Die Freude, die aus einer hohen Fähigkeit zur Liebe entspringt, kann überall entstehen, unabhängig von den materiellen Umständen, in denen ein Mensch lebt. »Zahlreiche Belege der Glücksforschung (...) zeigen, dass Kulturen mit emotionalen Prägungen, die Angst- und Statusgefühlen weniger und Sinn- und Liebesgefühlen mehr Raum geben, trotz relativ geringen materiellen Wohlstands mehr Glücksgefühle in den Menschen hervorrufen als westliche ›Überflussgesellschaften‹.«[2] Umgekehrt hat man festgestellt, dass der maßlose Konsum in den Industrienationen »eine Kompensation dafür ist, dass in modernen Gesellschaften elementare menschliche Glücksbedürfnisse nach sozialer Einbindung, Geborgenheit, Wahrhaftigkeit (...) unerfüllt bleiben«.[3]

Die Frage, was das Glück ist, worin es gefunden wird, wie man es definieren kann, ob man es überhaupt allgemein beschreiben kann oder ob es nicht für jeden Menschen etwas anderes bedeutet, sind akademischer Natur. Für die konkrete Lebenspraxis reicht es aus, wenn die grundlegende Sehnsucht nach Glück, die jeder Mensch in sich trägt und die ein unbezweifelbares und maßgebendes Phänomen menschlichen Lebens ist, umschrieben werden kann, wie es oben versucht worden ist. Jeder Mensch kennt Augenblicke, wo er sich rundum wohlfühlt, wo alles zu stimmen scheint und er nichts weiter begehrt, als dass das gegenwärtige Gefühl ewig währe oder sich doch häufig einstellt. Dieses Gefühl ist gemeint, wenn die Menschen von einem glücklichen Leben sprechen. Mehr braucht man vom »Wesen des Glücks« nicht zu wissen. Viel schwieriger und lohnenswerter ist die Frage, durch was dieses Gefühl hervorgerufen wird und was wir tun können, um es herbeizuführen. Von den ethischen Tugenden für ein gelingendes Leben sagte Aristoteles, im Unterschied zu den Verstandestugenden wie Weisheit, Vernunft und Klugheit komme es bei ihnen weniger darauf an, zu wissen, was sie sind, als vielmehr, sie zu praktizieren. Wir wollen nicht wissen, was Glück ist, sondern wir wollen glücklich sein. Wir werden es aber, sagt Aristoteles, indem wir es tun bzw. das, was dieses Gefühl hervorruft. Wie mit dem Glück so steht es mit der Liebe und der Freude. Definitionen helfen hier wenig. Mehr jedoch ein tiefes Verständnis ihrer Erscheinungsformen und Entstehungsbedingungen, vor allem aber: ihre Realisation, ihre Umsetzung, dass wir sie praktizieren, leben und erleben, dass wir das, was wir dafür tun können, tatsächlich auch tun, mit all unserer Kraft, Entschlossenheit, Beharrlichkeit, Sorgfalt, Hingabe und Achtsamkeit.

»Vernunft und Liebe hegen jedes Glück!«, heißt es bei Goethe.[4] Wie wichtig die Fähigkeit zu lieben für das menschliche Glück und die Gesundheit von Seele, Körper und Geist sind – was in der Antike dasselbe war –, haben moderne Forschungen auf dem Gebiet der Psychologie, Neurowissenschaften und Biomedizin gezeigt. Barbara Fredrickson, eine anerkannte Emotionsforscherin und eine der führenden Vertreterinnen der positiven Psychologie, hat dargelegt, wie eng die »Fähigkeit der Liebe« mit »unserer Biologie und mit unserer Art und Weise, Beziehungen zu unseren Mitmenschen aufzubauen, verwoben ist.« Auch sie ist der Meinung, die »Liebe reicht viel weiter, als man es uns normalerweise glauben macht.«[5] Sie schreibt: »*Liebe ist unser höchstes Gefühl.* Ihre An- und Abwesenheit in unserem Leben beeinflusst alles, was wir fühlen, denken, tun und werden. Dieser sich ständig wiederholende Zustand verbindet Ihren Körper (gemeint ist der Leser, Verf.) und Ihren Geist mit dem sozialen Gewebe unserer Umgebung. Durch wahre Liebe, die das Herz, den Geist und die Seele erweitert, erkennen Sie die größere Komplexität des Lebens und sind in der Lage, den zwischenmenschlichen Verbindungen, die Ihnen wichtig sind, Leben einzuhauchen. *Dieser Weg führt Sie zu mehr Gesundheit, Glück und Weisheit.*«[6]

In die gleiche Richtung gehen die Feststellungen des Neurowissenschaftlers, Arztes und Psychotherapeuten Joachim Bauer. Für ihn sind gelingende Resonanzbeziehungen und soziale Verbundenheit Formen der Liebe. Er meint, dass der Mensch biologisch-genetisch auf gelingendes Miteinander ausgerichtet ist. Dieses steht für Glück und seelisch-körperliche Gesundheit: »Nicht der Kampf ums Dasein, sondern Kooperation, Spiegelung und Resonanz sind das Gravitationsgesetz biologischer Systeme.« »Gute Beziehungen am Arbeitsplatz, Fairness und erlebtes Vertrauen haben nicht nur motivierende, sondern auch eine gesundheitsstabilisierende Wirkung.«[7] »Die zwischenmenschliche Beziehung ist eine hochwirksame Medizin. (...) Da sie mit der Ausschüttung der Glücksbotenstoffe Dopamin, Oxytozin und Opioide einhergehen, sind gelingende Beziehungen das unbewusste Ziel allen menschlichen Bemühens.«[8] »Die Namen des neuronalen Netzwerkes, welches die genannten Botenstoffe herstellt, sind ›Motivationssystem‹ oder ›Belohnungs-system‹ (...) Erlebte zwischenmenschliche Zuwendung und Liebe aktivieren dieses System, stimulieren die Produktion der genannten Botenstoffe, lassen uns gut fühlen und wecken die Lebensgeister. (...) Jede Art der sozialen Verbundenheit erleben wir, da sie das genannte Netzwerk aktiviert und an-genehme Gefühle in uns auslöst, als Belohnung (daher ›Be-lohnungssystem‹). Da angenehme Gefühle etwas sind, wofür wir uns anzustrengen bereit sind, motivieren sie uns (daher ›Motivationssystem‹).«[9]

Auch Bauer unterscheidet das ersehnte dauerhafte Glück durch erfülltes Bezogensein von einer bloß momenthaften Freude: »Das Bedürfnis nach sozialer Verbundenheit sitzt, wie spezifisch dazu durchgeführte Untersuchungen zeigen, tiefer als der Wunsch nach angenehmen Gefühlen.« »In jüngster Zeit hat eine Serie neurobiologischer Beobachtun-gen ein neues Bild entstehen lassen. Es beschreibt den Men-schen als ein Wesen, dessen zentrale Motivationen auf Zu-wendung und gelingende mitmenschliche Beziehungen ge-richtet sind.«[10]

Ausgehend von dem Phänomen der Resonanz, das nichts anderes meint als das, was hier unter »Liebe« im weitesten Sinne verstanden wird, hat der Soziologe Hartmut Rosa eine »Soziologie der Weltbeziehung« entwickelt. Wo Resonanz fehlt, da ist der Mensch unglücklich: »Wer unglücklich und, im Extremfall, depressiv ist, dem erscheint die Welt kahl, leer, feindlich und farblos, und zugleich erfährt er das eigene Selbst als kalt, tot, starr und taub. Die Resonanzachsen zwi-schen Selbst und Welt bleiben stumm. Folgt daraus nicht im Umkehrschluss, dass das gelingende Leben durch offene, vibrierende, atmende Resonanzachsen gekennzeichnet ist, die die Welt tönend und farbig und das eigene Selbst bewegt, sensitiv, reich werden lassen? (...) Aber dass das gelingende Leben durch die Intaktheit von Resonanzachsen, das misslingende dagegen durch deren Abwesenheit und Verstummung gekennzeichnet ist – kann man das ernsthaft bestreiten?«[11]

Zum Abschluss dieser wenigen Belege aus dem reichhaltigen Schrifttum soll der Dalai Lama zu Wort kommen, für den praktiziertes Mitgefühl, Zuwendung und Liebe nicht nur den Kern seines buddhistischen Glaubens ausmachen, sondern auch für das Glück des Einzelnen und seine Gesundheit stehen. Mit Bezug auf neueste wissenschaftliche Forschungen, die er stets mit Glaubenssätzen seiner praktischen Philosophie zu verbinden sucht, schreibt er: »Mittlerweile liegen immer mehr wissenschaftliche Beweise vor, dass sich Liebe, Güte, Vertrauen und so weiter nicht nur auf unsere Psyche, sondern nachweislich auch auf unsere körperliche Gesundheit positiv auswirken. Einer jüngst durchgeführten Studie zufolge kann sich die bewusste Kultivierung von Liebe und Mitgefühl sogar auf unsere Erbinformation selbst auswirken, und zwar auf diejenigen Teile unserer DNA, die Telomere genannt und mit dem Alterungsprozess in Verbindung gebracht werden. Umgekehrt schwächen negative Gefühle wie Angst, Wut und Hass unsere Abwehrkräfte gegen Krankheiten und Infektionen, wie weitere Studien ergeben haben.«[12]

In diesem Kapitel sollte gezeigt werden, dass eine alltäglich praktizierte Liebe gegenüber sich selbst, den anderen und der Welt nicht nur die Ursache unserer Lebensfreude ist, sondern auch zu dem führt, was wir ein »glückliches« Leben nennen. Gelebte Liebe, Zugewandtheit, Wohlwollen, gegenseitiges Verstehen, erfülltes und nährendes Mitsein ist das höchste menschenmögliche Glück. »Glücklich können wir nur sein«, schreibt Thich Nhat Hanh, »wenn wir auch lieben können. Wahre Liebe vermag die Situation, in der wir leben, zu heilen und zu transformieren, und sie gibt unserem Leben einen tieferen Sinn.«[13]

Wie das Leben so unterliegt auch das Glück Schwankungen und kann phasenweise ganz von bedrückenden Gefühlen und Leid überlagert sein. Immer wieder durchlebt der Mensch Zeiten, in denen er sich von sich selbst entfremdet, außerhalb seiner Mitte lebt, von einem inneren Konflikt beherrscht wird oder schwere Schicksalsschläge verarbeiten muss. Aber wer liebevoll mit sich, den anderen und der Welt umgeht und nicht nachlässt, auf sein Inneres zu achten und an sich zu arbeiten, der wird immer wieder in seine Mitte und damit zur Quelle seiner Liebesbereitschaft zurückfinden. Er wird sich erneut öffnen und zugewandt, wach und aufnahmebereit auf die Welt und die anderen zugehen. Er wird wieder mitschwingen, andere berühren und sich innerlich anrühren lassen. Er wird ein weiteres Mal lieben und sich wieder an der Welt und den anderen erfreuen. Nur darf er in schwierigen Lebensphasen den Draht zu seinem Inneren nicht abreißen lassen und muss – wie Sokrates es beispielhaft vorlebte – sich treu bleiben in guten wie in schlechten Zeiten. »Treue gegen sich selbst und Güte gegen andere«, das ist der Kern der Lebensweisheit des Konfuzius.[14] Es ist eine Umschreibung für die Fähigkeit zu lieben. Wer diese Fähigkeit kultiviert hat, den wird die Liebe auch in schweren Zeiten als Grundstimmung tragen und ihm die Kraft geben, den Widrigkeiten des Lebens geduldig und mit Zuversicht standzuhalten.

Wenn man einen solchen Menschen fragt, wie er sein Leben empfindet, wird er sagen, dass er ein glückliches Leben führe, ohne dass er die unvermeidbaren Schwankungen im Gemüt und die innere Dynamik von stärkerer und schwächerer Selbstnähe, von Vereinigung, Trennung und Wiedervereinigung, von Freude und Leid verleugnen würde. Er hat erkannt, dass der Mensch ein beschränktes sterbliches Wesen ist, dass er nicht alles weiß und nicht alles kann, dass er bestimmten unveränderlichen Gesetzmäßigkeiten unterliegt, dass das Leben naturgemäß dem Wechsel von Aktivität und Passivität, von Ausdehnung und Zusammenziehung, von Wirken und Erleiden unterworfen ist. Aber weil er zum Ganzen sagen kann: »Es sei, wie es wolle, es ist doch so schön«, weil er die Welt, die anderen und sich selbst so, wie sie sind, annehmen kann, verliert er nie seine Fähigkeit zu lieben.

>*Krone des Lebens,*
> *Glück ohne Ruh,*
> *Liebe, bist du!* «[15]

Goethe

Liebe zu sich selbst

»Frieden, Liebe und Glück
beginnen mit und in uns selbst.« [1]
Thich Nhat Hanh

Die Fähigkeit zu lieben und damit die Lebensfreude und ein gelingendes Leben werden befördert, je mehr wir mit uns selbst im Reinen sind, in uns ruhen, innere Ausgeglichenheit gefunden haben, uns so, wie wir sind, angenommen haben und mit uns eins sind, kurz: je mehr wir uns selbst lieben. Das deckt sich mit der stoischen Philosophie, die ein Leben im Einklang mit sich selbst als höchstes Lebensziel ansah. Wir würden heute von einem authentischen Leben sprechen, das frei ist von jeder Form der Entfremdung. Eine gesunde Selbstliebe ist Voraussetzung dafür, auch andere lieben zu können. »Zu lieben bedeutet als Erstes«, sagt Thich Nhat Hanh, »uns selbst so anzunehmen, wie wir tatsächlich sind. Die erste Übung der Liebe besteht darin, sich selbst kennenzulernen.« »Ohne Versöhnung mit sich selbst ist es unmöglich, mit einem anderen Menschen glücklich zu sein.« [2]

Hermann Hesse dreht das biblische »Liebe deinen Nächsten wie dich selbst!« um und meint, besser hieße es: »Liebe dich selbst, so wie deinen Nächsten«. Er bezeichnet es als einen »Urfehler«, dass man beim Nächsten angefangen hat. »Für jeden ist das einzig Wichtige auf der Welt sein eigenes Innerstes, seine Seele, seine Liebesfähigkeit. Ist diese in Ordnung, so mag man Hirse oder Kuchen essen, Lumpen oder Juwelen tragen, dann klang die Welt mit der Seele rein zusammen, war gut, war in Ordnung.« [3]

Zwar können auch solche Menschen lieben, die nicht mit sich im Reinen sind, die unausgeglichen sind, die mit leidvollen, ungelösten inneren Konflikten leben und infolgedessen ein erhebliches Potenzial negativer Energien und Gefühle besitzen, die immer wieder ausbrechen. Aber die Intensität, Stabilität, Tiefe sowie das Beglückende einer solchen Liebe wird im zwischenmenschlichen Bereich von einer ganz anderen Qualität sein als bei Menschen, die ihre Mitte gefunden haben und aus ihr heraus leben. Für jene Menschen wird es schwieriger sein, ganz im anderen aufzugehen und eine dauerhafte harmonische Beziehung zu führen. Es wird zu wesentlich mehr Reibungsverlusten führen, die im Laufe der Zeit die Beziehung immer stärker belasten und sie am Ende nicht selten gänzlich zerstören. Das gilt in Partnerschaften ebenso wie in Freundschaften, wobei das Fehlen einer sexuellen Verbindung und einer eng verflochtenen Lebensgemeinschaft die Konflikte bei Freundschaften nicht in der Stärke ausbrechen lässt wie in Lebenspartnerschaften.

Je näher man sich selbst kommt, umso näher kommt man auch den anderen Menschen. Die Fähigkeit zu lieben wächst in dem Maße, wie unser Leben stimmiger und mittiger wird, wir uns innerlich wohler fühlen und unseren Seelenhaushalt aufgeräumt haben. Dazu aber ist es nötig, dass wir uns selbst annehmen können, so wie wir sind, dass wir Ja zu uns sagen mit allen Schwächen und Defiziten, dass wir keinen Teil von uns ablehnen, dass wir achtsam, zugewandt, verständnis- und liebevoll mit uns umgehen. Aus diesem Grunde kam der Selbsterkenntnis und Selbstkultivierung in allen Weisheitstraditionen in Ost und West eine herausragende Bedeutung zu. Jedes gelingende Miteinander, betonte Konfuzius, fängt bei der Entwicklung und harmonischen Ordnung der eigenen Persönlichkeit an, ihres Denkens, Fühlens, Wollens und Handelns. Erst aus der inneren Harmonie heraus erwachsen glückliche Beziehungen mit anderen.

Das hatte auch Aristoteles erkannt, der sich in seinem ethischen Hauptwerk, der Nikomachischen Ethik, im Zusammenhang mit der Freundschaft eingehend mit der Selbstliebe beschäftigt hat. Er unterschied zwei Arten von Selbstliebe. Die eine, die ausschließlich auf eine Befriedigung selbstbezogener Begierden nach Besitz, Ansehen, gesellschaftlicher Stellung und sinnlichen Genüssen ausgerichtet sei und ihr nachgehe. Das sei der schlechte Egoismus. Die zweite Art von Selbstliebe fokussiere die inneren Werte, die seelisch-geistigen Haltungen, fühle sich zu den »Tugenden« hingezogen, dem Guten und Schönen, und versuche diese zu entwickeln, zu stärken und zu leben. Diese inneren Werte, zu denen die Besonnenheit, Weisheit, Gerechtigkeit und Vernunft gehörten – Aristoteles nennt sie den »Geist« – bildeten sein *»eigentliches Selbst«.* Wer diesen inneren Reichtum mehre, der praktiziere eine gesunde Selbstliebe. Sie sei nicht nur das Beste, was man für sich selbst und das eigene Wohlergehen tun könne, sondern auch das Beste für die Gemeinschaft und ein gelingendes Miteinander. Sie entspreche in viel stärkerem Maße der Natur des Menschen als die egoistische Selbstliebe, die lediglich äußere Ziele verfolge und ihre wahren Bedürfnisse und damit das, was zu einem glücklichen Leben führe, verkenne. Er stellt fest, dass diese gesunde Selbstliebe die Wurzel und der Nährboden für jedes gelingende Miteinander sei. »Aus der Wurzel der Selbstliebe« heraus erstrecke sich ein »freundschaftliches Verhalten auch auf die anderen Menschen«.[4]

»Das freundschaftliche (liebevolle, Verf.) Verhalten zu Menschen, die uns nahestehen«, schreibt Aristoteles, »und die bekannten Wesensmerkmale der Freundschaft stammen (…) aus dem Verhältnis des Menschen zu sich selbst. (…) *denn der Treffliche ist mit sich selber einig.«* Das daraus entspringende zugewandte Verhältnis zu dem Freund/der Freundin sei mit »dem Gefühl der Mutter gegenüber dem

Kinde vergleichbar«. Aristoteles spricht in diesem Zusammenhang von »*dauernder Lebensgemeinschaft mit sich selbst*« und von dem geliebten Freund als ein »*zweites Ich*«. »Freundschaft ist Gleichheit«, sagt er. Weil der Mensch »mehrere Seelenteile« habe, die er, um sich wohlzufühlen, »untereinander und mit sich selbst befreundet« machen sollte (Platon), mithin um innere Ausgeglichenheit und Harmonie zu erlangen, so sei »der höchste Grad der Freundschaft (zu anderen) dem Verhältnis ähnlich (...) in dem der Mensch zu sich selber steht (stehen sollte, Verf.)«. Wer aber »*mit sich uneins*« sei, »*eine Art Parteienzwist in seiner Seele*« trage, der werde nicht in der Lage sein, wahre Freundschaften zu unterhalten. Er »*steckt voller Komplexe*«. Mit sich selbst ins Reine kommt der »gute Mensch«, der ein besonnenes, weises Leben führt und sich im ausreichenden Maße um sich selbst kümmert. Also »soll der Tugendhafte eigenliebend sein«, lautet die Schlussfolgerung des Aristoteles. »Denn nur so kann man zu sich selbst ein freundschaftliches Verhältnis haben und einem anderen Menschen Freund werden.«[5]

Bei der tadelnswerten Eigenliebe dagegen, sagt Aristoteles an anderer Stelle, »handelt es sich nicht um die (gesunde, Verf.) Selbstliebe, sondern um die *übertriebene Liebe zu sich selbst*«.[6] Aristoteles umschreibt hier das, was heute Narzissmus genannt wird, eine »pathologische Form der Selbstverliebtheit«. »Für den narzisstischen Menschen«, schreibt Erich Fromm, »gibt es nur eine Realität: die seiner eigenen Denkprozesse, Gefühle und Bedürfnisse. Er (...) hat *den Kontakt mit der Welt verloren;* er hat sich in sich selbst zurückgezogen.«[7] »Der Narzissmus ist der Gegenpol zu (...) Vernunft und Liebe (...) ein *völliges Scheitern der Bezogenheit auf die Welt.*«[8] »Die großen westlichen und östlichen Religionen sehen im Kern das Ziel des Lebens darin, den Narzissmus zu überwinden, *liebesfähig zu werden* und zur Überwindung dieser Anbetung des eigenen Ego fähig zu sein.«[9] »Das Problem des Narzissten«, schreibt der Psychoanalytiker Hellfried Krusche, »besteht darin, dass er nicht lieben kann. Alles dient ihm zum Selbsterhalt. Er möchte jede Form der Hingabe vermeiden, weil Liebe und Hingabe sein Selbstsystem gefährden könnten.«[10]

Wir sehen, dass der Begriff der Selbstliebe mehrdeutig ist und leicht missverstanden werden kann. Die Grenze zwischen einer gesunden Selbstliebe einerseits, die uns in unsere Mitte führt, uns mit uns selbst vereint und uns dadurch im hohen Maße befähigt, liebevolle Verhältnisse zu unseren Mitmenschen und zur Welt einzugehen, und einer selbstsüchtigen Eigenliebe andererseits, die genau das Gegenteil bewirkt und nährende, tragende, bergende Bezogenheit gerade verhindert, ist fließend. Gleichwohl ist die Abgrenzung in der Praxis nicht schwierig. Jeder kennt Beispiele von Menschen mit gesunder Selbstliebe. Das sind Menschen, die sich selbst kennen und angenommen haben, in sich ruhen und ein harmonisches Leben führen. Sie sind offen, tolerant, mild, mitfühlend und verständnisvoll. Gegenüber anderen Menschen entwickeln sie selten negative Gefühle wie Zorn, Wut, Ärger oder gar Hass. In ihrer Nähe fühlen wir uns wohl und verstanden und sind bereit, uns ihnen gegenüber zu öffnen, uns ihnen anzuvertrauen und unsere Gefühle mit ihnen zu teilen. Sie sind eine Einladung, uns ihnen mit unserem Innern zu nähern, uns ihnen gegenüber so zu geben, wie wir sind, uns ihnen mitzuteilen. »Wer in sich selbst beruhigt ist, der beunruhigt den anderen nicht«, sagte der griechische Philosoph Epikur.[11] Hier kommen die Spiegelneuronen zur Geltung, die bei unserem Gegenüber genau diejenigen Gefühle hervorrufen, die gerade in uns herrschen und die wir ausstrahlen. Erich Fromm hat darauf hingewiesen, dass die Selbstliebe der Mutter eine wichtige Erfahrung für das Kind ist, bei der es lernt, was Liebe, Freude und Glück bedeuten: »Hat man dagegen Gelegenheit, die Wirkung zu studieren,

die eine Mutter mit einer echten Selbstliebe auf ihr Kind aus-
übt, dann wird man erkennen, dass es nichts gibt, was dem
Kind besser die Erfahrung vermitteln könnte, was Liebe,
Freude und Glück bedeuten, als von einer Mutter geliebt zu
werden, die sich selbst liebt (...).«[12]

Ein liebevoller Umgang mit sich selbst, der sich nicht in
einer kurzfristigen Bedürfnisbefriedigung erschöpft, sondern eine echte Sorge um eine gute Seelenverfassung und deren kontinuierliche Pflege darstellt (griechisch »epimeleia tes
psyches«, die Sorge um die eigene Seele, Sokrates/Platon), ist
auch ein *achtsamer* Umgang mit sich. Je mehr wir diesen
achtsamen Umgang mit uns selbst einüben und praktizieren,
umso sensibler, zugewandter und achtsamer wird auch unser
Umgang mit anderen Menschen sein. Je besser wir uns selbst
verstehen, umso besser verstehen wir die Menschen. »Wir
dienen am besten dem Himmel (harmonische Weltordnung,
Bestimmung, Wesen, Verf.)«, sagt der japanische Universal-
gelehrte Kaibara Ekiken, »indem wir unsere innere Natur
bewahren, die der Himmel in uns gepflanzt hat, und die
Menschen lieben. Jemand, der seinen selbstbezogenen Begierden folgt, verleugnet seine Natur und handelt dem Willen des Himmels zuwider.«[13]

Der berühmte Ausspruch »Werde, der du bist« des griechischen Dichters Pindar lautet weiter: »wie du es gelernt
hast«.[14] Das griechische Wort für »gelernt« (griechisch
»mantano«) bedeutet auch wissen, kennenlernen, erfahren,
verstehen. Das »Erkenne dich selbst« zielt auf eine kontinuierliche und achtsame Beobachtung des eigenen Seelenlebens
und ein Nachdenken darüber sowie über die gemachten Erfahrungen. Wie lerne ich mich kennen, fragte Goethe einmal
und gab zur Antwort, nicht im stillen Kämmerlein, sondern
indem ich in die Welt gehe, mich ausprobiere und mir dann
Rechenschaft darüber ablege, wie es mir dabei erging, wir
würden heute sagen: »was es mit mir macht«.[15] Die dabei lei-

tende Frage, fühlt es sich gut an oder nicht, ist die gleiche wie: Entfremdet mich etwas von mir selbst oder bringt es mich näher zu mir?

Dabei werden wir zunächst die Erfahrung machen, dass die Befriedigung unserer Begierden freudvoll ist. Wer dabei stehen bleibt, der wird leicht ein rücksichtsloser Egoist, gewiss aber kein glücklicher Mensch. Nur wer genauer in sich hineinhorcht, die Folgen einer Bedürfnisbefriedigung beobachtet und ihre Nachhaltigkeit prüft, der wird zu tieferen Erkenntnissen kommen. Er wird bemerken, dass es Bedürfnisse gibt, deren Befriedigung ein kurzfristiges Wohlgefühl vermittelt, das schnell wieder vergeht und sich nicht selten ins Gegenteil verkehrt; dass die Befriedigung anderer Bedürfnisse zunächst wie bittere Medizin schmeckt, dann aber eine lang anhaltende wohltuende Wirkung hat. »An alle Begierden soll man die Frage stellen«, sagte Epikur, »was wird mir geschehen, wenn erfüllt wird, was die Begierde sucht, und was, wenn es nicht erfüllt wird?«[16] Auf Solon, einen der Sieben Weisen, geht die berühmte Aufforderung zurück: »Siehe auf das Ende!«[17]

Wer auf diese Weise kontinuierlich und aufrichtig sein Verhalten und die Folgen prüft und sich selbst erforscht, wird am Ende erkennen, dass seine tiefsten Bedürfnisse und das, was ihm wirklich dauerhaft Freude und Wohlsein verschafft, darin bestehen, liebevoll und friedlich mit anderen Menschen zusammenzuleben und mit ihnen innerlich verbunden zu sein. Deshalb fällt die richtig verstandene Selbstliebe, die ihr »Selbst« kennt, mit der Fähigkeit zusammen, andere zu lieben. Das und was daraus für die eigene Lebensführung folgt, wird häufig weder gesehen noch umgesetzt. Verführt von einer allgegenwärtigen, konsumorientierten Werbung und verbreiteten gesellschaftlichen Vorstellungen rennt man den falschen Gütern hinterher und übergeht dabei seine wahren Bedürfnisse, die nach Liebe und Gemeinschaft.

Deshalb betonte Sokrates immer wieder die Notwendigkeit und Dringlichkeit des »Erkenne dich selbst!«. Denn nur, wer sich selbst kennt, weiß, was für ihn gut ist, d.h. was ihm ein glückliches Leben verschafft und was nicht. Alle anderen würden das Falsche wählen und gerieten in Elend. Er hielt diese Aufforderung für die ganze Lebensführung für so fundamental, dass er zu den starken Worten griff: »Ein Leben ohne Selbsterforschung ist nicht lebenswert.«[18]

Wir sehen daran, wie die Fähigkeit zu lieben und ihre Bedeutung für die Lebensfreude und ein gelingendes Leben innerlich verflochten ist mit anderen wesentlichen Aspekten einer weisen Lebensführung. Wahrhaftes und erfüllendes Lieben setzt die Entwicklung der eigenen Persönlichkeit zu einem harmonischen, in sich ruhenden und festen Charakter voraus. Umgekehrt vollendet die Liebe den Menschen in seinem Bestreben, eine ganze, in sich stimmige Persönlichkeit zu werden. Für den Theologen Karl Rahner ist »die Liebe ein die ganze Existenz des Menschen integrierender Akt. Die Liebe ist also nicht nur eine Forderung. Sie ist vielmehr auch heilsam für den Menschen. Sie macht ihn zu einem ganzen Menschen. Sie verbindet in ihm Herz, Seele und Denken.«[19]

Eine gelingende Persönlichkeitsentwicklung und Selbstkultivierung verlangen, dass wir uns selbst immer besser kennenlernen. Wir lernen uns aber nur dann kennen, wenn wir uns achtsam, zugewandt und verständnisvoll mit uns selbst auseinandersetzen, wenn wir einen offenen, aufrichtigen und kontinuierlichen Dialog mit uns führen, uns Zeit für uns nehmen, uns selbstkritisch hinterfragen und uns nicht »leichtfertig glauben« (Seneca).[20] Sich selbst betrügen ist von allem das Schlimmste, meinte Sokrates.[21] Dieser wohlwollende, intime Umgang mit sich selbst ist Selbstliebe und lässt sie wachsen, je intensiver und kontinuierlicher er betrieben wird. Jeder große Geist hat einen solchen Dialog mit sich selbst gepflegt, häufig in Form eines Tagebuchs oder autobiografischer Aufzeichnungen. Im Kapitel »Liebe zur Weisheit« werden wir uns eingehender mit der Frage beschäftigen, wie Liebe und Erkenntnis zusammenhängen und umgekehrt.

Zum Abschluss dieses Kapitels sollen seine zentralen Thesen mit einigen erhellenden Zitaten untermauert werden. Die Feststellung, dass die Natur die »Liebe zu sich selbst« allen Lebewesen eingepflanzt hat, war eines der Dogmen der stoischen Philosophie. »Aus Eigenliebe handeln (...) ist die Natur jeden Wesens«, sagt Epiktet.[22] Der »Selbsterhaltungstrieb und die Liebe zu sich selbst« ist »das erste Werkzeug«, welches die Natur den Geschöpfen verliehen hat, schreibt Seneca.[23] »Vor allem hat die Natur in sie (die Lebewesen) als Mittel zur Selbsterhaltung die Zuneigung und Liebe zu sich selbst gelegt (...)« (Poseidonios).[24]

In seinem lesenswerten Roman »Hem-On, der Ägypter« lässt Harald Braem einen Weisen sagen: »Dein verborgener Wunsch ist es, *in unserer Liebe eine Tiefe zu erfahren,* die Zeit und Raum überdauert, und ich teile mit dir die gleiche Sehnsucht. Wie aber können wir diese Tiefe finden, wenn wir uns in den Ereignissen der äußeren Welt ständig verlieren? Das Gegenteil von Zerstreuung ist das Bündeln, die Sammlung. Wenn wir so leben, mit dem Bewusstsein der Tiefe in all unserem Handeln und Streben, spüren wir tief in unseren Herzen die Ewigkeit auf und finden den Nabel der Welt in uns selbst. Dies ist das wahre Geheimnis; unsere Visionen und Träume (...) sind nur ein Schlüssel dazu, *uns selbst immer wieder zu finden* und den Weg, der uns aus der Verwirrung der Seele zur Klarheit führt. *Die Sammlung auf das Wesentliche erst lässt das wirkliche Wesen in uns entstehen.* «[25]

In ihrem Buch über die Romantik hat Ricarda Huch die Liebe zu sich und die Sehnsucht nach sich selbst als ein Hauptmotiv vieler Romantiker herausgearbeitet. »Die Eine, Eine glänzende Sonne (sic), das Ich, das nicht mehr zerspaltene, die Einheit des eigenen Wesens, das ist im Grunde das Ziel aller Sehnsucht; man kann es nicht deutlicher und schöner sagen, als (Ludwig) Tieck hier getan hat. Sein Ich ist das Wild, das er unermüdlich jagt, das Land, nach dem er auszieht, der Himmel, nach dem er sich sehnt. *Sich selbst suchen ist die Arbeit seines ganzen Lebens.*« »Und merkwürdig stimmt damit die Lehre überein, die der alte Mann in Tiecks Roman dem Sternbald gibt, daß das Höchste, was der Mensch erlangen könne, Zufriedenheit mit sich selbst sei. ›*Mit sich zufrieden sein*‹, rief der Alte, ›mit allen Dingen zufrieden sein, denn alsdann verwandelt er sich und Alles um sich her in ein himmlisches Kunstwerk und läutert sich selbst mit dem Feuer der Gottheit‹; und eindringlich knüpft er die Empfehlung an den Jüngling daran, seine Kunst und *sich selbst zu lieben und zu verehren,* ja keiner nachteiligen Selbstverachtung Zugang zu gestatten.«[26]

Immer wieder betont Thich Nhat Hanh, wie wichtig es sei, in sich hineinzuschauen und sich zu erspüren: »Wir müssen tief schauen, mit unserem ganzen Sein. (…) Wir müssen unseren Körper, unsere Gefühle, Wahrnehmungen, geistigen Formkräfte und unser Bewusstsein auf tiefe Weise betrachten. (…) Wir verstehen uns immer besser, wenn wir uns der Gefühle in uns bewusst werden. Wir erkennen, dass unsere Ängste, unser Unfriede zu unserem Unglücklichsein beitragen, und wir erfahren, *welchen Wert Selbstliebe und ein mitfühlendes Herz haben. Liebe wird dann unsere Gedanken, Worte und Handlungen durchdringen.* (…) Wir strahlen Freude und Glück aus, und allen, die uns umgeben, tun unser Lächeln und unsere Anwesenheit gut. Wenn wir uns gut um uns selbst kümmern, helfen wir damit allen.«[27] »Doch wir beginnen immer mit uns selbst. *In uns selbst müssen wir als erstes Frieden schaffen* und das Leiden mindern, denn wir repräsentieren die Welt.«[28]

Schon Thales, in dem man üblicherweise den ersten Philosophen des Abendlandes sieht, stellte fest, dass Selbsterkenntnis schwer sei.[29] Bei dem Neurowissenschaftler, Arzt und Psychotherapeuten Joachim Bauer klingt das so: »Die Begegnung mit unserem Selbst zu ertragen, es so sein zu lassen, wie es ist, und es anzunehmen, *ist die schwierigste aller psychologischen Aufgaben, die uns gestellt sind.*« Es sei aber notwendig, diese Fähigkeit zu erlangen und nicht »vor sich wegzulaufen«, denn sie sei »*der Schlüssel zu einem glücklichen Leben* (...) Sich selbst zu begegnen setzt voraus, dass wir uns regelmäßig, und sei es nur für einige Momente, der Zweck- und Nutzenlogik unseres gehetzten Lebens entziehen und der Muße Raum geben.«[30] »Liebe beruht auf einer Haltung der Bejahung und der Achtung vor dem anderen«, schreibt Erich Fromm, »*und wo einer diese Haltung nicht auch sich selbst gegenüber aufbringt (...) da ist sie überhaupt nicht vorhanden.*«[31]

> »*Du sollst den Nächsten lieben.*
> *Denn das bist du selbst.*«[32]
> Martin Buber

Liebe zu anderen Menschen

»Die wahrhaftige Liebe – ist nicht die Liebe
zu einem einzelnen Menschen,
sondern die seelische Bereitschaft der Liebe zu allen.
Das ist der Zustand,
in dem allein wir den göttlichen Urgrund
unserer Seele erfassen.« [1]
Östliche Weisheit (anonym)

Wir haben gesehen, dass uns die Liebe als Wunsch zur Vereinigung und zum Gefühl des Einsseins mit Menschen als eine der stärksten Prägungen bereits im Mutterleib mitgegeben wird. Unser Streben nach Glück findet in allen Formen der Vereinigung, der seelischen Nähe und des gelingenden Mitseins Momente der Erfüllung. Diese Momente, seien sie vorübergehend oder länger andauernd, sind Momente der Freude. Sie sind Voraussetzung für eine dauerhafte Freude am Leben. Die Fähigkeit, solche Momente des erfüllten Miteinanders zu erleben, ihre Häufigkeit, Dauer und Intensität hängt wesentlich davon ab, in welchem Grad wir uns selbst gefunden haben, im Einklang mit uns selbst leben, innerlich ausgeglichen sind und Frieden mit uns, den anderen und der Welt geschlossen haben. Je besser wir uns kennen und so annehmen können, wie wir sind, umso stärker wird unsere Fähigkeit zu lieben. Wir können nur lieben, was wir kennen, und kennen nur, was wir lieben. Jedenfalls bleibt unser Wissen um eine Sache oder einen Menschen bruchstückhaft, wo es an Zuneigung, Nähe oder Verbundenheit fehlt. Mit zunehmender Selbsterkenntnis und Selbstliebe wächst unser Selbstvertrauen und damit die Bereitschaft, uns anderen gegenüber zu öffnen und uns so zu zeigen, wie wir sind. Das wiederum ruft Vertrauen bei unserem Gegenüber hervor und lädt dazu ein, sich seinerseits zu öffnen und sich uns zuzuwenden. Auf diese Weise entstehen pulsierende, lebendige Resonanzen mit Gefühlen von Verbundenheit, gegenseitigem Verstehen, Nähe, Wärme, Sicherheit, Fürsorge und Geborgenheit. Achtsamer Umgang mit sich selbst, Selbsterkenntnis und Selbstliebe gehören daher zu den wichtigsten Voraussetzungen für jedes gelingende Miteinander.

Aus dem gelingenden Verhältnis zu sich selbst erwächst das Verständnis, Mitgefühl, die Zuneigung und Liebe zu anderen Menschen. Daraus entspringen liebevolle zwischenmenschliche Beziehungen, die den Kern unserer Lebensfreude und unseres Glücks ausmachen. Es geht darum, sagt Thich Nhat Hanh, einen »Weg zu mehr Menschlichkeit (zu gehen), einen Weg, der zu Frieden und Glück führen wird, einen Pfad der Transformation und Heilung. (…) Unsere grundlegende Praxis besteht darin, die Energie der Achtsamkeit, Konzentration und Einsicht zu schaffen. *Das erweckt Mitgefühl, Liebe, Harmonie und Frieden.*«[2] Wenn Thich Nhat Hanh von »Transformation und Heilung« spricht, deutet er an, dass die Fähigkeit zu lieben in uns ausgebildet und kultiviert werden muss. Wenn wir damit beginnen, uns selbst und unsere Lebensweise eigenverantwortlich zu gestalten, dann liegt dem zwar die Sehnsucht nach einem gelingenden Miteinander zugrunde, die Fähigkeit dazu aber keineswegs. Je nachdem, wie viel Zuwendung, Liebe und Fürsorge wir insbesondere in der frühkindlichen Phase unserer Entwicklung, aber auch während des weiteren Prozesses der Sozialisierung und Ichwerdung bekommen haben, ist unsere Fähigkeit zu lieben mehr oder weniger stark in uns angelegt und ausgebildet.

In dem vorhergehenden Kapitel haben wir gehört, dass wir uns erst einmal selbst finden, mit uns ins Reine kommen und uns selbst lieben müssen, bevor wir andere lieben können. Das ist keineswegs einfach. Sich selbst kontinuierlich dahin zu entwickeln, seinen Charakter und seine Persönlichkeit zu erziehen und von belastenden und hinderlichen Fremdprägungen zu befreien, sodass man immer mehr in seine Mitte kommt, nennt Thich Nhat Hanh »Transformation und Heilung«. Das bedeutet nicht, dass wir vollständig »geheilt« sein müssen, bevor wir lieben können. Jeder Mensch entwickelt Empfindungen der Liebe. Aber je näher wir uns selbst kommen, umso intensiver wird die Fähigkeit zu lieben – je fremder wir uns selbst sind, umso unfähiger werden wir, eine tiefere Beziehung zu einem anderen Menschen aufzubauen.

Auch in der Antike ist dieser Prozess der Selbstwerdung als eine Art Heilungsprozess verstanden worden, der starken Einfluss auf die Fähigkeit zu lieben und zur Mitmenschlichkeit hat. Die praktische Philosophie und Weisheitslehre war »Seelenheilkunde«, die uns von all den negativen Gefühlen und falschen Vorstellungen befreien wollte, die einem authentischen Selbstsein und damit einem glücklichen Leben entgegenstehen. Damals war man davon überzeugt, dass am Ende dieser Persönlichkeitsentwicklung eine tiefe Fähigkeit zur Güte, zur Mitmenschlichkeit und zur Liebe entstehen wird. In einem der bedeutendsten Weisheitsbücher der chinesischen Antike, dem »Buch der Riten, Sitten und Gebräuche« (Liji), heißt es: »*Wer die Menschen nicht lieben kann, ist nicht im Besitz seiner Persönlichkeit.* Wer seine eigene Persönlichkeit nicht besitzt, der kann sich nicht an seinem Platz wohlfühlen. Wer sich nicht an seinem Platz wohlfühlen kann, der kann sich nicht des Himmels freuen; wer sich nicht des Himmels freuen kann, der kann seine Persönlichkeit nicht vollenden.«[3] Wer sich noch nicht gefunden hat und sich deshalb in seiner Haut nicht wohlfühlt, der kann die Menschen nicht wahrhaft lieben und keine tiefe Lebensfreude empfinden (»sich nicht des Himmels freuen«). Das Zitat macht deutlich, wie die Fähigkeit zu lieben mit Persönlichkeitsentwicklung, Authentizität, innerem Wohlgefühl und Lebensfreude zusammenhängt. Daher, so heißt es dort unmittelbar zuvor, »hielten die Alten bei der Ausübung der Regierung die Liebe zu den Menschen für das Wichtigste.« Bei jeglicher Form des Mitseins, sei es mit sich selbst, dem Lebenspartner, der Familie, den Freunden, bei der Arbeit, in Vereinen, politischen oder religiösen Institutionen – überall ist die Liebe im weitesten Sinne, d. h. Wohlwollen, Zugewandtheit, Verständnis, Milde und Achtsamkeit, entscheidend für ein harmonisches, nährendes, freudvolles und erfüllendes Miteinander.

Die Aussagen in den Zitaten dürfen nicht verabsolutiert oder als trennscharfe Definitionen missverstanden werden. Immer geht es um ein Mehr oder Weniger. Wir Menschen sind endliche, beschränkte, mit Mängeln behaftete Wesen. Nie sind wir vollständig in unserer Mitte, nie vollständig entfremdet, nie »vollendete Persönlichkeiten«, nie ohne Persönlichkeit, nie gänzlich liebesunfähig, aber auch selten fähig, »unsere Feinde zu lieben«. Der Stand unserer jeweiligen Persönlichkeitsentwicklung befindet sich irgendwo zwischen den Extremen. Wenn wir uns um ein vertieftes Verständnis des Wesens und der Bedeutung der Liebe für ein glückliches und freudvolles Leben bemühen, so wollen wir unsere Fähigkeit zu lieben ausbilden und stärker machen. Je mehr uns das gelingt, umso glücklicher wird unser Leben. Hindernisse und Blockaden, die diese Fähigkeit begrenzen, müssen erkannt, überwunden und abgebaut werden. Dies ist ein lebenslanger Prozess. Solange wir existieren, wollen wir wachsen und uns entwickeln. Stillstand bedeutet Verlust der inneren Lebendigkeit, die Lebensfreude versiegt. Leben heißt Unterwegssein, ein ständiges Bemühen, auf dem »rechten Weg« voranzuschreiten und Irrwege zu vermeiden.

Was das chinesische Zitat aus dem »Buch der Riten, Sitten und Gebräuche« zum Ausdruck bringt, finden wir in vielen Quellen der Weisheit aus allen Epochen und Gegenden der Welt. In der Liebe zu den Mitmenschen, im gelungenen Mitsein mit anderen vollendet sich der Mensch, kommt zu sich selbst, erkennt sein Wesen, erlangt Weisheit und schöpft aus der tiefsten Quelle wahrer Lebensfreude. Er erlebt höchstes Glück. Was heißt Weisheit, wurde Konfuzius einmal gefragt. »Die Menschen kennen«, antwortete er. Und worin besteht eine weise Lebensführung? »Die Menschen lieben«, war seine Antwort.[4] »Wenn einer den Rechten Weg studiert«, sagt er an einer anderen Stelle, »so lernt er die Menschen lieben.«[5] Auf den Ursprung der Liebessehnsucht in der pränatalen und frühkindlichen Lebensphase weist eine andere Stelle aus dem »Buch der Riten«: »Die Liebe leitet sich von den Eltern her (…) So ist der Weg des Menschen die Liebe zu den Nächsten.«[6] Wir können davon ausgehen, dass der Autor wusste, dass eine Schwangerschaft und die frühkindliche Phase auch problematisch verlaufen können. Das ändert aber nichts daran, dass der Ursprung unserer Sehnsucht nach Liebe in der pränatalen und frühkindlichen Lebensphase zu finden ist.

Für Konfuzius, der das »Buch der Riten« aus älteren Quellen zusammengestellt und redigiert haben soll, war die »Mitmenschlichkeit« der höchste Wert. Der Begriff ist weit zu verstehen und wird auch übersetzt mit Sittlichkeit, Güte, Menschen- und Nächstenliebe, gegenseitiger Rücksichtnahme oder auch gegenseitigem Verstehen. »Gibt es ein Wort, das für das ganze Leben als Richtschnur dienen könnte«, wurde er einmal gefragt. »Wie wäre es mit ›gegenseitigem Verstehen?‹«, antwortete er.[7] Liebe als Mitmenschlichkeit ist die Grundlage für jedes gelingende Miteinander von der

Familie bis zum Staat: »So kommt es für die Ausübung der Regierung auf die Menschen an. Die Menschen gewinnt (der Herrscher) durch seine Person, er bildet seine Person durch den Weg, er bildet den Weg durch Menschlichkeit. (…) Die Liebe zu den Nächsten ist das Größte daran. (…) Darum darf der Edle (Weise, Mensch) es nicht unterlassen, seine Person zu bilden (…) darf es nicht unterlassen, die Menschen zu erkennen. Wer den Menschen kennen will, darf es nicht unterlassen, den Himmel zu erkennen.«[8] Eine tiefe und beglückende Liebe setzt Charakterbildung voraus, diese wiederum Selbsterkenntnis. Wer sich selbst kennt, kennt auch die Menschen, die Natur, die Welt, seine Bestimmung. Alles das ist mit »den Himmel erkennen« gemeint.

Auch Menzius, der bedeutendste Nachfolger des Konfuzius, hat die Liebe und die Mitmenschlichkeit in das Zentrum seines Denkens gestellt. »Menschlichkeit ist der Weg des Menschen«, schreibt er. Und an anderer Stelle: »Anhänglichkeit an die Nächsten ist die Liebe. Achtung vor den Eltern ist die Pflicht. Es handelt sich um nichts anderes, *als diese Gefühle auszudehnen auf die ganze Welt.*«[9] In der Achtung vor den Eltern kommt der für die chinesische Kultur so wichtige Ahnenkult und der Respekt vor den Älteren zum Ausdruck. Respekt und Achtsamkeit (»Achtung«) sowie das Gefühl liebevoller Zusammengehörigkeit sind die Wurzeln der Mitmenschlichkeit. In der Regel werden diese zuerst in der Familie erlebt, erfahren und verinnerlicht. Es geht darum, diese Gefühle quasi »aus dem Haus« zu tragen und der ganzen Menschheit entgegenzubringen. Das war für die Chinesen wie Konfuzius und Menzius nicht nur eine ethische Forderung, sondern gehörte zum Wesen und zur Bestimmung des Menschen. Nur wer den Menschen mit liebevoller Zugewandtheit begegnet, entsprach dem »rechten Weg«, der zu einem gelingenden Leben auf persönlicher wie auf gemeinschaftlicher Ebene führt.

Auch im antiken Griechenland entwickelte sich der Gedanke der Mitmenschlichkeit und wurde immer wichtiger, je mehr die ethischen Grundlagen für ein gelingendes Gemeinschaftsleben in Verfall zu geraten drohten. Diese Entwicklung begann, als ab der Mitte des 5. Jahrhunderts v. Chr. der Höhepunkt der attischen Kultur allmählich überschritten wurde. In dieser Zeit kam die Forderung auf, dass »der Herrscher in seinem Charakter Liebe zu den Menschen und Liebe zum Staat vereinigen soll«, schreibt der Altphilologe Werner Jaeger, ein Kenner der altgriechischen Kultur, und fährt fort: »Die Philanthropie (Menschenliebe) ist ein Begriff, der in der Literatur jener Zeit mehr und mehr an Bedeutung gewinnt. Aus den Inschriften erkennen wir, welchen Wert man der Menschenfreundlichkeit im öffentlichen Leben beimaß. Denn immer wieder findet sich diese Eigenschaft in den Dekreten zu Ehren verdienter Männer erwähnt.«[10]

In Indien, vor allem im Buddhismus, ist die Liebe zu den Mitmenschen ein zentrales Dogma, um welches sich ihre ganze Philosophie dreht. Der Kernsatz der Upanischaden, des philosophischen Teils der altindischen Veden, lautet »Tat tvam asi« (Das bist du). Er fordert dazu auf, sich selbst im anderen und in der Welt zu erkennen und jeden Mitmenschen, jedes Lebewesen, die Natur und den Kosmos als Teil des eigenen Seins zu begreifen. Bis heute ist dieser Gedanke im indischen Denken präsent. »Um den allgemeinen und alles durchdringenden Geist der Wahrheit von Angesicht zu Angesicht zu schauen, muss man fähig sein, das geringste Geschöpf zu lieben wie sich selbst«, sagt Gandhi.[11] Sri Sri Ravi Shankar sagt: »Es ist unsere eigentliche Natur zu dienen. Dienen ist ein Ausdruck von Liebe, aktive, handelnde Liebe.«[12]

Es wurde immer wieder darauf hingewiesen, dass die allgemeine Menschenliebe, wenn sie die Menschen nachhaltig zusammenführen soll, aus dem Herzen kommen muss und nicht aus Berechnung oder um einer Gegenleistung willen erfolgen soll. »Denn es muß von Herzen gehen, / Was auf Herzen wirken soll«, heißt es in Goethes Faust.[13] In einer anonymen östlichen Weisheit lesen wir: »Die wirkliche Liebe verlangt, dass du den Armen außer einem Almosen auch noch einen Platz in deinem Herzen einräumst.« Ein anderer Ausspruch lautet: »Du musst die Liebe als Weltschöpferkraft vor dem inneren Auge tragen, wenn sie in dir lebendig bleiben soll.«[14] Die Menschenliebe verlangt aber keineswegs Selbstaufgabe, sondern führt im Gegenteil dazu, dass wir gerade durch zugewandte Mitmenschlichkeit in unsere Mitte kommen und ganz selbst werden. Der Grund dafür liegt darin, dass die Sehnsucht nach Gemeinschaft eines der tiefsten Bedürfnisse jedes Menschen ist. Erst ihre Befriedigung führt dazu, dass wir zu uns selbst finden.

Der deutsche Philosoph Hegel hat in seinen Analysen herausgearbeitet, wie der Mensch in der Liebe zu einem anderen zu sich selbst findet und dadurch Selbstbewusstsein entwickelt. Erst im anderen erkenne er sich selbst. In der partnerschaftlichen Liebe gebe man sich ganz dem anderen hin und werde von ihm angenommen und anerkannt. Diese Anerkennung sei dann »wahrhaft und total«, wenn »ich meiner ganzen Subjektivität nach, mit allem, was dieselbe ist und in sich enthält, als dieses Individuum, wie es war und ist und sein wird, das Bewußtsein eines anderen (...) sein eigentliches Wollen und Wissen, sein Streben und Besitzen ausmache. Dann lebt dieser Andere nur in mir, wie ich mir nur in ihm da bin (sic)«, in einer »*erfüllten Einheit*«. »Dies Verlorensein seines Bewußtseins in dem anderen, dieser Schein von Uneigennützigkeit und Selbstlosigkeit, *durch welchen sich das Subjekt erst wiederfindet und zum Selbst wird,* diese Vergessenheit seiner, so daß der Liebende nicht für sich existiert, nicht für sich lebt und besorgt ist, *sondern die Wurzeln seines Daseins in einem anderen findet und doch in diesem anderen gerade ganz sich selbst genießt,* macht die Unendlichkeit der Liebe aus.«[15] In der liebenden Zugewandtheit des anderen, in seiner Spiegelung erkennen wir uns selbst und kommen in unsere Mitte. Wäre niemand da, der uns wahrnimmt, wertschätzt, anerkennt und mit dem wir kommunizieren, wir wüssten weder, dass wir existieren, noch wer wir sind. Das meinte der jüdische Religionsphilosoph Martin Buber, als er sagte, dass wir erst am Du zum Ich werden.[16] Der dänische Philosoph Søren Kierkegaard, der sich intensiv mit Hegel auseinandersetzte, ihn dann aber vehement ablehnte und seinen eigenen Weg ging, scheint gleichwohl diesen Gedanken übernommen zu haben. Er stellt fest, dass ein (gelingendes) Selbstsein nur in der Bezogenheit zu einem anderen und aus ihr heraus möglich sei.[17] »Ohne Liebe, Achtung und Wertschätzung bleibt der Draht zur Welt – bleiben Resonanzachsen – starr und stumm«, resümiert der deutsche Soziologe Hartmut Rosa mit Bezug auf Kierkegaard und andere.[18]

Nur in der Liebe zu anderen Menschen, im Zugewandtsein, im gegenseitigen Verstehen, in tiefer Kommunikation, im »echten Gespräch« (Buber), in der wärmenden Berührung und partiellen Verschmelzung zweier Seelen, kommt der Mensch in seine Mitte und zu seinem Glück.[19]

In Anlehnung an Hegel hat der deutsche Sozialphilosoph Axel Honneth das Moment der Anerkennung in das Zentrum seines sozialphilosophischen Weltverständnisses gestellt. Nach ihm können zwischenmenschliche Beziehungen in jeglicher Form nur gelingen, wenn zwischen den Beziehungspartnern eine rationale und emotionale Verbundenheit in Form gegenseitiger Anerkennung besteht. Erst durch Anerkennungsverhältnisse bilde sich das Selbst eines Menschen und wachse eine positive Selbstbeziehung. In der Perspektive zustimmender und ermutigender anderer finden und kommen wir zu uns selbst. Durch rechtliche Anerkennung entstehe Selbstachtung, durch die Erfahrung von Solidarität

Selbstwertschätzung und durch die Liebe Selbstvertrauen. »Anerkennung stiftet mithin für Honneth in den drei Formen der Liebe beziehungsweise der Freundschaft, der rechtlichen Achtung und der sozialen Wertschätzung gleichsam drei Resonanzachsen zur sozialen Welt, die dem Individuum Selbstvertrauen, Selbstachtung und Selbstwertschätzung ermöglichen, während die korrespondierenden Formen der Missachtung als Entfremdung« erlebt werden.[20]

Der Sozialphilosoph Hartmut Rosa, von dem das letzte Zitat stammt, führt in diesem Zusammenhang aus: »Finde deine Heimat! als Imperativ der Moderne meint vielleicht sogar zuerst und vor allem: Finde Menschen, mit denen du in ein Resonanzverhältnis treten kannst. (...) Liebe und Freundschaft ändern in der Moderne ihre Gestalt, indem sie geradewegs als Resonanzbeziehungen konzeptualisiert (ausgestaltet und erlebt, Verf.) und zur sozialen Aufgabe des Individuums gemacht werden.«[21] Rosa verweist auf Entwicklungen wesentlicher philosophischer Gedanken im 17. und 18. Jahrhundert und resümiert, dass hier »die seelische Wechselwirkung mit der Welt (mit der Literatur, der Natur, den Geliebten und den Freunden) nicht als Mittel zur moralischen oder religiösen Besserung oder zum ökonomischen Erfolg dienen solle, *sondern gleichsam den Endzweck des Daseins bilde.*«[22] An anderer Stelle schreibt er, dass »geteilte moralische beziehungsweise gesellschaftliche Gefühle die wesentlichen Integrationskräfte menschlichen Handelns in gesellschaftlichen Zusammenhängen sind« und dass sich diese Erkenntnis »bei fast allen maßgeblichen Vordenkern der Soziologie findet«.[23]

Diese Sehnsucht nach gelingenden Resonanzbeziehungen, nach gegenseitiger Zuwendung und dem Gefühl tiefer innerer Verbundenheit im Mitsein wurde immer wieder als wesentlicher Teil des persönlichen Glücks und eines gesunden Seelenlebens angesehen. »Das Gebot ›Liebe deinen

Nächsten wie dich selbst‹ (…) ist, mit nur geringen Abwandlungen im Ausdruck, das allen humanistischen Religionen gemeinsame Grundprinzip. (…) Und es gibt keinen überzeugenderen Beweis dafür«, schreibt Erich Fromm, dass dieses Gebot »die wichtigste Lebensnorm ist und seine Verletzung die Grundursache von Unglücklichsein und Geisteskrankheit, als das Material, das ein Psychoanalytiker im Laufe seiner Praxis sammeln kann. Was für Klagen der neurotische Patient auch vorbringen mag, welcher Art immer seine Symptome seien – stets steckt die Wurzel in der Unfähigkeit zu lieben, wenn wir mit Liebe die Fähigkeit meinen, die Fürsorge und die Verantwortung für, die Achtung vor und das wissende Verstehen um eine andere Person zu erfahren (sic) und den ausdrücklichen Wunsch, dass der andere wachsen möge. *Analytische Therapie ist im wesentlichen ein Versuch, dem Patienten zum Erwerb oder zum Wiedergewinnen seiner Liebesfähigkeit zu verhelfen.* Wenn dies nicht erreicht wird, können höchstens oberflächliche Wandlungen eintreten.«[24]

Wie viel wir für uns selbst gewinnen, wenn wir unseren Mitmenschen mit Liebe begegnen, hat der gegenwärtige Dalai Lama immer wieder betont: »Innere Ruhe ergibt sich, indem man Mitgefühl und Liebe entwickelt. Je mehr wir uns um das Glück anderer kümmern, desto stärker wird unser eigenes Gefühl des Wohlbefindens. Anderen gegenüber ein Gefühl der Nähe und Warmherzigkeit zu kultivieren, entspannt den Geist und öffnet Türen in uns. Es hilft, Ängste und Unsicherheiten zu beseitigen und gibt uns die Kraft, mit Hindernissen fertig zu werden, die uns begegnen. Es ist die wichtigste Quelle für Erfolg im Leben. Wir sind nicht ausschließlich materielle Wesen; darum ist es ein Fehler, all unsere Hoffnung und Glück in äußere Entwicklung zu setzen. *Wir sollten uns stattdessen auf unsere Ursprünge und unser Wesen besinnen,* um herauszufinden, was wir brauchen.«[25]

»Indem wir anderen Wärme und Zuneigung schenken und uns ehrlich um sie sorgen – also durch Mitgefühl – schaffen wir die Voraussetzungen für wahres Glück. Aus diesem Grund ist es sogar noch wichtiger zu lieben, als geliebt zu werden. Aber gleichgültig, ob es uns gelingt, anderen einen Nutzen zu bringen oder nicht, die ersten Nutznießer unseres Mitgefühls sind immer wir selbst. Wenn Mitgefühl oder Warmherzigkeit in uns entsteht und unseren Blick von unserem Eigeninteresse weglenkt, ist das, als würden wir eine innere Tür öffnen. Mitgefühl verringert unsere Ängste, stärkt unser Selbstwertgefühl und gibt uns innere Kraft. Indem es Misstrauen zurückdrängt, *öffnet es uns für andere und erzeugt eine Verbundenheit mit ihnen und gibt uns das Gefühl, einen Sinn und Zweck im Leben zu haben.*«[26] »In erster Linie setzt wahres Glück inneren Frieden und einen gewissen Grad an geistiger Sammlung voraus. (…) Aber auch wenn innerer Frieden unsere wichtigste Abwehr gegen Widrigkeiten und Leid darstellt, gibt es doch eine Reihe weiterer Faktoren, die einen beträchtlichen Einfluss darauf haben, welches Maß an Zufriedenheit und wahrem Glück wir erlangen. Der wichtigste dieser Faktoren ist neueren Forschungen zufolge ein Gefühl von Sinnhaftigkeit im Leben, das über das bloße Eigeninteresse hinausgeht, *sowie das Gefühl, mit anderen verbunden oder Teil einer Gemeinschaft zu sein.*«[27]

Schwer erkrankt schrieb der Apple-Mitbegründer Steve Jobs kurz vor seinem Tod folgende bemerkenswerten Worte: »I reached the pinnacle of success in the business world. In others eyes, my life is an epitome of success. However, aside from work, I have little joy. In the end, wealth is only a fact of life that I am accustomed to (…). At this moment, lying on the sick bed and recalling my whole life, I realize that all the recognition and wealth that I took so much pride in, have paled and become meaningless in the face of impending death. *Treasure Love for your family, love for your spouse, love for your friends.* You will realize, your true inner happiness does not come from the material things of this world. Therefore, I hope you realize, when you have mates, buddies and old friends, brothers and sisters, who you chat with, laugh with, talk with, sing songs with, talk about north-south-east-west or heaven & earth (…). *That is true happiness!!!*«[28]

Die Liebe zu einem anderen Menschen fällt uns umso schwerer, je ferner er uns steht, je unsympathischer er uns ist, je mehr wir das, was er sagt, tut und denkt, ablehnen und verurteilen, je heftiger er uns mit Worten oder Taten angreift, missachtet, herabwürdigt, beleidigt und uns in unserer Selbstliebe verletzt. In diesem Zusammenhang fällt stets das Wort Christi: »Liebet eure Feinde!« (Mt 5,44; Luk 6,27) oder »Liebe deinen Nächsten wie dich selbst!«. Die meisten Menschen können dieses Gebot jedoch nicht verstehen, sehen nicht, wie man das umsetzen könnte, und lehnen es inhaltlich ab. Sie sehen darin eine Verleugnung oder Verbiegung natürlicher menschlicher Emotionen.

Auch Freud lehnte die Feindesliebe vehement ab. »Jeden lieben, hieße niemanden lieben. ›Ich muss ehrlich bekennen, er hat mehr Anspruch auf meine Feindseligkeit, sogar auf meinen Hass.‹ Der Mensch sei kein sanftes, lebendes, liebenswertes Geschöpf, ›sondern darf zu seinen Triebbegabungen auch einen mächtigen Anteil von Aggressionsneigung rechnen‹. Niemand, der die menschliche Natur am Werk sieht, erklärte Freud ernst, könne diese Wahrheit leugnen. (…) Die Aggressivität diene als Ergänzung der Liebe: die libidinösen Bande, welche die Mitglieder einer Gruppe in Zuneigung und Zusammenarbeit zusammenhielten, würden gestärkt, wenn die Gruppe Außenstehende habe, die sie hassen könne. Freud nannte diesen zweckdienlichen Hass den ›Narzissmus der kleinen Differenzen‹. Die großen Antagonisten, Liebe und Hass, ringen im sozialen Leben des Menschen ebenso sehr wie in seinem Unbewussten um die Vorherrschaft – auf ganz dieselbe Weise und mit ganz denselben Taktiken.«[29]

Gleichwohl finden wir die Aufforderung zur Feindesliebe in allen Weisheitstraditionen des Orients und Okzidents. Ca. 3000 Jahre alt ist eine altägyptische Quelle, in der es heißt: *»Meine Freundlichkeit machte aus meinen Feinden meine Anhänger.«*[30] Noch älter ist ein Ausspruch aus der Ramessidenzeit (13.–12. Jh. v.Chr.): »Achte den anderen, dann wirst auch du geachtet werden. Liebe die Menschen, dann werden die Menschen auch dich lieben.«[31] Die Inder kennen bereits seit Langem das Gebot der Gewaltlosigkeit (Ahimsa), das gerade auch die »Feinde« mit einschließt.[32] Bei Menzius lesen wir: »Wodurch der Edle sich von anderen Menschen unterscheidet, ist das, was er im Herzen hegt. Er hegt Gütigkeit im Herzen (…) Der Gütige liebt die Menschen; wer Anstand hat, achtet die Menschen. Wer andere liebt, den lieben die andern auch. Ist nun einer da, der mich quer und unfreundlich behandelt, so werde ich, wenn ich edel denke, sicher in mich gehen und mich fragen: Sicher war ich nicht gütig, sicher habe ich den Anstand verletzt. Warum nur mußte mir das zustoßen? Wenn ich in mich gegangen und gütig bin, wenn ich in mich gegangen bin und Anstand habe, und jener fährt fort, mich quer und unfreundlich zu behandeln, so werde ich als Edler sicher in mich gehen und mich fragen: Sicher war ich nicht gewissenhaft. Wenn ich in mich gegangen und gewissenhaft bin, und jener fährt fort, mich quer und unfreundlich zu behandeln, so werde ich als Edler sagen: Dieser Mensch weiß nicht, was er tut. Damit steht er für mich einem Tiere gleich. Was wollte ich aber mit einem Tiere mir für Schwierigkeiten machen?«[33] In den kanonischen Schriften der alten Chinesen lesen wir: »Ein Weiser kann mit jemand vertraut sein, ohne die Sorgfalt zu verlieren, kann jemand fürchten und doch lieben, kann jemand lieben und doch seine Fehler kennen (…).«[34]

In anonymen Quellen der östlichen Weisheit lesen wir: *»Hasse die Sünde, aber liebe die Sünder.«* »Einen Menschen lieben, der uns wieder liebt und der uns angenehm ist – das ist menschliche Liebe. Doch seinen Feind lieben, das ist göttliche Liebe.« »›Er beleidigte mich; er trug den Sieg davon über mich; er knechtete mich; er kannte mich!‹ – Ist dein Herz beunruhigt von solchen Gedanken, so wird niemals der Hass in ihm erlöschen. ›Er beleidigte mich, er trug den Sieg davon über mich, er richtete mich!‹ Wer solchen Gedanken nicht Heimstatt in sich gibt, der wird für immer den Hass in sich vernichten. Denn nicht durch den Hass wird Hass besiegt: *der Hass erlischt nur in der Liebe – das ist das Gesetz der Ewigkeit.«*[35]

Stark ausgeprägt war dieser Gedanke auch bei den Stoikern. *»Es bezwingt die Schlechten die beharrliche Güte«*[36], schreibt Seneca. An anderer Stelle heißt es: »Du zürnest bald dem, bald jenem (…) Von hier reißt dich die Wut dorthin, und dort wieder anderswohin, (…) O du Unseliger, wann soll es einmal zur Liebe kommen? Wie schade über die gute Zeit, die du auf eine so erbärmliche Sache verschwendest! Wie viel besser wäre es doch gewesen, *dir stattdessen Leute zu Freunden zu machen, Feinde milde zu stimmen* (…).«[37]

Gleiches lesen wir mehrfach bei dem Philosophenkaiser Marc Aurel, etwa: »Es gibt nun einmal viele Menschen ohne sittliches Gefühl. Wahnsinn wäre es, das Unmögliche zu verlangen oder zu erwarten, dass du persönlich von ihrer Schlechtigkeit verschont bleiben sollst. Die Menschen ändern sich nicht, selbst wenn du dich zerreißest. Aber trotzdem bleiben sie deine Mitmenschen, und wir sind wie die Glieder eines Körpers aufeinander angewiesen. Alle Menschen sind dir verwandt, vom selben Fleisch und Blut, ja vom selben Geiste. Bist du denn selbst ohne Fehl? (…) Die anderen handeln ja auch gar nicht aus Lust am Bösen; auch der Verbrecher sucht, wie das in der Natur jedes Lebewesens liegt, nur das, was nützlich erscheint. Er tut es auf falschem Wege, aber nur, weil er im Irrtum befangen ist, und er ist sowenig wie der Wahnsinnige für sein Handeln verantwortlich zu machen. Gerade wenn du selbst im Besitze der rechten Erkenntnis zu sein glaubst, sage dir, dass auch der andere sich von bestimmten Werturteilen leiten lässt! *Dann wirst du ihn verstehen und ihm nicht zürnen, sondern verzeihen, wirst versuchen, ihn eines Besseren zu belehren.* Ob dir das gelingt, hängt freilich nicht von dir ab; du hast keine Macht über die Seele des anderen. Wenn es das allgemeine Interesse verlangt, musst du gegen die Übeltäter auch mit Strenge einschreiten. Aber selbst wenn sich hier jemand mit Gewalt widersetzt, sage dir, dass du auf so etwas gefasst sein musstest; und wahre dir deine Ruhe! Schaden kann dir der andere ja doch nicht; das tust du nur selbst, wenn du dich durch sein Verhalten zu leidenschaftlicher Erregung und zu falschem Handeln hinreißen lässt. Wenn ein anderer fehlt, so ist das seine Sache; du tue, was in deiner Macht steht, und mache dein Inneres frei von Befleckung! Zorn ist schlimmer als alles, was dir von außen angetan werden kann. (...) *Verleugne nie das Wohlwollen für die Mitmenschen,* aber wahre dir zugleich deine Selbstständigkeit! (...) Bleibe dir getreu, gleichviel was man von dir sagt!«[38]

All diese Zitate, zu denen man noch weitere hinzufügen könnte, scheinen unseren natürlichen Impulsen zu widersprechen. Insoweit ist Freud recht zu geben. Er bleibt aber bei der bloßen Tatsache stehen und fragt sich nicht, ob dieser Zustand gut ist und ob es nicht möglich und lohnenswert ist, daran etwas zu ändern. Er räumte dem Triebhaften eine übermächtige Stellung im Seelenleben des Menschen ein und misstraute im Allgemeinen der Fähigkeit des Menschen, das Triebhafte jenseits neurotischer Verdrängung zu zügeln, zu lenken und so »Herr im eigenen Hause zu werden«. Die antiken Weisheitslehren erkannten zwar auch, dass die Güte,

Mitmenschlichkeit, das Wohlwollen und die Liebe beim Durchschnittsmenschen häufig hinter Affekten wie Zorn, Wut, Ärger und Hass zurücktreten. Sie glaubten aber an die Kraft eines jeden Menschen, dieses Verhältnis umzukehren und seine Affekte zu zügeln und zu überwinden. Sie hielten dies im Hinblick auf das persönliche Glück und ein friedliches Miteinander auch für notwendig und erstrebenswert. *»Der Weise kennt keinen Streit«*[39], sagten sie und verurteilten persönliche Angriffe, Herabsetzungen und mangelnde Wertschätzung.

Wenn der Mensch die rechte Einsicht hat und durch kontinuierliche Übung eine Haltung der Mitmenschlichkeit und Menschenliebe verinnerlicht, kann jeder den Affekten von Zorn, Wut, Ärger und Hass das Wasser abgraben. Gelingt dies, so kann man auch jedem Menschen mit Verständnis, Zugewandtheit und Liebe begegnen. Das heißt nicht, dass man dessen Handeln, Sprechen und Denken akzeptiert und es unterlässt, sich in der Sache beherzt, mutig, unerschrocken, konsequent und mit aller Kraft gegen das Falsche und Schädliche zur Wehr zu setzen. Im Gegenteil: Widerstand ist unbedingtes Gebot. Aber davon zu trennen sind persönliche Angriffe, Aggressionen, Verurteilungen und Herabsetzungen des anderen. Schließlich lehrt die Erfahrung, dass man im Gegenüber ein selbstkritisches Nachdenken oder gar eine Änderung seines Verhaltens am ehesten bewirkt oder anstößt, wenn man zugewandt, aufrichtig und wohlwollend mit ihm redet und umgeht und ihm seine Würde lässt. In einem ägyptischen Papyrus heißt es: »Liebe die Menschen, dann werden die Menschen auch dich lieben.«[40] Umgekehrt gießen persönliche Angriffe nur Öl ins Feuer und bewirken eine Eskalation aggressiver und feindseliger Affekte auf beiden Seiten. Persönliche Angriffe, Herabsetzungen und Ausgrenzungen aktivieren die Schmerzsysteme in unserem Gehirn, Schmerz aber aktiviert Aggression.[41] Alle Kriege entstehen und entwickeln sich auf diese Weise. Zu Recht behauptet Seneca, dass persönlicher Streit nichts anderes ist als ein Krieg im Kleinen.[42]

Die Liebe zu den Mitmenschen kann schließlich einen hohen erzieherischen Wert haben und die Weiterentwicklung der eigenen Persönlichkeit fördern und maßgeblich beeinflussen. Das ist häufig der Fall bei Vorbildern und Lehrern, lebenden wie toten. Über Zuneigung, Wertschätzung, Bewunderung, Liebe und tiefes Verständnis übernehmen und integrieren wir Anteile, Eigenschaften und Fähigkeiten des Vorbilds in unser eigenes Selbst. Die Liebe im weiten Sinne macht uns offen und empfänglich für die Qualitäten und Tugenden des Vorbilds und gibt uns die Kraft, Entschlossenheit und Beharrlichkeit, uns zu verändern. Gelingende Resonanz setzt die Bereitschaft voraus, dass wir uns vom anderen Pol der Resonanzachse so anrühren lassen, dass eine Veränderung in uns stattfindet, von geringfügigen bis hin zu echten Umwandlungen der eigenen Persönlichkeit, dass eine Änderung der Denk- und Lebensweise einsetzt, eine »Umkehr«. Menschen verinnerlichen »Wertehaltungen über erlebte Beziehungen mit Bezugspersonen (als Kind aus dem Kreis der Eltern, Großeltern oder MentorInnen, später aus dem erweiterten Spektrum möglicher Vorbilder und LehrmeisterInnen). (…) Auch die Liebe der Philosophen zur Philosophie hat immer einen personalen Ausgangspunkt«, schreibt der Neurowissenschaftler, Arzt und Psychotherapeut Joachim Bauer.[43] »Die Verehrung einer dieser Persönlichkeiten (Buddha, Jesus, Mohammed, Dalai Lama u. a.) hat im Gehirn der verehrenden Person(en) zur Folge, dass sich die psychische und neuronale Repräsentanz des ›Selbst‹ mit der psychischen und neuronalen Repräsentanz der verehrten Persönlichkeit überlappt. Die zahlreichen Anhänger einer spirituell verehrten Persönlichkeit verbindet damit untereinander eine gemeinsame, in das jeweils eigene ›Selbst‹ eingewobene Repräsentanz der verehrten Persönlichkeit. (…) Werte sind nicht das Produkt eines philosophischen Urknalls, sondern ein Kind der zwischenmenschlichen Beziehung.«[44]

Die Liebe zu anderen Menschen erfüllt nicht nur eine unserer tiefsten Sehnsüchte und Bedürfnisse, steigert unsere Lebensfreude und macht uns glücklich, sondern kann uns auch zu besseren Menschen machen. Die Freunde machen einander besser, sagte Aristoteles.[45] Es darf freilich nicht verschwiegen werden, dass Vorbilder, Idole und Lehrer auch das Gegenteil bewirken und uns zu schlechteren Menschen machen können. Wenn wir den falschen Vorbildern und Lehrern aufsitzen, übernehmen wir ihre falschen Werte und Haltungen. Die antiken Weisheitslehren in Orient und Okzident haben deshalb darauf hingewiesen, wie wichtig die Auswahl der Freunde und derjenigen Menschen ist, mit denen man verkehrt. Antisthenes, ein Schüler des Sokrates, meinte, dass »der Weise allein wisse, wen man lieben dürfe«.[46] Menschenliebe im Hinblick auf falsche Vorbilder bedeutet, dass wir auch diese als Menschen nicht verurteilen sollten, dass, wenn wir Zeit und Gelegenheit dazu haben, wir sie und ihre Geschichte verstehen und versuchen sollten, auf sie einzuwirken und sie zum Besseren anzuregen. Keinesfalls bedeutet es aber, dass wir ihren Umgang suchen und pflegen sollten. Das wäre eine Aufgabe für Heilige und vollendete Weise, die jedoch, bemerkte Seneca einmal, wie der Vogel Phönix in 500 Jahren nur einmal auf der Erde erscheinen.

»In der Liebe erreicht der Mensch den höchsten Punkt,
in dem er das ganze geistige und wirkliche Leben
zu dieser Empfindung zusammenzieht und ausbreitet,
in ihr allein einen Halt des Daseins findet.«[47]
Nach Hegel

Liebe zum Lebenspartner

> *»Denn nichts ist besser und wünschenswerter auf Erden,*
> *Als wenn Mann und Weib, in herzlicher Liebe vereinigt,*
> *Ruhig ihr Haus verwalten:*
> *den Feinden ein kränkender Anblick,*
> *Aber Wonne den Freunden;*
> *und mehr noch genießen sie selber!«* [1]
>
> Homer

Liebe wird häufig auf die enge Bedeutung der partnerschaftlichen Liebe mit erotischer Beziehung beschränkt. In diesem Buch wird dagegen von einem weiten Begriff der Liebe ausgegangen. Unsere Sehnsucht nach Vereinigung, Verbundenheit, Identifikation, nach tiefen gemeinsamen Gefühlen, nach Geborgenheit und Sicherheit, Überwindung der Vereinzelung kann auf ganz unterschiedliche Weise Erfüllung finden. In der Tat aber erreicht sie häufig in einer gelingenden Partnerschaft ihre stärkste Intensität und Befriedigung. Hier wirken die heftigsten Leidenschaften, hier erleben wir am ehesten Momente des höchsten menschenmöglichen Glücks wie auch der tiefsten Verzweiflung. Das hat wesentlich damit zu tun, dass in der partnerschaftlichen Liebe seelisch-geistige Verbundenheit und körperliche Vereinigung in erotisch-sexueller Verschmelzung zusammenwirken. Beides nährt und steigert sich gegenseitig. Nirgendwo sonst stellt der Mensch eine engere körperliche Verbindung zu einem anderen Menschen her, das Einssein mit der Mutter während der Schwangerschaft ausgenommen. Hier zeigen sich die Nähe, Verwandtschaft und Ursprung beider Lebensgefühle, der partnerschaftlichen Liebe und der pränatalen Verbundenheit. Wie der Tropfen im Meer, so fühlt der Einzelne – in den glücklichsten Momenten gleichzeitig und gemeinsam mit dem Partner – eine Art Auflösung seiner selbst im anderen und zugleich in einem Umgreifenden und Umfassenden, in einer kosmischen Ganzheit. Romain Rolland und ihm folgend Sigmund Freud nannten dieses Vergehen in einem Größeren und Ewigen ein »ozeanisches Gefühl«.[2] Umgekehrt steigert sich die Eifersucht gerade dann ins Unermessliche, wenn wir uns den geliebten Partner in körperlicher Vereinigung mit einem anderen Menschen bildlich vorstellen. In der körperlich-seelischen Vereinigung scheinen sich die Grenzen des Ichs aufzulösen und man verschmilzt in einem Gefühl höchster Lebensintensität, in einem »Eins und Alles«, wie Goethe eines seiner berühmten Gedichte betitelte:

> »Im Grenzenlosen sich zu finden,
> Wird gern der Einzelne verschwinden,
> Da löst sich aller Überdruß;
> Statt heißem Wünschen, wildem Wollen,
> Statt läst'gem Fordern, strengem Sollen
> Sich aufzugeben ist Genuß.«[3]

In diesem Gefühl scheint der Einzelne unbewusst das wiederzuerleben, was er als Embryo im Mutterleib empfunden hat und was ihm als eine Art paradiesischen Glücks für immer eingeprägt ist. In dem Seelengarten, der in dieser Zeit erste Konturen annimmt, pflanzt die Einheit mit der Mutter die »blaue Blume« romantischer Sehnsucht nach Auflösung des Ichs im Grenzenlosen ein. Als erwachsener Mensch werden diese Gefühle in einer gelebten und erwiderten Liebe wieder geweckt, bleiben aber beschränkt auf zeitlich begrenzte Momente der Erfüllung. Ist der Moment vorüber, folgen Gefühle der Distanz und Trennung (»post coitum animal triste« – frei übersetzt: auf Befriedigung folgt Traurigkeit). Das Gefühl der Trennung ruft wieder die Sehnsucht und das Bedürfnis nach erneuter Vereinigung wach. Neben diesem ständig sich wiederholenden Geschehen von Anziehung, Erregung, Befriedigung, Trennung und erneuter Anziehung, stellt sich in gelingenden Beziehungen das Gefühl einer tiefen seelisch-geistigen Verbundenheit mit dem Partner ein. Dieses Gefühl unterliegt viel weniger zyklischen erotischen Spannungen. Es steht für die Liebe, wie sie von den meisten Menschen ersehnt wird. Anders als die Begierde ist dieses Gefühl dauerhaft präsent, mal stärker, mal schwächer, und bestimmt die gesamte Befindlichkeit und Grundstimmung der Liebenden. Wird diese Liebe gepflegt und genährt, ohne dass es zu schwerwiegenden Verletzungen und Rückschlägen kommt, wächst sie kontinuierlich an und vertieft sich nach Jahren anhaltender gegenseitiger Zugewandtheit und gemeinsam erlebter Freude und Trauer zu einem Gefühl von höchstem Glück. Wird, wer das erlebt, gefragt, was das größte Glück seines Lebens sei, so wird er ohne zu zögern seinen Lebenspartner nennen.

Gelingende, langjährige, vielfältig erprobte und an Problemen und Konflikten gereifte Lebenspartnerschaften rufen intensiv jene Gefühlslandschaft hervor, die ein Embryo im Mutterleib empfunden, erlebt und abgespeichert hat: Geborgenheit, Getragen-, Genährt- und Behütetsein, Vertrautheit, Fürsorge, Verbundenheit und Einssein, Schutz und Sicherheit, Wärme und Nähe, Harmonie und Rhythmik, Wertschätzung und Anerkennung. Sie wird nicht immer in der gleichen Stärke empfunden und unterliegt den Schwankungen der jeweiligen Alltags- oder Lebenssituation, der Nähe zu sich selbst, dem Flow oder der Stockung des aktuellen Lebensflusses, der An- und Abwesenheit sowie der Stärke und

Intensität innerer oder äußerer Probleme und vielem anderen mehr. Diese Schwankungen sind Ausdruck eines kontinuierlichen Prozesses von Nähe und Distanz, von »Systole und Diastole«[4], Zusammenziehung und Ausdehnung, von Yin und Yang. Viele bedeutende Denker von Heraklit bis Goethe sahen darin ein fundamentales Lebensgesetz, das einer bewegten, spannungsvollen Polarität. Trotz der damit verbundenen Schwankungen ist solche Liebe eine unserer stärksten Kraft- und Energiequellen, das Fundament von Selbstbewusstsein und Selbstvertrauen und der Humus für jegliche Lebensfreude.

Über die partnerschaftliche Liebe sind unzählige Bücher geschrieben worden. Im Rahmen der vorliegenden Gedanken zum Verhältnis von Liebe und Lebensfreude sollen nur einige wenige Aspekte skizziert werden, soweit sie thematisch von Bedeutung sind.

Verbindung von Seelischem und Körperlichem

Der Mensch ist eine seelisch-geistig-körperliche Einheit. Nachhaltige Lebensfreude entsteht dann, wenn er in seinem Denken, Fühlen, Wollen und Handeln dieser Ganzheit gerecht wird. In der gelingenden partnerschaftlichen Liebe werden alle drei Dimensionen der menschlichen Existenz, Seele, Körper und Geist, angesprochen. »Aus der bewussten Integration von Liebe und Lust können (...) vielfältige Momente ganzheitlicher Sinnerfüllung und Lebensfreude entstehen«, schreibt Maik Hosang.[5] In einer altägyptischen Weisheit aus den »Heiteren Liedern zum Brautkranz« kommt in schlichten Worten das Ineinander seelischer und körperlicher Nähe zum Ausdruck:

»Deine Hand liegt auf meiner Hand.
Meinem Leib ist wohlgetan.
Mein Herz ist in Freude,
Weil wir zusammen gehen.«[6]

Erich Fromm war der Überzeugung, dass ohne ein Gefühl seelischer Verbundenheit der sexuelle Akt nie zu der ersehnten Vereinigung »von Personmitte zu Personmitte« führen könne: »Wenn dagegen das Verlangen nach körperlicher Vereinigung nicht von Liebe stimuliert wird, wenn die erotische Liebe nicht auch Liebe zum Nächsten ist, dann führt sie niemals zu einer Einheit.«[7] »Tatsächlich äußert sich erotische Anziehung ja auch nicht nur in der sexuellen Anziehung«, vielmehr »handelt es sich um das Verlangen nach vollkommener Vereinigung, nach der Einheit mit einer anderen Person«, »(…) ich muss aus meinem innersten Wesen heraus lieben und den anderen im innersten Wesen seines Seins erfahren.«[8]

Bereits der griechische Philosoph Plutarch wies darauf hin, dass das Triebhafte, verkörpert durch die Liebesgöttin Aphrodite, und das Erotische, verkörpert durch den Gott Eros, zusammenfließen müssen, damit die in der körperlichen Vereinigung ausgelebte Liebe mehr ist als bloße »Triebabfuhr«. Er zitiert den Vorsokratiker Empedokles mit den Worten:

»Wie groß die Göttin (Aphrodite) – siehst du's denn
   nicht überall?
Sie spendet Samen, sie den Liebestrieb, von dem
Wir alle stammen, die wir hier auf Erden sind«,

und ergänzt: »Doch ist immerhin bei diesem großen und staunenswerten Werk Aphrodites (der »Lebenschenkenden«) Eros als Zuarbeiter dabei, oder aber es fehlt, wenn er nicht dabei ist, dem aphrodiesischen Geschehen aller Eifer, alle Ehre, alles Freundliche. Einerseits gleicht unerotischer Beischlaf der nach Hunger oder Durst erfolgten Sättigung, über deren Ende nichts Schönes als Resultat hinausdauert. Andererseits bewirkt die Fruchtbarkeitsgottheit, indem sie den Eros davor bewahrt, sich an der Wollust zu übersättigen, erst die liebevolle Vertrautheit und die gegenseitige Ergänzung.«[9]

Hier wird deutlich, dass die gelingende partnerschaftliche Liebe von einem ausgewogenen, harmonischen Ineinander von körperlichen, triebgesteuerten und seelischen Bedürfnissen gekennzeichnet ist. Diese sollen einander im richtigen Maß ergänzen und begrenzen. Ob das richtige Maß getroffen wird, entscheidet sich im alltäglichen Umgang miteinander und die dadurch ausgelösten Gefühle. Liebe ist der vielleicht wichtigste Teil der Lebenskunst. Wie diese hat sie ein irrationales, schöpferisches, nicht berechenbares Element, das sich nur durch die praktische Bewährung erfüllen und bestätigen lässt. Wenn man sich in der Beziehung dauerhaft wohlfühlt, weil man im Zusammensein mit dem anderen gleichzeitig ungestört in seiner Mitte bleiben kann, dann ist das Ziel der Liebe erreicht. Ist das nicht der Fall und lassen sich auftretende Disharmonien nicht lösen, tritt Entfremdung ein und geht die Lebensfreude verloren. Das betrifft nicht nur die Freude in und an der Partnerschaft. Die Fähigkeit, sich zu freuen, wird in allen Lebensbereichen in Mitleidenschaft gezogen. Es legt sich ein Schatten über alles, was man tut, weil jeder unaufgearbeitete Konflikt in der Beziehung die Grundbefindlichkeit negativ beeinträchtigt. Auch in diesem Fall vermag hin und wieder »die Sonne durch die düsteren Wolken zu scheinen« (Goethe)[10], aber seltener.

Lebenspartnerschaft als Erfüllung und
Ideal gelingender Resonanz

Mag auch eine über Jahre oder Jahrzehnte gelingende Partnerschaft mit einem glücklichen Familienleben nicht die Regel sein, sie war und ist von der Antike bis zur Moderne, von Orient bis Okzident, losgelöst von allen historischen, kulturellen, religiösen, politischen, klimatischen und geografischen Rahmenbedingungen, der »zentrale Manifestationsort dessen, was uns berührt, ergreift, bewegt«.[11] In ihr vollendet sich eine wesentliche Bestimmung menschlichen Seins, erreicht unsere Sehnsucht nach Glück ihre Erfüllung und eine Grenze, hinter der für die meisten Menschen kein größeres Glück mehr zu finden ist. Gewiss gibt es Menschen, die auch in anderen Verhältnissen tiefe Momente emotionaler Ergriffen- und Verbundenheit erleben, etwa in der Liebe zu Gott, zur Kunst, zu dem, was sie tun, schaffen, bewirken und gestalten. Das sind nicht nur Mystiker, indische Yogis, Zen-Buddhisten, bedeutende Künstler, Kulturschaffende, Politiker oder die Krankenschwester und Pflegekraft, die in ihrer Arbeit, in der Hingabe, Zugewandtheit und im Dienst am Menschen »vollkommen aufgehen«. Aber auch diese Menschen ziehen ihre Kraft, Energie und Freude am Leben und an dem, was sie tun, häufig aus einer tiefen liebevollen Verbundenheit mit einem Lebenspartner, einer Familie oder nahestehenden Menschen. Wo das nicht der Fall ist, da fehlt ihnen etwas bei allem Glück, das sie in ihrer Tätigkeit oder ihrem Glauben erleben. Fehlt jegliche menschliche Verbundenheit, dürfte der Mensch auf Dauer nicht überleben können. Sie bleibt eine Notwendigkeit und ist für viele das letzte Ziel ihres Lebensentwurfs.

Zu diesem Schluss kommt auch Hartmut Rosa in seiner Soziologie der Weltbeziehungen: »Für den emotionalen Haushalt einer hyper-individualistischen und konkurrenz-

basierten Kultur scheint es schlicht kein funktionales Äqui-
valent zur familialen Resonanzsphäre zu geben, und diese
Alternativlosigkeit spiegelt sich auch regelmäßig in allen
Umfragen wider, welche (junge) Menschen nach ihrem ersehnten, erträumten oder schlicht präferierten Lebensmodell
befragen. Die bürgerliche Kernfamilie ist und bleibt das kon-
kurrenzlose Ideal junger Menschen (…) Und mehr noch:
Liebe, Partnerschaft und Kinder stellen die paradigmati-
schen Kristallisationspunkte sowohl für die Verheißung zu-
künftigen Glücks (bei Jugendlichen) als auch für die Ein-
schätzung je aktueller Glücksquellen (bei Erwachsenen) sowie schließlich für die Beurteilung dessen, was im Leben
wichtig war (bei Hochbetagten), dar.«[12] Rosa verweist in diesem Zusammenhang auf Hegel, für den die »reine, bedin-
gungslose, romantische Liebe zwischen Mann und Frau (…)
den Inbegriff einer Resonanzbeziehung insofern bildet, als
sie eine Urform der Idee vom Bei-sich-selbst-Sein-im-Ande-
ren zum Ausdruck bringt«.[13]

So sieht auch Rosa in der gelingenden Liebe zwischen
zwei Menschen eine Resonanzbeziehung, die sich von anderen dadurch abhebt, dass sich in ihr das größte menschenmögliche Glück und die Verheißung für eine andere, bessere,
nämlich friedvolle und sinnerfüllte Weltordnung verwirklicht. Er zitiert seine Kollegin Eva Illouz: »[D]as vorliegende
Buch […] versteht […] die Fähigkeit, auf eine Weise zu lieben, die das Selbst in seiner Gänze mobilisiert, als eine ent-
scheidende Fähigkeit dafür, mit anderen zusammenzukom-
men und zu gedeihen – und damit als eine wichtige menschliche und kulturelle Ressource. (…) Darüber hinaus befreit
uns eine leidenschaftliche Liebe von der Ungewissheit und
Unsicherheit, die den meisten Interaktionen eigen ist, und
stellt in diesem Sinne eine äußerst wichtige Quelle dar, um zu
verstehen und zu verwirklichen, was uns wichtig ist. Diese
Art von Liebe strahlt vom Innersten unseres Selbst aus, mo-

bilisiert unseren Willen und vereint eine Vielzahl unserer Begierden.« Rosa fährt fort: »Die auf einen Intimpartner gerichtete Liebe wird damit in der Moderne zur persönlichen Passion, zum zentralen Ort der Ich-Du-Beziehung im Sinne Martin Bubers in einer von unpersönlichen Beziehungen dominierten Welt (…).«[14] Nochmals verweist er auf Eva Illouz, die in der leidenschaftlichen »Liebe nach dem Verlust einer religiös fundierten ›großen Ordnung des Daseins‹ die letzte Quelle existentieller Transzendenz« sieht.[15] Mit »existentieller Transzendenz« ist gemeint, dass wir in der partnerschaftlichen Liebe die Grenzen unseres Selbst und unserer Individualität überschreiten. Wir erweitern unsere eigene Mitte um die Mitte des geliebten Partners, der so zu einem wesentlichen Element unseres Selbst- und Weltverhältnisses wird. Er wird ein Teil von uns selbst. Wir wachsen an und mit ihm, dehnen uns aus und werden innerlich reicher. Dies stärkt unser Selbstvertrauen und vermittelt ein Gefühl von Sicherheit. Beides fördert unsere Freude am Leben.

Hingabe – Selbstsein und Distanz

Partnerschaftliche Liebe kann nur dann gelingen, wenn man ganz für den anderen da ist und gleichzeitig ganz bei sich selbst bleibt. Das scheint ein Paradox zu sein. Es lässt sich auflösen, wenn man an die Hegel'sche Dialektik denkt, die aus dem Dreischritt These – Antithese – Synthese besteht, wobei Hegel betont, dass These und Antithese in der Synthese nicht verloren gehen, sondern »aufgehoben« werden in einem dreifachen Sinne. Zum einen negiert die These die Antithese und umgekehrt. Hier bedeutet »aufheben« nichtig machen, die Vereinzelung zerstören, den Widerspruch und die Entgegensetzung auflösen. Die Synthese aber vereinigt These und Antithese, die beide in der Synthese noch da sind.

Hier meint »aufgehoben« bewahren, erhalten. Schließlich führt die Synthese die beiden anderen Elemente auf eine höhere Stufe. Hier bedeutet »aufgehoben« auf eine höhere Ebene heben. In einer gelingenden Partnerschaft finden wir diese drei Bedeutungen wieder. Sie sind charakteristisch für die Liebesbeziehung und beschreiben die spezifische Vereinigung in der partnerschaftlichen Liebe.

In der Liebesbeziehung sind wir bereit, uns dem anderen ganz »hinzugeben«, »alles für den anderen zu tun«, »ganz für den anderen da zu sein«. Bei tiefer Liebe scheint uns der andere wichtiger als wir selbst. In diesem Sinne geben wir unser Selbst auf. Positiv gewendet spricht man davon, dass unser Selbst »transzendiert« wird, d. h. überschritten und über seine Grenzen hinausgeführt wird. Wir verlassen uns, um ganz beim anderen zu sein.

Andererseits gelingt die Liebe nur, wo beide Partner in der Hingabe für den anderen gleichzeitig bei sich selbst und authentisch bleiben, in sich selbst ruhen und diese Ruhe dem anderen vermitteln. In dauerhaften, tragfähigen und belastbaren Liebesbeziehungen lieben wir nicht unser Spiegelbild, also das, was der Partner von uns spiegelt, sondern das andere, den starken Gegenpol, an dem wir uns aufrichten können und der uns Halt gibt. Nur wenn in dieser Verbindung jeder bei sich selbst bleibt, stärkt seine Liebe das Selbstvertrauen, Selbstwertgefühl und Selbstbewusstsein des anderen. Gerade im Anderssein zeigt und vergewissert uns der Partner unser Ich- und Selbstsein. Wäre er nicht ein selbstständiger anderer, wäre seine Wertschätzung, Anerkennung und Liebe nicht wirklich nährend. Es wäre keine Vereinigung zweier starker Pole, sondern eine Einheit ohne Pole und ein Verlust der Selbstständigkeit, als stünden wir gleichsam vor einem Spiegel und sagten uns selbst, wie wertvoll wir sind. Es wäre leere Autosuggestion. Dass sich der andere in freier Wahl zu uns bekennt und uns in bewundernder Liebe seine ganze Zuneigung schenkt, hat einen wesentlich stärkeren Wert für uns, als wenn ein »Untergebener« oder ein höriger Mensch – vielleicht aus bloßer Berechnung oder Unterwürfigkeit – uns gegenüber Wertschätzung bekundet, an deren Echtheit wir nicht wirklich glauben.

Trotz des Andersseins erleben wir uns aber auch als Einheit. Die Polarität ist lediglich der Garant für die innere Spannung, Lebendigkeit und Dynamik dieser Einheit. Ohne innere Spannung und Bewegtheit, die von der Polarität ausgeht, wäre eine Beziehung tot und ohne Entwicklung. Alles Lebendige ist ein Pulsieren, ist Herzschlag, der ständige Wechsel von Zusammenziehung und Ausdehnung, Annäherung und Distanz, Yin und Yang. Es ist der »stille(n) Widerspruch, den jedes Lebendige zu äußern gedrungen ist (...) So setzt das Einatmen schon das Ausatmen voraus und umgekehrt; so jede Systole ihre Diastole (Zusammenziehung und Ausdehnung). Es ist die ewige Formel des Lebens«, sagt Goethe.[16]

Dieser »stille Widerspruch« lässt sich in jeder Lebenspartnerschaft aufzeigen. Er ist die Ursache für Spannungen, aber auch für die Lebendigkeit einer Liebesbeziehung. Wo partnerschaftliche Liebe gelingen soll, da muss es starke Bereiche sowohl des Für-sich-Seins wie des Mitseins, des Eigenen wie des Gemeinsamen geben, damit die innere Spannung erhalten bleibt. Wie ein Ritus sollten diese Bereiche gewahrt, respektiert und gepflegt werden. Stetiges Zusammensein und Mangel an Eigenständigkeit beengt und erstickt die Partnerschaft und nimmt die Freude an der Wiedervereinigung. In einer gelingenden Partnerschaft herrscht ein harmonischer Rhythmus von Hinwendung und Distanz. Das bedeutet notwendig einerseits, dass die Momente geistiger, seelischer oder körperlicher Vereinigung und des Wiederfindens etwas zutiefst Beglückendes haben. Andererseits setzt auch immer wieder das Trennende ein und muss ausgehalten werden. Das ist nicht leicht, weil es Gefühle und Stimmungen der Vereinzelung, des Alleinseins und des Alleingelassenwerdens hervorrufen kann, schmerzliche Erinnerungen an traumatisch erlebte Trennungen, an den Moment der Geburt, in dem das körperliche Einssein mit der Mutter, der Aufenthalt im Paradies, mit der Durchtrennung der Nabelschnur beendet wird.

Und dennoch braucht jede lebendige, gelingende Partnerschaft zwei selbstständige, »freie«, in sich ruhende Pole. Sie lebt von der jeweiligen Selbstständigkeit des Partners. Nur an der Stärke und Unabhängigkeit des anderen finden wir den Halt, an dem sich unser Selbstwertgefühl und die Liebe zu uns selbst, aus der die Lebensfreude entspringt, aufrichten können. Wo einer sich in der Partnerschaft aufgibt, da geht diese Spannung verloren, da hört das Pulsieren auf, es kommt zum Stillstand und zur Leblosigkeit der Beziehung. Deshalb ist es so wichtig, in einer gelingenden Partnerschaft die Selbstsorge nicht zu vernachlässigen, sich immer wieder einmal zurückzuziehen, zu sich zurückzukehren, sich Zeiten des Alleinseins und der inneren Sammlung zu nehmen. Damit eine Lebenspartnerschaft gelingen kann, ist es daher von wesentlicher Bedeutung, einen natürlichen, wohltuenden Rhythmus von Nähe und Distanz zu finden und zu praktizieren. Zeitweilige Distanz und Trennung von dem Geliebten ist nicht nur Voraussetzung für das Glück der Verbundenheit, sondern erhöht dieses sogar.

»Doch das Glück bleibt immer größer,
fern von der Geliebten sein,«

dichtete Goethe.[17] In seinem »Faust« heißt es:

»Gatten die sich vertragen wollen,
Lernen's von uns beyden!
Wenn sich zweye lieben sollen,
Braucht man sie nur zu scheiden.«[18]

Goethe erkannte sehr klar die Gefahren, die von der Ehe für die Notwendigkeit des Wechselspiels von Sehnsucht und Distanz, Erfüllung und Einssein ausgeht. »Liebe ist etwas Ideelles, Heiraten etwas Reelles, und nie verwechselt man ungestraft das Ideelle mit dem Reellen.«[19] Er war der Meinung, dass der Mensch natürlicherweise danach strebe, eine endgültige Erfüllung zu finden und wieder ins Paradies zurückzukehren. Dies aber sei unmöglich, weshalb er sich bei fortbestehender Sehnsucht mit dem Möglichen zufriedengeben müsse: »Der Mensch sei (...) stets getrieben, das Unmögliche synthetisieren (vereinigen) zu wollen. Fast alle Gesetze sind Synthesen des Unmöglichen, zum Beispiel das Institut der Ehe. Und doch ist es gut, dass dem so ist, es wird dadurch das Möglichste erstrebt, dass man das Unmögliche postuliere.«[20] Eine Sehnsucht, die sich durch bewusst gewählten zeitweisen Abstand vom Ersehnten und Rückkehr in sich selbst ständig wieder erneuert, kann uns davor bewahren, dass die Liebe zu einer »Soße des Ehestands«, einem ungenießbaren, »übersättigenden Gericht« verkommt, von dem keinerlei Lebensfreude mehr ausgeht.[21] Über die Griechen der Antike sagte ein ausgewiesener Kenner ihrer Kultur: »Der typische Grieche wahrt in aller Bindung (Ehe, Liebe) die Distanz.«[22]

»In der Liebe kommt es zu dem Paradoxon, dass zwei Wesen eins werden und trotzdem zwei bleiben«, sagt Fromm.[23] »Im Gegensatz zur symbiotischen Vereinigung ist die *reife Liebe eine Vereinigung, bei der die eigene Integrität und Individualität bewahrt bleibt.* (...) Sie ist eine Kraft, welche die Wände niederreißt, die den Menschen von seinem Mitmenschen trennen, eine Kraft, die ihn mit anderen vereinigt. Die Liebe lässt ihn das Gefühl der Isolation und Abgetrenntheit überwinden und erlaubt ihm, trotzdem er selbst zu sein und seine Integrität zu behalten.«[24]

Sehr klar beschreibt Fromm die scheinbare innere Widersprüchlichkeit der partnerschaftlichen Liebe und die Schwierigkeit, mit diesem Widerspruch zu leben und ihn auszuhalten. »Liebe ist nur möglich, wenn sich zwei Menschen aus der Mitte ihrer Existenz heraus miteinander verbinden, wenn also jeder sich selbst aus der Mitte seiner Existenz heraus erlebt. Nur dieses Leben aus der Mitte ist menschliche Wirklichkeit, nur hier ist Lebendigkeit, nur hier ist die Basis für Liebe. Die so erfahrene Liebe ist eine ständige Herausforderung; sie ist kein Ruheplatz, sondern bedeutet, sich zu bewegen, zu wachsen, zusammenzuarbeiten. Ob Harmonie waltet oder ob es Konflikte gibt, ob Freude oder Traurigkeit herrscht, ist nur von sekundärer Bedeutung gegenüber der grundlegenden Tatsache, dass zwei Menschen sich vom Wesen ihres Seins her erleben, dass sie miteinander eins sind, indem sie mit sich selbst eins sind, anstatt vor sich selber auf der Flucht zu sein. Für die Liebe gibt es nur einen Beweis: die Tiefe der Beziehung und die Lebendigkeit und Stärke in jedem der Liebenden. Das allein ist die Frucht, an der die Liebe zu erkennen ist.«[25]

Dass das Anderssein des Partners die Liebe erst zum Schwingen bringt und lebendig macht, dass sie aber ohne Gegenpol substanzlos und leer wird, um schließlich ganz zu vergehen, darauf weist auch Hartmut Rosa unter Hinweis auf die Erkenntnisse der modernen Neurowissenschaften hin: »In der Liebe kommt es zu einer besonders starken Aktivierung neuronaler Netzwerke, die in uns selbst in spiegelnder Weise zum Schwingen bringen, was der andere gerade fühlt oder was ihn bewegt (…) auf neurobiologische Resonanz beruhende körperliche Mitreaktionen zeigen sich bei Liebenden (…) in allen Lebenslagen. (…) Auch und gerade die Liebe lebt nicht vom Echo des eigenen im anderen, sondern von der Antwort – wir würden aufhören, jemanden zu lieben, der uns stets differenzlos widerspiegelt.«[26] Die körperliche Mitreaktion und eine seelisch-geistige Verschmelzung, die liebende Partner in den besten Momenten eins werden lässt und eben dadurch Gefühle der Geborgenheit, Sicherheit, Zugehörigkeit und Lebensfreude weckt und diese Ursehnsucht erfüllt, beschreibt Rosa mit folgenden Worten: »Liebe ist in ihrer Reinform der Inbegriff der Hegelschen Idee des Im andern ganz bei sich selbst sein – was sich in der Sprache der Spiegelung so interpretieren lässt, dass die Freude, die Trauer, aber auch das Wünschen, Begehren und Empfinden des Geliebten nahezu unmittelbar zur eigenen Freude und Trauer, zum eigenen Wünschen, Begehren und Empfinden werden.«[27]

Persönliche Integrität als Voraussetzung für gelingende Partnerschaft

Die Säulen einer gelingenden Lebenspartnerschaft sind die innere Unabhängigkeit der liebenden, zugewandten, sich hingebenden, aber gleichzeitig in sich ruhenden Partner. Das Beste, was man für eine Partnerschaft tun kann, ist, dass man sich in sich festigt und so lebt, als könne man auch ohne den anderen weiterleben. Jeder sollte gleichzeitig frei und gebunden sein, d.h. sich in jedem Moment aus freien Stücken zu dem anderen und der Beziehung bekennen. Wie geht das? Indem man quasi gleichzeitig als ein Mensch und als ein Philosoph lebt, im Konkreten sich bindet, im Abstrakten sich aber seine innere Unabhängigkeit bewahrt, mit anderen Worten: dass man in jedem Moment in der Lage ist, aus der emotionalen Befangenheit einer Situation herauszutreten und auf diese aus einer philosophischen Perspektive heraus zu schauen. Als Mensch ist man gebunden mit allen Gefühlen und Leidenschaften – als Philosoph aber ist man imstande, wenn es nötig ist, alle emotionale Eingebundenheit loszulassen, weil man gelernt hat, den Wandel und die Vergänglichkeit von allem anzunehmen. Der Mensch ist das Verhältnis, das sich zu sich selbst verhält (Kierkegaard). Es sind also immer schon »zwei Seelen« in einer Brust, eine, die redet, eine andere, die zuhört. Das sollten wir nutzen, um beides zugleich zu sein: Mensch und Philosoph, gebunden und ungebunden, Yin und Yang. Wir sollten lernen, mit dieser Spannung und Dynamik zu leben. Sie ist unser Schicksal, die conditio humana.

Die Lebenspartnerschaft stellt eine Verdoppelung des Verhältnisses dar, das jeder Mensch zu sich selbst hat. Als Individuum ist der Mensch vor die Aufgabe gestellt, im Ausgleich von widerstreitenden Bedürfnissen und Wünschen in der eigenen Seele ein harmonisches Ganzes herzustellen und zur Einheit zu werden. Diese Einheit bleibt in sich spannungsvoll, bewegt, verändert sich ständig und entwickelt sich weiter, wenn auch langsam und kaum wahrnehmbar. Das ist das Lebendige in uns. Ebenso ergeht es der Zweierbeziehung. Stillstand und das Erschlaffen der inneren Spannung wäre der Verlust der Lebendigkeit. Das stellt uns vor große Herausforderungen, denn wir müssen immer wieder das Auseinanderstrebende und die Polarität zusammenführen, um Einheit, Verbundenheit und Erfüllung zu erleben. Es bedarf einer kontinuierlichen, feinfühligen und zugewandten Achtsamkeit darauf, die Beziehung lebendig, liebe- und freudvoll zu halten und weiterzuentwickeln. Das wiederum verlangt von beiden Partnern Arbeit an sich selbst, denn wo nicht jeder für sich diese Integrationsleistung erbringt und aus sich selbst eine stimmige, ganzheitliche Persönlichkeit macht, kann dies auch die Partnerschaft nicht leisten. Im Gegenteil: Der innere Konflikt des Einzelnen wird unvermeidlich in die Partnerschaft hineingetragen und belastet sie.

Gelingende partnerschaftliche Liebe setzt gelingende Selbstliebe voraus. Eine harmonische Partnerschaft blüht auf, wenn jeder Partner sich selbst zu einem stimmigen Ganzen gemacht und Frieden in sich gefunden hat. Das ist keine

Frage von entweder – oder, sondern von mehr oder weniger. Je mehr jeder Partner in sich ruht und Harmonie gefunden hat, umso besser für die Beziehung. Je mehr wir in uns ruhen, umso liebesfähiger werden wir. Das ist einer der Hauptpunkte, auf die in diesem Buch hingewiesen werden soll. Erfüllt lieben setzt voraus, dass der Einzelne mit sich ins Reine kommt und von innen heraus Gutes tut. Das war das höchste Ziel aller Weisheitslehren der Antike in Orient und Okzident. Die Denker des Altertums wussten, dass die Bewältigung und gute Gestaltung des eigenen inneren und äußeren Lebens Voraussetzung dafür ist, dass eine Lebenspartnerschaft wie überhaupt jedes menschliche Miteinander gelingen kann. Das Fundament einer Gemeinschaft ist die entwickelte, mit sich zufriedene, in sich ruhende und stimmige Persönlichkeit. Individualethik, die Selbstkultivierung, ist Sozialethik, gelingendes Miteinander. Nirgendwo wird das so deutlich wie in der Lebenspartnerschaft.

Dass dies eine schwierige Aufgabe ist, die im Allgemeinen die Fähigkeiten des Durchschnittsmenschen zu übersteigen scheint, zeigen nicht nur die vielen Bücher, Lehren und Philosophien, die darüber in allen Kulturkreisen und zu allen Zeiten geschrieben worden sind. Auch der Zustand der Welt und die Entwicklung der Menschheit bis auf den heutigen Tag belegen die enorme Herausforderung, vor die uns diese Aufgabe stellt. Denn es gab und gibt keine Zeitepoche, in der die Welt ohne Streit unter den Menschen, ohne selbst gemachtes Leid, ohne gravierende soziale Konflikte bis hin zu Kriegen ausgekommen wäre. Man könnte sogar den Eindruck haben, als hätte das Leiden eher noch zugenommen. Die Ursache dafür aber ist immer ein Mangel an Liebe, Zugewandtheit, Milde und Güte sowie mangelndes Verständnis für die Mitmenschen. Das aber ist immer auch Folge innerer Unausgeglichenheit und Unzufriedenheit der Menschen. Andererseits ist es jedem Einzelnen durchaus möglich, in sich Frieden zu finden und ihn an den Lebenspartner, die Nächsten und an größere Gemeinschaften weiterzugeben, sei es in der Nachbarschaft, bei der Arbeit, im Verein, in einer politischen Partei oder im Staatswesen. Vielen Menschen gelingt dies, insbesondere wenn sie bewusst oder intuitiv die hier dargestellten psychologischen, philosophischen und weltanschaulichen Zusammenhänge verstanden und verinnerlicht haben und sie leben. Leider waren es stets zu wenige, um das Erscheinungsbild unserer Welt maßgeblich zu bestimmen und ein friedlicheres Zusammenleben herbeizuführen.

Liebe als aktives Tun

Für die gelingende Liebe in einer Lebenspartnerschaft ist es sehr wichtig zu verstehen, dass die Liebe mehr ist als ein Gefühl, das über einen kommt, eine Grundstimmung, die einen durch den Alltag trägt. Sie verlangt darüber hinaus ein aktives Tun. Man muss sie sich verdienen, erarbeiten, man muss sie nähren, hegen und pflegen. Auch hier erkennen wir eine Parallele zum eigenen Glück und Wohlbefinden. Wir müssen uns um unser seelisches Wohlbefinden aktiv kümmern, die Seelenkräfte harmonisieren, negative Affekte abbauen, was uns guttut, praktizieren, umsetzen, entwickeln und leben. Haben wir leidvolle Ängste, müssen wir die Ursachen dafür finden und konsequent an ihrer Aufhebung arbeiten. Unserem Bedürfnis nach Anerkennung und Selbstwirksamkeit kommen wir nur nach, indem wir in der Welt Verantwortung übernehmen und uns Herausforderungen stellen. So verlangt auch die partnerschaftliche Liebe, dass wir für den anderen da sind, etwas für ihn tun, ihn in seiner Entwicklung fördern und aktive Fürsorge übernehmen.

Eine Partnerschaft ist ein lebendiges Gewächs, ein Garten, der gepflegt, gedüngt, bepflanzt und bewässert werden will.

Unkraut muss gejätet und ferngehalten werden, die Samenkörner gemeinsamen Glücks und geteilter Freude müssen gepflanzt werden, der Boden muss umgegraben, Schädlinge bekämpft werden und vieles andere mehr. Wer seinem Partner keine Aufmerksamkeit schenkt, seine Wertschätzung und Liebe nicht zeigt und zum Ausdruck bringt, für ihn nicht da ist, wenn er gebraucht wird, bei der Lösung von Problemen nicht hilft, kein Verständnis aufbringt, nicht entlastet, ermutigt, unterstützt, tröstet, auffängt und ihm ständig zeigt, dass er nicht allein ist, der hat es selbst zu verantworten, wenn die Liebe ihre belebende Frische verliert, nicht weiter wächst, schwächer wird und am Ende versiegt.

Deshalb hielten die antiken Denker in der Partnerschaft und auch darüber hinaus das aktive Lieben, das sich in einem Tun und einem Einsatz für die Liebe verwirklicht, für wichtiger als das bloß passive Geliebtwerden. Das galt für die Anbahnung und Entstehung eines Liebesverhältnisses ebenso wie für seine Aufrechterhaltung: »Ich will dir einen Liebestrank verraten ohne Arznei, ohne Heilkräuter, ohne den Zauber irgendeiner Giftmischerin«, sagte der griechische Philosoph und Stoiker Hekaton von Rhodos, »wenn du geliebt werden willst, so liebe!«[28] Für seinen Landsmann Plutarch galt dasselbe für die gelebte Partnerschaft: »Denn es ist im Eheleben ein größeres Gut, zu lieben, als geliebt zu werden; bewahrt einen das doch vor vielen Fehltritten.«[29] Die letzte Bemerkung zielt darauf ab, dass jemand, der zugewandt, achtsam und aktiv liebt, den anderen, wenn überhaupt, selten verletzen oder betrüben wird und dadurch viel dazu beiträgt, dass die Beziehung harmonisch und freudvoll bleibt.

Erich Fromm weist in diesem Zusammenhang darauf hin, dass jemand, der sich mit dem Geliebtwerden begnügt, sich nur als passives Objekt der Liebe erlebt und unfrei bleibt, ohne sie mitzugestalten. Wer dagegen die Partnerschaft aktiv befördert, mitformt und kontinuierlich belebt, der handelt »aus einem aktiven Affekt heraus«, ist »frei« und »Herr des Affekts«. »Ganz allgemein kann man den aktiven Charakter der Liebe so beschreiben, dass man sagt, sie ist in erster Linie ein Geben und nicht ein Empfangen. (…) Die Liebe ist aber nicht nur ein Geben, ihr »aktiver« Charakter zeigt sich auch darin, dass sie in allen ihren Formen stets folgende Grundelemente enthält: *Fürsorge, Verantwortungsgefühl, Achtung vor dem anderen* und *Erkenntnis.*«[30] Der Erkenntnis kommt dabei eine besondere Bedeutung zu, denn sie ist als geistig-seelisches Verstehen und Mitgefühl das Einswerden mit dem anderen in Geist und Seele. »Im Akt der Vereinigung erkenne ich dich, erkenne ich mich, erkenne ich alle die anderen (…) Ich erkenne auf die einzige Weise, in welcher dem Menschen Erkenntnis des Lebendigen möglich ist: im Erleben von Einheit (…) Im Akt der Liebe, im Akt der Hingabe meiner selbst, im Akt des Eindringens in den anderen finde ich mich selbst, entdecke ich mich selbst, entdecke ich uns beide, entdecke ich den Menschen.«[31]

Schließlich ist Fromm davon überzeugt, dass die Aktivität in der Liebe und die Pflege der Partnerschaft wesentlich befriedigender und freudvoller sind als der bloß passive Genuss. Mit ihnen durchbricht der Liebende sein Alleinsein und einen selbstbezogenen Egoismus, aus dem nur oberflächliche Selbstbeweihräucherung, aber nie wahre Wertschätzung, Anerkennung und Selbstwirksamkeit entspringen kann: »Geben ist befriedigender, freudvoller geworden als empfangen; Lieben ist wichtiger geworden als geliebt werden. Dadurch, dass der junge Mensch liebt, ist er aus der Gefängniszelle seines Alleinseins und seiner Isolierung herausgelangt, die durch seinen Narzißmus und seine Ichbezogenheit bedingt waren. Er erlebt ein neues Gefühl der Einheit, des Teilens und des Einsseins.«[32]

Neben den bereits angesprochenen Problemen von Lebenspartnerschaften kann auch das vollkommene Aufgehen und Einswerden mit dem geliebten Partner, das hier als eine Art Wiedererleben, Wiedererwecken und Neuerleben von Gefühlsfeldern beschrieben wird, die jedem Menschen als pränatale Prägungen mit auf den Lebensweg gegeben worden sind, problematisch sein. Freud hat dieses »ozeanische Gefühl« als »pathologische Regression« bezeichnet, weil es einen krankhaften Rückschritt in frühe Kindheitserfahrungen darstellt und offenbart, dass man sich nie wirklich von der Mutterbindung hat befreien können.[33]

In der Tat gibt es Fälle, in denen die Individualität und das Selbstsein in der Liebe aufgegeben werden, anstatt sie innerhalb der Partnerschaft zu entwickeln, zu verwirklichen und zu vollenden. Gerade die enorme Leidenschaftlichkeit einer erfüllten erotisch-seelischen Liebe kann jede Selbststeuerung aushebeln und jedes Selbstsein auflösen. Aber diese Möglichkeit des Selbstverlustes ist weder zwingend noch der Normalfall. Wem es gelingt, in der Liebe bei sich selbst zu bleiben, der wahrt nicht nur sein Selbst, sondern hebt es auf eine höhere Stufe und verwirklicht es dadurch erst. Im und mit dem anderen vollenden wir unsere Persönlichkeit und den Sinn des Lebens, der vor allem in einem erfüllten und gelebten Miteinandersein zu finden ist.

Zutreffend wird in den Sozialwissenschaften auf die Gefahr hingewiesen, dass in der Ehe die aus Freiheit entstandene und nur in ihr wachsende partnerschaftliche Liebe institutionalisiert werde. Dadurch könne die spezifische Beweglichkeit, Lebendigkeit und notwendige innere Dynamik einer Partnerschaft in alltäglicher Gewöhnung und Routine einschlafen und im Stillstand und in der Starre verloren gehen.[34] Auf die umgekehrte Gefahr, dass zu viel Bewegung und Leidenschaft die Partnerschaft auseinanderreißen und dass das Glück des Menschen nur im ruhigen Fluss einer Ehe gefunden werden könne, hat der griechische Tragiker Aischylos hingewiesen:

»Doch ich, wenn ich in ruhiger, glücklicher Ehe bin,
   fürchte mich nicht;
nimmer mög' in Liebe mich der hohen Götter
   unentfliehbar Auge sehn;
denn das ist ein Kampf, zu bekämpfen, zu leiden,
   zu meiden nie!
Weiß ich dann, was mir geschähe?«[35]

Die Entgegensetzung von Liebe und Ehe, die hier zum Ausdruck kommt, erinnert an die »unmögliche Synthese« Goethes und seine Warnung, das Ideelle nicht mit dem Reellen zu verwechseln, wovon bereits die Rede war. Wie oben ausgeführt, besteht die Lebenskunst darin, diesen Gefährdungen zu begegnen und weder die innere Unabhängigkeit einer ungezügelten Leidenschaft zu opfern, noch sich auf der vermeintlichen Sicherheit eines Ehebündnisses auszuruhen und die aktive Beförderung, Pflege und Weiterentwicklung der dynamischen Einheit der Partnerschaft zu vernachlässigen. Es ist einer der fundamentalen Einsichten antiker Lebensweisheit, dass wir anerkennen müssen, im Unversicherbaren zu leben, und dass alles der Gefährdung, dem Wandel und der Vergänglichkeit ausgesetzt ist. Auch in der Liebe und der Partnerschaft gibt es das Moment der Unverfügbarkeit. Es verhält sich hier ebenso wie mit dem Lebensglück und der Lebensfreude. Wir können die Augenblicke, die uns mit Glück und Freude erfüllen, nicht erzwingen. Wir können uns ihrer nur »würdig erweisen«, wie es Kant formulierte. Wir können viel dafür tun, dass sich solche Augenblicke einstellen und in unserem Leben realisieren, aber wann das geschieht, bleibt unverfügbar. Den Weg dahin zu erkennen und ihn durch unser Denken, Wollen und Verhalten zu befördern, darum geht es in der Liebe wie bei der Lebensbewältigung.

Die Wahrung einer Balance in der Liebe ist eine ständige Aufgabe und immer auch eine Herausforderung. Darin unterscheidet sie sich nicht von der Aufgabe, mit sich ins Reine zu kommen, sein Seelenleben zu ordnen und ein ausgeglichenes Leben zu führen. Im Fluss der sich kontinuierlich ändernden inneren und äußeren Welt ist diese Balance immer wieder neu herzustellen. Im Hinblick auf die Liebe war Buddha offenbar der Auffassung, dass diese Aufgabe so schwierig sei, dass sie den Durchschnittsmenschen in der Regel überfordere. Seinen Mönchen empfahl er daher, sich von der geschlechtlichen Liebe völlig fernzuhalten und ihr achtsam aus dem Wege zu gehen: »Wie sollen wir uns, Herr, gegen eine Frau benehmen?«, wird Buddha von seinem Schüler Ananda gefragt. »Ihr sollt ihren Anblick vermeiden, Ananda.« »Wenn wir sie aber doch sehen, Herr, was sollen wir dann tun?« »Nicht zu ihr reden, Ananda.« »Wenn wir aber doch mit ihr reden, Herr, was dann?« »Dann müßt ihr über euch selbst wachsam sein, Ananda.«[36]

Buddha hielt eine vollständige Befreiung von allem Leiden nur durch die vollständige Aufgabe allen Wollens für möglich. Für ein »gelingendes Leben« unterhalb dieser Stufe des Erleuchteten und Heiligen ist es aber nicht nötig, auf die partnerschaftliche, erotische Liebe zu verzichten. Im Gegenteil: Es ist dargelegt worden, wie und warum wir *als Menschen* gerade in ihr höchstes Glück, Erfüllung und tiefste Lebensfreude erfahren können. Aber es kann nicht häufig genug darauf hingewiesen werden, dass dies nicht ohne ein Bemühen, nicht ohne Arbeit an sich selbst, nicht ohne Achtsamkeit, nicht ohne kontinuierliche Pflege und Fürsorge und manchmal auch nicht ohne Verzicht und Leiden zu erlangen ist. Was das für unsere konkrete Lebensführung bedeutet und was es einzuüben gilt, soll im letzten Kapitel dieses Buches beschrieben werden.

Liebe und Leiden

»Wisse, dass Schmerz ein Teil der Liebe ist.« [1]
Sri Sri Ravi Shankar

Als der zum Tode verurteilte Sokrates im Gefängnis von Athen auf seinen letzten Tag wartete, wurden ihm die Fesseln gelockert. Er strich sich über die Beine, die noch die Druckstellen der Fesseln aufwiesen, atmete erleichtert auf und sagte, welch ein angenehmes Gefühl es doch sei, wenn der Schmerz nachlasse. Es scheine ihm, als seien Leid und Freude an einer Speerspitze fest zusammengebunden, sodass man das eine nicht ohne das andere erlangen könne.[2]

So ist es auch mit der Liebe: Freude und Leiden scheinen unlöslich miteinander verbunden zu sein. Man ist geneigt zu sagen: leider. Aber vielleicht zu Unrecht. An der im vorherigen Kapitel dargestellten spannungsvollen Polarität einer gelingenden Partnerschaft, dem ständigen Wandel von Nähe und Distanz, Sehnsucht und Erfüllung, Begierde und Befriedigung, können wir ein allgemeines Gesetz ablesen. Danach setzt das Glück erfüllter partnerschaftlicher Liebe ebenso wie die Lebensfreude, die aus jeder Form gelingender Liebe erwächst, immer auch eine vorhergehende Sehnsucht, einen Mangel, ein Bedürfnis voraus. Dieser Mangel wird häufig als Leiden empfunden. Aber es ist ebendieses Leiden, das die Erlebnisse von Freude und Glück und alle mit erfüllter Liebe verbundenen Gefühle wie Geborgenheit, Sicherheit, Verbundenheit etc. überhaupt erst ermöglicht.

Die Ablehnung und Ignorierung der leidvollen Aspekte in der Liebe wie im Leben überhaupt ist, mit den Worten Marc

Aurels, ein »Abfall von der Natur«, ein Leugnen und Missachten ihrer Gesetzmäßigkeiten.[3] Wenn wir uns über das Leiden in der Liebe beklagen, verkennen wir, dass wir die Natur nur als Ganzes haben können und dazu gehören notwendig Vergänglichkeit, Sehnsucht, Begierde, Mangel und das damit verbundene Leiden. Wer das begriffen und tief verinnerlicht hat, der hat auch gelernt, damit umzugehen. Er wird weniger darunter leiden und was an Leid noch übrig bleibt geduldig ertragen. So wird seine Freude am Leben wachsen, sich intensivieren und weniger von den Schattenseiten des Lebens eingetrübt sein. Einfach ist das nicht und vielleicht am schwierigsten in der Liebe, insbesondere in der partnerschaftlichen.

Wenn die innere Unabhängigkeit und Freiheit des Lebenspartners Voraussetzung dafür ist, dass sein Bekenntnis zum anderen und die Momente körperlich-seelischer Vereinigung tief empfundenes Glück auslösen, so ist mit derselben Freiheit auch die Möglichkeit eröffnet, dass sich der Partner irgendwann einmal einem anderen Menschen zuwendet. Andernfalls wäre es keine Freiheit. Sartre hielt deshalb die Liebe aus Freiheit für unmöglich, weil sie uns die ersehnte Sicherheit nicht geben könne. Das Bedürfnis nach Sicherheit einerseits und Freiheit andererseits schlössen sich aus. In der Tat ist dies eine Quelle des Leidens in der Liebe. Es gibt weitere. Indem ich mich ganz dem anderen hingebe, ihm meine tiefsten Gefühle schenke und mich zu einem Leben mit ihm bekenne, eröffne ich die Möglichkeit, dass ein Schicksalsschlag ihn mir gewaltsam von einem Tag auf den anderen entreißen kann. Ein solches Ereignis lässt einen Schmerz und eine Lücke in unserer Gefühlswelt zurück, die je nach der Dauer und Intensität der Liebe kaum auszuhalten ist. Schließlich birgt die eingegangene Bindung die Möglichkeit für zahlreiche weitere mehr oder weniger starke Verletzungen und seelische Schmerzen, ausgelöst etwa durch Meinungsverschiedenheiten, Streit, Eifersucht, Ablehnung, Verstimmung, Rückzug etc. Wenn wir – wie oben beschrieben – in der liebevollen Einheit mit dem anderen seine Gefühle teilen, so betrifft das auch seine negativen Gefühle. Jeder, der einmal geliebt hat, kennt all diese leidvollen Gefühle und andere, die mit einer gelebten Liebe verbunden sind und die für den Genuss der Freude erduldet werden müssen.

Eine besondere Form des Leidens, die in der partnerschaftlichen Liebe, aber auch in anderen Bereichen der Liebe auftreten kann, ist die Entfremdung. Sie ist sehr weit verbreitet, wird häufig nicht erkannt, belastet aber das Wohlbefinden ganz erheblich, sodass sie nicht selten ein positives Lebensgefühl ausschließt. Sie vermindert beträchtlich die Lebensfreude und die Fähigkeit zu lieben. Der Grund dafür ist, dass der Entfremdete nicht aus seiner Mitte heraus lebt, in sich gespalten ist, er spürt sich nicht mehr, kann sich nicht annehmen, wie er ist, empfindet Schuldgefühle und leidet unter der fehlenden inneren Harmonie und Ausgeglichenheit. Er erlebt sich nicht als ein einheitliches Ganzes. Denken, Wollen, Fühlen und Handeln klaffen auseinander. Der gute Fluss des Lebens ist gestört. Der Körper stößt deutlich weniger Glücksbotenstoffe aus. Statt des inneren Belohnungszentrums wird das Schmerzzentrum angesprochen. Häufig ist dem, der entfremdet lebt, die Ursache für sein Unbehagen gar nicht bewusst.

Solche Entfremdungen kommen am häufigsten an der Arbeitsstelle und in langjährigen Partnerschaften vor. Die Arbeit erstickt in Routine, die nur noch schwach das Gefühl der Selbstwirksamkeit und einer sinnerfüllten Tätigkeit vermittelt. Die Partner haben sich in geistig-seelischer Hinsicht in andere Richtungen entwickelt und auseinandergelebt. Sie können sich gegenseitig keine Anregungen, Reize und Freuden mehr geben, wirken nicht mehr nährend aufeinander, sondern nur noch zehrend, stumm und kalt. Die polare, spannungsvolle Dynamik, von der jede lebendige Beziehung lebt, ist in dumpfen Gewohnheiten eingeschlafen. Es ist für die Betroffenen manchmal schwer, ja unmöglich zu sagen, woran es liegt und wie es dazu gekommen ist. Es sind häufig unbewusste, schleichende Prozesse, die sich langsam über Jahre entwickeln. Jeder Mensch ist ein Kosmos an Erlebnissen, Einsichten, Gefühlen und Prägungen, der ständig in Entwicklung ist. Kontinuierlich kommt es zu kleineren oder größeren Verschiebungen in den Werten, Anschauungen, Gefühlen, Wünschen, Vorlieben und Abneigungen. Ob das dann noch zu dem Partner, dessen Kosmos sich ebenfalls weiterentwickelt hat, passt, kann nur ausprobiert, gespürt und erlebt werden, lässt sich aber nicht vorhersagen oder steuern.

Nur ein achtsamer Umgang mit sich und dem Partner, Offenheit und Verständnis für solche ganz natürlichen Entwicklungsprozesse, eine wache Zugewandtheit und ein ständiges Bemühen, Nähe und Momente der Einheit wiederherzustellen und gemeinsam zu erleben, können Entfremdungen vermeiden. Hier ist dieselbe Haltung gefordert, die wir im Verhältnis zu uns selbst pflegen und wahren sollten. Was in einer Lebenspartnerschaft geschieht, ist dasselbe, was in unserem Verhältnis zu uns selbst passiert. Jede Psyche macht ständig neue Erfahrungen und entwickelt sich. Immer wieder geschieht es, dass alte Wertvorstellungen, Anschauungen, Einstellungen, Gefühle, Vorlieben und Abneigungen mit einem gewandelten Lebensgefühl, mit neuen Ideen, Erfahrungen und Erlebnissen nicht mehr zusammenpassen, sodass die innere Stimmigkeit verloren geht. Hier müssen wir möglichst früh erkennen und spüren, dass sich etwas verändert hat. Wir müssen die Einheit mit uns selbst wiederherstellen, uns in einer neuen Mitte einrichten, um die Entfremdung von uns selbst nicht weiter voranschreiten zu lassen und aufzuheben. Der innere Zwiespalt muss aufgelöst werden. Es wird deutlich, warum das »Erkenne dich selbst!« für Sokrates so wichtig war, warum der Achtsamkeit auf die eigenen Gefühle in der buddhistischen Lehre und Praxis eine so herausragende Bedeutung zukommt, warum schließlich bei Konfuzius die »Treue gegen sich selbst« einer der wichtigsten Werte seiner Ethik war. Im Verhältnis zu uns selbst, in der Lebenspartnerschaft, im Zusammensein mit anderen Menschen, in jeder Form von Verbundenheit mit etwas, das wir »Liebe« im weitesten Sinne nennen, kommt es stets auf Wahrhaftigkeit, Aufrichtigkeit und Echtheit an, auf Wahrung der Authentizität in der Gemeinschaft, wenn das Verhältnis bzw. die Liebe gelingen soll. Sich selbst zu betrügen sei von allem das Schlimmste, sagte Sokrates und zog damit das Resümee dieser Betrachtung.[4]

In längeren Lebenspartnerschaften ist Entfremdungsleiden deshalb so häufig, weil uns auf der anderen Seite die Sehnsucht nach Verbundenheit und Einssein, die Angst vor Trennung und Alleinsein an der Bindung festhalten lassen, auch wenn sie uns schon lange nicht mehr nährt. Starke Sehnsucht und Angst haben die Tendenz, uns blind und unfrei zu machen, den wahren Zustand des Verhältnisses zu verschleiern und schönzufärben. Gewohnheit, Trägheit, mangelnder Mut und materielle Verstrickungen tun ihr Übriges, um notwendige Aussprachen und Veränderungen immer wieder aufzuschieben und schließlich ganz zu verdrängen. Aber Entfremdung lässt sich auf Dauer nicht verdrängen. Reagieren wir nicht von uns aus oder übersehen wir die seelischen und körperlichen Signale, die der Organismus und die Seele aussenden, dann kommt es am Ende zu einem eruptiven Ausbruch des Konflikts und zu seelischen und körperlichen Erkrankungen. Die moderne Biomedizin bringt mit ihren Forschungen immer neue Belege für das enge Verhältnis und die vielfachen Wechselwirkungen von Psyche und Körper. Nichts hat so starke Auswirkungen auf unser körperlich-seelisches Wohlbefinden, auf die Gesundheit von Körper, Geist und Seele als die eigene Denk- und Lebensweise, die Art unseres Umgangs mit uns und den anderen, unsere Werte und Haltungen, die wir gegenüber der Welt, den Dingen und den äußeren Ereignissen und Verhältnissen einnehmen.

Wir sehen, dass die Liebe nicht nur Voraussetzung für Glück und Lebensfreude ist, sondern auch ein Einfallstor für alle möglichen Leiden. Das macht die Praxis der Liebe so schwierig. Sie ist daher immer als ein Teil der Lebenskunst verstanden worden, als ihre hohe Schule und ihr anspruchsvollstes Fach. Wie wir dieses Fach erlernen und bewältigen können, wie wir lernen können, das mit der Liebe notwendig verbundene Leiden zu überwinden, zu reduzieren oder doch duldsam ertragen zu können, ohne unsere heitere Grundstimmung und die Freude am Leben zu verlieren, soll in dem letzten Kapitel über die Übungen zur Liebe dargestellt werden. In dem vorliegenden Kapitel geht es erst einmal darum zu verstehen, dass Leiden zur Liebe gehört und wir dem Leiden in der Liebe nicht ausweichen können. Wenn wir diese Lebenstatsache verstanden und die Notwendigkeit eingesehen und verinnerlicht haben, dass erfüllte Liebe wie jede Lebensfreude einen Preis hat, den wir bezahlen müssen, dann haben wir auch die Kraft, das Leiden in der Liebe zu ertragen. Wie die Natur so können wir auch lernen, die Liebe so anzunehmen, wie sie ist, ohne uns an den zum Scheitern verurteilten Versuch abzuarbeiten, nur das Freudvolle an der Liebe zu leben, das Leidvolle aber abzulehnen. Nicht das Leiden ist das Unglück, sondern die Unfähigkeit, das Leiden zu ertragen und mit ihm umzugehen. Ist das Leiden doch nur ein Sprungbrett, von dem wir uns zu neuen Momenten tief empfundener Freude aufschwingen sollen. »In der Liebe sich entzweien – die Liebe heißt's erneuern«, schreibt der römische Komödiendichter Terenz.[5]

Wenn wir das wirklich verstanden haben, dann legt sich über den ständigen Wandel von Freude und Leid, von Hoch und Tief, von Nähe und Distanz, von Zusammensein und Trennung der heitere Himmel innerer Ausgeglichenheit und stoischer Unerschütterlichkeit, Demut und Dankbarkeit. Dadurch kann jedes Leiden mithilfe eines Perspektivenwechsels auf einer anderen Bewusstseinsebene aufgehoben oder abgemildert werden. Das klare Bewusstsein des ewigen Wandels unserer Verhältnisse lehrt uns, unser Schicksal anzunehmen, das Schwere an ihm geduldig zu tragen und unsere Freude am Leben nicht zu verlieren. Es ist dieser heitere Himmel, diese positive Grundstimmung, die uns am Ende unseres Lebens sagen lässt, dass wir gut gelebt haben, dass unser Leben ein glückliches war, dass wir zwar auch gelitten haben, die Freude aber überwogen hat. Dabei kommt es uns nicht auf dieses Resümee an, sondern auf das freud- und liebevoll vollbrachte Leben, das ein solches Resümee rechtfertigt und ermöglicht. Voraussetzung dafür sind weder glückliche Lebensumstände noch glückliche Zufälle, sondern es liegt ganz bei uns und unserer Fähigkeit zu lieben. Wir selbst haben es in der Hand, den Boden dafür zu bereiten, dass sich Liebe und Lebensfreude entfalten, selbst wenn die äußeren Bedingungen unserer Existenz schwierig sind.

Der Philosophenkaiser Marc Aurel hat das Bemühen, liebevoll zu leben und »heiteren Gemüts« zu sterben, einmal mit folgenden Worten beschrieben: »Diese winzige Spanne Zeit also gemäß der Natur durchwandern und heiteren Gemüts zur Ruhe gehen, wie wenn die Olive, die reif vom Baume fällt, die Mutter Erde priese und dem Baume Dank wüsste, der sie getragen hat.«[6] Wem das gelingt, der wird einstimmen können in das, was Epikur seinen Schülern prophezeite, die fähig sind, seine Lehre anzunehmen und umzusetzen: »Wir werden aus dem Leben heraustreten mit einem schönen Lobgesang, verkündend, dass wir gut gelebt haben.«[7]

Das Leid, das mit gelebter Liebe verbunden ist, insbesondere in einer Partnerschaft, wurde in der Geschichte der Menschheit immer wieder beschrieben. Dass dieses Leid bereits mit der körperlichen Trennung von der Mutter und der Auflösung der Urform des Einsseins beginnt, hat wohl schon der chinesische Philosoph Zhuangzi im 4. Jahrhundert v. Chr. erkannt, wenn er sagt: »Bei der Geburt des Menschen wird das Leid zugleich geboren.«[8]

In einem klassischen Werk über die Götter Griechenlands kommt die gewaltige Macht der Liebesgöttin Aphrodite im Guten wie im Leidvollen, im Schöpferischen wie im Zerstörerischen treffend zum Ausdruck: »Keine Macht kann so furchtbar entzweien und verwirren wie die, deren Werk die leuchtendste und sehnlichste Harmonie ist (Aphrodite); und erst durch diesen dunklen Schatten wird der Lichtzauber Aphrodites eine ganze Schöpfung.«[9]

Von der erotischen Liebe hatten manche frühen griechischen Dichter keine gute Meinung: »(...) ist doch Eros kein Gott, vielmehr ein vernichtendes Übel.«[10] Im gleichen Sinne lesen wir bei der griechischen Lyrikerin Sappho:

»Eros, der Löser der Glieder, jagt mich aufs Neue,
Bitter und süß zugleich, das heillose Tier.«[11]

»Heillos« meint, dass Eros eher zerstört statt »heilt«. Bei den griechischen Tragikern war Liebesleid ein immer wiederkehrendes Motiv. »Ihr Kinder, wahrlich, Liebe ist nicht Lieb allein«, dichtete Sophokles und fährt fort:

»Nein, viele Namen sind's, bei denen man sie nennt:
Sie ist der Tod, ist unvergängliche Gewalt,
Ist irre Raserei, ist sehnsuchtsvoller Trieb,
Unbändiger, ist Schmerzgestöhn; sie schließt in sich
Den Tatendrang, die Ruhe und die Gewaltsamkeit.

Schmilzt sie sich doch den Weichen (Lenden) alles
  Lebenden
Tief ein. Wer hänge nicht voll Gier der Göttin an?
(…)
Die Kypris (Aphrodite), wahrlich, sie, die Liebesgöttin
  ist's,
Die jedes Menschen, jedes Gottes Plan durchkreuzt.«[12]
»Verlockend ist dies (zu) leiden – Krankheit bleibt es
  doch!«[13]

Um dem Liebesleid zu entgehen, lässt sein Nachfolger Euripides eine seiner Figuren die Götter darum bitten, von leidenschaftlicher Liebe verschont zu bleiben:

»Send, o Herrin, mir von dem goldenen Bogen nie den
  sichern
Schmerzenspfeil, getaucht in süße Sehnsucht!«
Nur wer sich maßvoll bescheiden kann und die
  Leidenschaft zügelt, kommt heil davon:
»(…) Doch wo sich bescheiden entfaltet
Liebeswahn, ist keine der Mächte so lieblich.«[14]

Man kann das so verstehen, dass nur derjenige, der bei aller
Hingabe und Verbundenheit seine Identität, innere Unabhängigkeit und Fähigkeit zum Loslassen bewahrt, von dem
Leiden in der partnerschaftlichen Liebe verschont bleibt. In
diesem Sinne lässt Euripides den Chor, der häufig die Stimme der Vernunft oder den Standpunkt des Autors wieder-
gibt, in seiner »Iphigenie in Aulis« ausrufen:

»Selig, wer mit bescheidenem Sinn
Und mit mäßiger Leidenschaft
Pflückt die Freuden der Liebe,
Dessen Herz kein tobender Sturm

Rasender Triebe erschüttert; denn
Zweierlei Pfeile der süßen Qual
Schießt der goldhaarlockige Gott (Eros),
Einen milden zu sanftem Glück,
Einen verderblichen, der's zerstört.
Schönste Kypris (Aphrodite), behüte vor
Diesem Fall mein häusliches Glück!
Lass mich keusche Begier und Reiz
Zwar empfinden, allein mit Maß,
Pflücken der Liebe Freuden und Lust,
Doch obsiegen dem Unmaß!«[15]

Die alten indischen Denker und Heiligen gingen häufig einen Schritt weiter und empfahlen, auf die mit Sinnlichkeit und Erotik verbundene Liebe ganz zu verzichten, weil mit ihr die ersehnte Seelenruhe nicht zu erreichen sei. So heißt es in der Bhagavadgita, einem berühmten hinduistischen Lehrgedicht, das für Mahatma Gandhi eine »Bibel« war:

»Doch wer von Hass und Liebe frei
Betrachtet diese Sinnenwelt,
Der kommt zu stiller Heiterkeit,
Wenn Selbstzucht seinen Weg erhellt.«[16]

In dem Dhammapada, der in Verse gefassten Lehre Buddhas, lesen wir: »Aus Liebe wird Leid geboren; aus Liebe wird Furcht geboren; wer vom Lieben erlöst ist, für den gibt es kein Leid, woher käme ihm Furcht?«[17]

Der Stoiker Panaitios weist auf den schmalen Grat hin, der zwischen einer hingebungsvollen Liebe, bei der der Liebende seine Integrität und Eigenständigkeit bewahrt, und einer leidenschaftlichen Liebe, bei der er sein Selbst aufgibt, verläuft. Auf die Frage, ob sich auch Weise verlieben, antwortet er: »Was den Weisen anlangt (...) so wird sich das schon finden. Was aber mich und dich anlangt, die wir noch weit vom Weisen entfernt sind, so dürfen wir es nicht dahin kommen lassen, daß wir in einen leidenschaftlichen Zustand geraten, der, seiner selbst nicht mächtig, uns zum Untertan eines anderen (...) macht. (...) Gleich schädlich also ist bei der Liebe das Entgegenkommen (grenzenlose Hingabe) wie die Abweisung (Abstinenz). Das erste macht uns zu Gefangenen, die letztere zu Kämpfern (gegen die eigene Sehnsucht).«[18] Seneca, bei dem sich dieses Zitat findet und der nach dem, was wir wissen, zwei glückliche Ehen geführt hat (seine erste Frau verstarb), kannte die Gefahren der partnerschaftlichen Liebe sehr gut. Medea lässt er in seiner gleichnamigen Tragödie ausrufen: »es rast die unselige Liebe«. Seine Phaedra aber klagt, dass trotz besseren Wissens die »Liebesraserei dazu zwingt, dem Schlechteren zu folgen (...) Was vermöchte die Vernunft? Mein Rasen triumphiert und herrscht, und mächtig gebietet über all mein Denken der Gott.«[19] »Man könnte sagen«, resümiert Seneca in einem seiner Briefe, »die Liebe sei eine zur Raserei gesteigerte Freundschaft.«[20] Aber dieses Urteil bezieht er nur auf die maßlose und unbeherrschte Liebe, die über die Hingabe an den anderen das eigene Selbst vergisst. Über die Liebe zum Partner vernachlässigt sie die Selbstliebe und Selbstachtung. Sie ist unfähig, in der Partnerschaft zugleich ganz bei sich selbst zu bleiben. Seneca nennt sie die »übertriebene« Liebe. Nur solch maßlose Liebe »beunruhigt uns mit Angstgefühlen, beschwert uns mit Kümmernissen und gibt uns Kränkungen preis.«[21]

Bei Erich Fromm liest sich das so: »In all diesen Fällen ist der Betreffende der Sklave einer Leidenschaft, und seine Aktivität ist in Wirklichkeit Passivität, weil er dazu getrieben wird. Er ist ein ›Leidender‹, er erfährt sich in der ›Leideform‹ (Passiv) und nicht in der ›Tätigkeitsform‹ (Aktiv); er ist kein Träger, er ist nicht selbst der Akteur.«[22]

Der Stoiker Epiktet empfiehlt, sich bei jeder inneren Bindung durch Liebe stets der Zerbrechlichkeit und Vergänglichkeit der eingegangenen Bindung bewusst zu sein. Denn nur so wahre man seine innere Festigkeit, überwinde Verlustängste und vermeide, dass uns das stets mögliche Ende einer Liebe dauerhaft aus der Bahn werfe: »Das Erste und Vornehmste, und was du gleichsam schon an der Schwelle zu beobachten hast, ist dies, dass du dich ja in kein Ding so verliebst, als wenn es dir nie genommen werden könnte (…) und laß das Vergnügen nicht so weit gehen, als es will, sondern (…) erinnere dich auch du (daran), daß du einen Sterblichen liebst, daß du etwas liebst, was nicht dein ist; für den Augenblick wird es dir gegeben, nicht als unwegnehmbar, noch für immer.«[23]

Die Erfahrung der Zwiespältigkeit der Liebe und die Tatsache, dass der Liebende auch leidet, wurde bis zum heutigen Tage immer wieder gemacht und zum Ausdruck gebracht. In ihrem bedeutenden Buch über die Romantik, einer Epoche, in der die Sehnsucht, die Gefühle und die leidenschaftliche Liebe eine enorme Aufwertung erfuhren, schreibt Ricarda Huch: »Damit wir Liebe lernen, Kraft zur Vereinigung, sind nach Novalis alle Leiden, Mängel und Negationen des Lebens da. Die Disharmonie führt aus der Monotonie zur Harmonie. … Denn Sehnsucht ist die Folge des Mangels und Liebe ist die Ergänzung der Sehnsucht, verhält sich zu ihr wie das Positive zum Negativen.« Sie spricht von der »zehrenden Sehnsucht«, die die Antike in dieser Form nicht kannte, und führt aus: »Aus der Zerrissenheit des modernen Menschen wächst sie heraus, eine Marterblume mit tiefem, blutendem Kelche, aus dem sich seelenberauschende Düfte unablässig in die Unendlichkeit ergießen.

Warum Schmachten?
Warum Sehnen?

Alle Thränen
Ach sie trachten
Nach der Ferne,
Wo sie wähnen
Schön're Sterne!«[24]

Erhellend sind die Bemerkungen von Sri Sri Ravi Shankar. Er ist der Meinung, jede »Liebe wird von Schmerz begleitet« und »deine Verletzungen haben ihre Ursache in der Liebe. (…) Verstehe und akzeptiere dies, dann wirst du die Verletzung nicht zu einer Wunde werden lassen.« Er sieht eine Chance, am Leiden zu wachsen: »Verletzungen sind der Scheidepunkt, wo du Hass hegen oder Dankbarkeit, Sammlung und Weisheit hervorbringen kannst.«[25] Ganz in der Tradition altindischer Weisheitslehre und Spiritualität empfiehlt er für die Liebe, seine Sehnsucht zu überwinden, sein Wünschen aufzugeben und auf Leidenschaften zu verzichten. Dann würden wir in einer anderen Form lieben, die intensiver, freudvoller, erfüllender und frei von Leiden ist. Es ist eine erleuchtete Liebe, die weniger weltlich orientiert ist und sich in einer Bewusstseinsebene realisiert, die durch Meditation – so die Lehre – zu tieferen Schichten des Seins vordringt. In ihrer mitmenschlichen Praxis ist sie der Inbegriff von Zugewandtheit, Fürsorge, Mitgefühl und realisiert sich in dem Gefühl des Einsseins mit dem Geliebten und allen Mitmenschen:

»Wenn du aufhörst, dich nach Liebe zu sehnen, nennt man das Leidenschaftslosigkeit. Dadurch wird der Prozess beschleunigt (Liebe zu erfahren). Du wirst erkennen, *dass du Liebe bist.* Und du wirst außerdem erkennen, dass Liebe immer da war und dass sie beständig zu dir kommt, unaufhörlich. Es war dein kleiner Geist, der den Fluss der Liebe behindert hat. Es ist der dunkle Vorhang vor deinem Fenster, der das Licht nicht hereingelassen hat. Der Tag ist schon vor einer Weile angebrochen, aber deine Vorhänge haben dein Zimmer verdunkelt. (…) Du denkst, Leidenschaftslosigkeit bringt Mangel an Freude mit sich, aber das ist nicht so. *Leidenschaftslosigkeit ist Freude. Leidenschaftslosigkeit bedeutet Fülle an Freude.* Wenn du sagst: ›Ich will nichts‹, dann heißt das, du hast alles. Leidenschaftslosigkeit bedeutet, die Fülle zu erkennen und dankbar zu sein für alles, was du bekommen hast.«[26]

Sri Sri Ravi Shankar meint, dass es wichtig sei, auch als Liebender in seiner Mitte zu bleiben, sich nicht aufzugeben, seine Gefühle nicht überborden zu lassen, sie dem anderen nicht mit übertriebener Empathie zu demonstrieren und sich nicht vollständig im Weltlichen zu verlieren: »Sei in deiner Mitte und halte dich damit zurück, deine Liebe (übertrieben, Verf.) zu zeigen. Manchmal stößt ein Übermaß an Liebesbezeugung andere nur ab. Drücke deine Liebe auf andere Weise aus. (…) Wisse, dass Schmerz ein Teil der Liebe ist, und übernimm die Verantwortung dafür. Sieh ein, dass du dich elend fühlst, wenn du aus deiner Mitte fällst, und dass die Natur des Weltlichen Elend ist.«[27]

Auf inhaltliche Übereinstimmungen der Tradition praktizierter mitmenschlicher Liebe und des Mitgefühls in der indischen Lehre mit den Ergebnissen der modernen Neurobiologie, die den engen Zusammenhang von erfüllter Liebe und Lebensfreude aufzeigt, hat der Dalai Lama an vielen Stellen hingewiesen: »Aber für uns Menschen, die wir so lange genährt werden müssen, sind die Fürsorge und liebevolle Zuwendung anderer zweifellos lebensnotwendig und für unser Wohlergehen unverzichtbar. Neuere Untersuchungen haben gezeigt, dass die Berührung der Mutter oder einer anderen Pflegeperson in der frühesten Kindheit das physische Wachstum unseres Gehirns beeinflusst. Und Erkenntnisse auf dem Gebiet der Psychologie bestätigen, dass die Fürsorge, die wir als Säuglinge und Kinder erfahren, einen entscheidenden Einfluss auf unsere emotionale und psychische Entwicklung hat. Die Forschung hat außerdem gezeigt, dass Menschen, die als Kinder keine Liebe erfahren, im späteren Leben oft unter einem tiefsitzenden Gefühl der Unsicherheit leiden.«[28]

Was der Dalai Lama beschreibt, gilt gleichermaßen für die Liebe unter Erwachsenen, wie etwa die bekannte Psychologin Barbara Fredrickson festgestellt hat: »Aktuelle Forschungsergebnisse zeigen, dass die An- oder Abwesenheit von Liebe die biochemischen Stoffe in unserem Körper auf grundlegende Weise verändern kann. Und dadurch wiederum verändert sich die Manifestation Ihrer DNA in Ihren Körperzellen. Die Liebe, die Sie heute erfahren oder nicht erfahren, verändert buchstäblich Schlüsselaspekte Ihrer Zellarchitektur, die Ihre körperliche Gesundheit, Ihre Vitalität und Ihr Wohlbefinden beeinflussen. So wie saubere Luft und gesunde Ernährung die Voraussetzungen für Gesundheit und Wohlbefinden sind, genauso bestimmt das Maß an Liebe, das Ihnen zuteil wird, ob es Ihnen gut geht oder nicht.«[29]

Dass fehlende und verletzte Liebe nicht nur Leiden verursachen kann, sondern krank machen und Ursache für schwere Beeinträchtigungen der Gesundheit sein kann, darauf weist auch der Neurowissenschaftler, Arzt und Psychotherapeut Joachim Bauer hin:

»Jeder Verlust einer Bindung ist ein Ereignis, das Kraft kostet, zum Auslöser einer Erkrankung und bei alten Menschen gar zum Startpunkt einer Demenz werden kann. Unlösbare Probleme bei zwischenmenschlichen Beziehungen, ihr Wegfall oder ihr Fehlen sind typische Merkmale depressiver Erkrankungen. Wo soziale Isolation, Einsamkeit oder Probleme mit der Liebe das Motivationssystem der Betroffenen nicht mehr hinreichend aktivieren, dort fehlen dem Körper die Botenstoffe, ohne die jede Lebensfreude erlahmt – bis hin zum Lebensüberdruss. (...) In den ersten drei Lebensjahren erlittene Vernachlässigung, ein Zuwenig an Beziehung, Gewalterfahrungen oder Traumatisierungen anderer Art (wie zum Beispiel ein längerer frühkindlicher Krankenhausaufenthalt, schmerzhafte medizinische Prozeduren oder Ähnliches) können zu einer dauerhaften Schwächung des Motivationssystems führen, was die Fähigkeit eines solchen Menschen, im späteren Leben Beziehungen zu finden, beeinträchtigen kann.«[30]

»Wo aber Gefahr ist, wächst das Rettende auch«, dichtete Hölderlin. Das gilt für vieles im Leben, insbesondere auch für die Liebe. Wir sehnen uns nach dem Gefühl der Verbundenheit und des Einsseins und brauchen es zum Überleben, aber gerade das macht uns auch verletzbar. Zur Liebe gehören Hingabe, Fürsorge, Verantwortlichkeit, Bekenntnis, Bindungswille, zu ihr gehört auch, sich zurückzustellen und für den anderen da zu sein – aber all dies stellt auch eine Gefahr für die eigene Integrität dar, von der eine erfüllte partnerschaftliche Liebe lebt und ohne die sie nicht erblühen kann. In der Liebe vergrößern wir die Angriffsfläche für die Widrigkeiten und Schicksalsschläge der Welt und öffnen uns nicht nur für die Freuden, sondern auch für das Leiden der geliebten Person und unserer Mitmenschen. Wo wir Gefühle zulassen, da sind wir auch verwundbar. Je bewusster und entschlossener wir aber »Ja« zu dieser Lebenstatsache sagen und das Leben auch in diesem sensiblen und verletzlichen Bereich vorbehaltlos annehmen, umso reiner werden wir die Freuden erleben, die genauso eng mit der Liebe verbunden sind wie das Leiden. Über dieses Leiden aber kommen wir umso leichter und schneller hinweg, je mehr wir in der Lage sind, uns von ungezügelten Leidenschaften nicht aus unserer Mitte reißen zu lassen und hier wie in allem das richtige Maß zu wahren, je weniger wir vergessen, dass alles vergänglich ist und dem Wandel unterliegt. Sind wir mit einer solchen Haltung und Lebensweise stets bereit, auch bei starken inneren Bindungen loszulassen und jede erneute Durchtrennung einer Nabelschnur als Zeichen dafür zu verstehen, dass jeder von uns ein eigenständiger und freier Mensch ist, dann haben wir die Kraft, jedes Trennungsleiden zu überwinden. Dann wächst unsere Lebensfreude mit der Fähigkeit, immer wieder neu lieben zu können.

Liebe zu den Dingen

»Das Innerste in uns begehrt Glück,
begehrt einen wohltuenden Zusammenklang mit dem,
was außer uns ist.
Dieser Klang wird gestört,
sobald unser Verhältnis zu irgendeinem Ding
ein anderes ist als Liebe.« [1]

Hermann Hesse

Wir wollen uns nun den anderen Erscheinungsformen der Liebe und der aus ihr entspringenden Lebensfreude widmen. In diesem Kapitel untersuchen wir die Liebe zu den Dingen, seien es weltlich-gegenständliche oder ideelle Dinge, Werte, Anschauungen oder Ideale. Bestimmten Gegenstandsbereichen, die auch darunter gefasst werden könnten, wie Natur, Arbeit, Kunst, Musik, Kultur, Gott, Welt und Weisheit, sind eigene Kapitel gewidmet.

Wir hatten bereits einleitend darauf hingewiesen, dass wir von einem weiten Begriff der Liebe ausgehen, der sich grundsätzlich auf alles erstrecken kann. Wir können Liebe und Zuneigung zu allen Gegenständen, Dingen, Erscheinungen und Phänomenen unserer Lebenswelt entwickeln. In allen Verhältnissen, die wir als freudvoll erleben, benutzen wir Ausdrücke wie »Ich liebe dies oder das«. Ist das Verhältnis nicht gut, bedienen wir uns gegenteiliger Formulierungen: »Ich liebe dies oder das nicht.«

Wir verwenden das Wort »lieben«, weil auch hier eine Art Einswerden oder Vereinigung ersehnt wird und stattfindet, die typisch ist für erfüllte Liebesverhältnisse: Wir werden für

Momente eins mit einem Gegenstand, den wir uns wünschen und der uns für Augenblicke ganz vereinnahmt, sei es ein Schmuckstück, eine Antiquität, irgendein faszinierendes technisches Gerät wie etwa ein Computer, ein Smartphone, ein Auto etc.; oder ein Tier, ein Baum, eine Blume, eine Landschaft, ein Berg; oder ein Buch, ein Musikstück, ein Kunstwerk, ein Haus, ein Raum, ein Ort; ja selbst profane Dinge wie ein Haushaltsgegenstand, ein Kleidungsstück, ein Möbel, ein Werkzeug etc. Alles kann ein Gegenstand sein, der uns Freude macht, uns begeistert, kann Ursache sein für Glücksgefühle, für mehr oder weniger starke Identifikationen. Wir sind dann für Augenblicke »ganz bei der Sache«, »gehen in ihr auf«, »blühen auf in ihr«, »verlieren uns in ihr«, werden »unzertrennlich«. Wir übersteigen unser »Ich«, transzendieren, öffnen uns, »gehen aus uns heraus« und weiten uns aus auf diesen körperlichen oder geistigen Gegenstand. Er ist uns dann ganz nahe. In sehr intensiven Momenten scheinen wir mit ihm zu verschmelzen. Das sind Augenblicke von Lebensglück. Sie alle entspringen einer Art Liebe, einer Zugewandtheit, einer erfüllten Sehnsucht, einer erlebten Sinnhaftigkeit, einer Bejahung und Annahme eines »Weltausschnitts«. Es sind Momente gelingender Resonanz zwischen uns und dem Gegenstand.

Wenn wir heute viel von Achtsamkeit sprechen, vom »Aufgehen« im Hier und Jetzt, von Sammlung statt Zerstreutheit, von Konzentration statt Vielgeschäftigkeit, von Einfachheit statt unübersichtlicher Komplexität – dann drückt sich in alldem aus, dass wir Nähe und Präsenz suchen zu dem, was uns umgibt, was wir tun, worüber wir nachdenken, mit wem wir zusammen sind. Wir wollen uns spüren und wiederfinden in dem, was uns umgibt und worin wir uns bewegen. Wir wissen, dass uns nur eine wache, unzerstreute und unabgelenkte Präsenz in die lebendige Gegenwart bringt. Nur in ihr erleben wir wirkliche Freude, die tiefer berührt als Konsum oder die Befriedigung einer Lust, bei der unser Inneres außen vor bleibt und nicht in Schwingung gerät.

Und dennoch suchen wir häufig eher eine solche kurzlebige Lust, rennen blind dem nächsten Kick hinterher, reihen möglichst viele Vergnügungen aneinander oder häufen lieber unzählige Gegenstände an, die wir nicht brauchen, als dass wir uns um tiefere Momente der Lebensfreude bemühen, die häufig nicht mehr erfordern als Achtsamkeit, Offenheit und Zuwendung, einen »Raum der Weite«, Ruhe und liebende Zuwendung.[2] Weil wir aber den Weg dahin nicht kennen, weil uns das Bewusstsein dafür fehlt oder weil wir die Fähigkeit zu gesammelter Konzentration und Aufmerksamkeit verloren haben, ziehen wir die Ablenkung mittels kurzfristigen Lustgewinns vor. Wir flüchten uns in Ersatzbefriedigungen, weil wir das, wonach wir uns eigentlich sehnen, nicht finden können. »Und man hat seinen Spaß«, schreibt Erich Fromm, »wenn man konsumiert und sich Gebrauchsgüter, Bilder, Essen, Trinken, Zigaretten, Menschen, Zeitschriften, Bücher und Filme ›einverleibt‹, indem man alles konsumiert, alles verschlingt. Die Welt ist nur noch da zur Befriedigung unseres Appetits, sie ist ein riesiger Apfel, eine riesige Flasche, eine riesige Brust, und wir sind die Säuglinge, die ewig auf etwas warten, ewig auf etwas hoffen und ewig enttäuscht werden. Unser Charakter ist darauf eingestellt, zu tauschen und Dinge in Empfang zu nehmen, zu handeln und zu konsumieren. Alles und jedes – geistige wie materielle Dinge – werden zu Objekten des Tausches und des Konsums.«[3] Die Einheit mit einem Ding, schreibt Fromm an anderer Stelle, sei nur eine »Teillösung für das Problem der Existenz. Eine voll befriedigende Antwort (nach existenzieller Verbundenheit, Verf.) findet man nur in der zwischenmenschlichen Einheit, in der Vereinigung mit einem anderen Menschen, in der Liebe.«[4]

Erfüllung erleben wir in einem solchen Konsumieren nicht. Deshalb ernten wir am Ende statt Lust nur Frustration, Missmut, Unzufriedenheit. Irgendwann stellen sich Langeweile und ein schales Gefühl von Leere und Überdruss ein. Über den »Genuss, der durch sinnliche Reize« und deren Befriedigung gewonnen wird, sagte der Dalai Lama einmal: »Ich behaupte nicht, dass solche Freuden vollkommen wertlos sind. Ich will lediglich darauf hinweisen, dass die Befriedigung, die sie mit sich bringen, nicht von Dauer ist und einen Kreislauf des Verlangens anstößt, der sich ständig wiederholt. In der materialistischen Welt von heute, in der innere Werte oft vernachlässigt werden, wird die permanente Suche nach Sinnesreizen leicht zur Gewohnheit. Mir fällt oft auf, dass Menschen sich langweilen oder nervös werden und nicht wissen, was sie mit sich anfangen sollen, wenn sie weder Musik hören noch fernsehen oder telefonieren oder irgendetwas tun.«[5]

Ob ein Gegenstand eine tiefere Freude auslöst, hat ebenso wie bei der partnerschaftlichen Liebe viel damit zu tun, ob wir aus unserer Mitte heraus lieben, ob wir gleichzeitig »bei der Sache« und bei uns selbst sind. Haben wir unseren Seelenhaushalt »aufgeräumt«, sind wir wach, klar und ganz bei uns, so kann uns der scheinbar unbedeutendste Gegenstand tief berühren, und es kann echte Freude aufblühen. Es ist dann, als wenn ein Samenkorn in gute Erde fällt. Ruhen wir aber nicht in uns, sind wir abgelenkt, mit den Gedanken und Gefühlen woanders, sind wir nicht bei dem, was im Augenblick geschieht, dann können wir nicht mitschwingen und tiefere Freude empfinden. »Innere Knoten«, wie es in den Upanischaden heißt, verschließen uns und verhindern, dass wir uns auf das einlassen können, was gerade ist.

So liegt es auch bei der Liebe zu Dingen an dem Verhältnis, das wir zu uns selbst haben, ob die Verbindung zu den Dingen in uns tiefere Freude erzeugt oder an der Oberfläche bleibt, ob Liebe und Zuneigung uns erfüllen oder nur eine schnell vergängliche Lust. Fühlen wir uns wohl in unserer Haut, leben wir stimmig und konsequent, leben wir so, wie wir es für richtig halten, dann sind wir bereit, mit allem in Beziehung zu treten und uns an allem zu erfreuen. Jede dieser Freuden stärkt uns, macht uns innerlich reicher und lässt uns wachsen. Sie verbinden uns mit dem Leben und lassen uns Zusammengehörigkeit, Gemeinschaft und Sinnhaftigkeit spüren. Kontinuierlich wächst die Freude am Leben, weil wir fähig sind, uns von den Dingen tief anrühren zu lassen, in Resonanz mit ihnen zu treten, eins mit ihnen zu werden, offen zu sein für das, was dabei geschieht, ganz in diesem Moment aufzugehen – einfach deshalb, weil wir fähig sind zu lieben.

Es wird uns dann gehen wie den Dichtern bei Goethe, die er von den gewöhnlichen Menschen mit folgenden Worten abhebt: »Sieh die Menschen an, wie sie nach Glück und Vergnügen rennen! Ihre Wünsche, ihre Mühe, ihr Geld jagen rastlos (sic), und wonach? Nach dem, was der Dichter von der Natur erhalten hat, nach dem Genuss der Welt, nach dem Mitgefühl seiner selbst in anderen, *nach einem harmonischen Zusammensein mit vielen oft unvereinbaren Dingen.* (...) Was beunruhigt die Menschen, als dass sie ihre Begriffe nicht mit den Sachen verbinden können, dass der Genuss sich ihnen unter den Händen wegstiehlt, dass das Gewünschte zu spät kommt, *und dass alles Erreichte und Erlangte auf ihr Herz nicht die Wirkung tut,* welche die Begierde uns in der Ferne ahnen lässt. Gleichsam wie ein Gott hat das Schicksal den Dichter über dieses alles hinübergesetzt. Er sieht das Gewirre der Leidenschaften, Familien und Reiche sich zwecklos bewegen, er sieht die unauflöslichen Rätsel der Missverständnisse (...) unsäglich verderbliche Verwirrungen verursachen. Er fühlt das Traurige und das Freudige jedes Menschenschicksals mit. Wenn der Weltmensch in einer abzehrenden

Melancholie über großen Verlust seine Tage hinschleicht (...) so schreitet die empfängliche, leicht bewegliche Seele des Dichters, wie die wandelnde Sonne, von Nacht zu Tag fort, und mit leisen Übergängen stimmt seine Harfe zu Freude und Leid. *Eingeboren auf dem Grund seines Herzens, wächst die schöne Blume der Weisheit hervor,* und wenn die anderen erwachend träumen und von ungeheueren Vorstellungen aus allen ihren Sinnen geängstigt werden, *so lebt er den Traum des Lebens als ein Wachender* (...) Und so ist der Dichter zugleich der Lehrer, Wahrsager, Freund der Götter und der Menschen (...) Er, der wie ein Vogel gebaut ist, um die Welt zu überschweben (...) So haben die Dichter in Zeiten gelebt, wo das Ehrwürdige mehr erkannt war (...) und so sollten sie immer leben. *Genügsam in ihrem Innersten ausgestattet, bedurften sie wenig von außen; die Gabe, schöne Empfindungen, herrliche Bilder den Menschen in süßen, sich an jeden Gegenstand anschmiegenden Worten und Melodien mitzuteilen, bezauberte von jeher die Welt und war für den Begabten ein reichliches Erbteil* (...).«[6]

Hier werden die inneren Verbindungen aufgezeigt, die zwischen der Fähigkeit des Dichters bestehen, sich aus den weltlichen Verstrickungen herauszunehmen, offen zu werden für freiere Perspektiven auf die Welt, sich philosophisch ins Allgemeine zu erheben und von oben aus der Distanz auf die Welt zu schauen, weise zu werden, um sich dann in entgegengesetzter Richtung wieder liebend der unentdeckten Schönheit und Poesie der konkreten Dinge zuzuwenden und sich ihr hinzugeben. Die Liebe entzündet sich an der Schönheit der Welt, aber nur für denjenigen, der offen für sie ist und bereit, sie zu entdecken, zu sehen, sich von ihr anrühren zu lassen und sie zu empfinden.

Bei der Liebe zu den Dingen geht es nicht darum, aus einem Objekt einen Fetisch zu machen. Es gilt lediglich zu erkennen und wach dafür zu sein, dass grundsätzlich alles Gegenstand der Zuneigung, der Liebe im weitesten Sinne und damit eine Quelle der Lebensfreude sein kann. Es ist eine Frage des achtsamen Umgangs mit der uns umgebenden Welt, der uns befähigt, in vielen Dingen etwas Wertvolles und Bereicherndes zu entdecken und wahrzunehmen. Bescheidenheit, Demut und Dankbarkeit sind dabei hilfreiche Grundhaltungen, die die Pforten der eigenen Seele öffnen und uns dafür bereit machen, etwas zu empfangen, in uns aufzunehmen, das uns anrühren kann.

Goethe beschäftigte sich neben dem Dichten und Schreiben intensiv mit vielerlei Dingen und Wissensgebieten wie der Botanik, Anatomie, Geologie, Zoologie, Gesteinskunde, Farbenlehre, Wetterkunde, Geschichte, Kunst, Sprache etc. Alles war ihm Symbol und Abbild von etwas Größerem und Bestaunenswertem. Er ging in diesen Beschäftigungen auf und zog viel Weisheit und Lebensfreude daraus. Es war die Liebe, der Gott Eros, der ihm das Herz aufschloss, nicht nur »für die Transzendenz, sondern, eine Stufe näher erdenwärts, für alles Schöne. Die ganze sinnlich-zeitliche Welt wird für den ästhetischen Sinn zu einem Hinweis auf das unsichtbare Andere.«[7] Im letzten Jahr seines langen Lebens schreibt Goethe: »(...) in allem (habe ich) das Nächste gesucht und in dem Unleugbaren Fuß zu fassen getrachtet.«[8] Ein schlimmer Fehler sei es, heißt es an anderer Stelle, dass wir »viel zu viel vorarbeitenden Aufwand auf's Leben« machen;[9] daher komme es, dass wir »gar selten die angebotenen Einzelheiten des Augenblicks zu schätzen und festzuhalten wissen«.[10]

»Dem Tüchtigen ist diese Welt nicht stumm.
Was braucht er in die Ewigkeit zu schweifen?
Was er erkennt, lässt sich ergreifen«.[11] (Faust, 2. Teil)

Liebe hat im Zusammenhang mit den Dingen viel mit Schönheit zu tun, mit dem Gefallen an Ordnung, Proportion, Maß, Harmonie, Farbe, Klang, Form und Dramaturgie. Wie wir ein natürliches Bedürfnis danach haben, die Welt zu verstehen und all ihre Erscheinungen in ein stimmiges, konsistentes Weltbild einzufügen und zu vereinigen, so ruht sich auch unser sinnliches Empfinden in harmonischen Eindrücken aus. Die Harmonie kann sich dabei in vielfältiger Weise und individuell in ganz unterschiedlichen Gestalten entfalten. Auf das Erlebnis solcher Schönheit zielt unser Streben ab, und wir empfinden Freude und Wohlbehagen bei ihrem Genuss. Auch dieses Empfinden knüpft unbewusst an das wohlgeordnete, harmonische, rhythmisch Strukturierte an, durch das die ganzheitliche, ungeschiedene Welt des Embryos und des Säuglings in den ersten Lebensmonaten gekennzeichnet und geprägt ist. Dieses Empfinden wird wachgerufen durch materielle und immaterielle Dinge, die wir als schön und begehrenswert erleben.

Es gibt freilich viele Dinge in der Welt, bei denen es schwerfällt, uns ein liebendes Verhältnis zu ihnen vorzustellen. Aber auch hier haben wir die Möglichkeit, durch die Einnahme eines höheren Standpunktes oder durch einen Wechsel der Perspektive unsere negativen Vorurteile zu revidieren und etwas als ein Teil des Ganzen anzunehmen, was uns aus einer zu engen Perspektive als ein Übel erscheint. Veilleicht können wir erkennen, dass auch im Übel und Leiden eine Notwendigkeit waltet und dass die Gegensätze aus der Welt nicht wegzudenken sind. Das war eine der wesentlichen Erkenntnisse in der Lehre des Spinoza, der Goethe sehr nahestand: »Die Welt als ein notwendiges Ganzes begreifen, dessen Teile anders zu wünschen, als sie sind, töricht ist; und diesem Ganzen freudige und ergebene Liebe zuwenden, und so von jeder Abhängigkeit dem Schicksal gegenüber sich befreien«, umschreibt es der Philosophiehistoriker

Heinrich Gomperz.[12] Das bedeutet nicht, alles gutzuheißen oder jede Ungerechtigkeit und jeden Missstand widerstandslos hinzunehmen. Dass wir das Leben und die Welt als Ganzes annehmen, schließt keineswegs aus, dass wir uns im Einzelnen und Konkreten, soweit es uns möglich ist, um ein Ende oder eine Verringerung des Leidens in der Welt bemühen und einsetzen. Tun wir dies aber aus einer Liebe zum Ganzen heraus, so werden wir gewiss mehr Gutes bewirken, als wenn unser Denken und Tun in einer pessimistischen Weltsicht wurzelt.

Es macht einen Unterschied, welchen Dingen wir unsere liebende Aufmerksamkeit schenken. Sind es materielle Güter, Gebrauchsgegenstände, technische Geräte, so geht unser Wollen in aller Regel auf deren bloßen Besitz und Nutzen. Die Freude, die daraus entspringt, ist häufig kurzlebig, gesellschaftlich vermittelt, gegenständlich, kalt. Sind es immaterielle Dinge oder liegt das Wesen des Dinges neben der sinnlichen Schönheit in seinem geistig-ideellen Gehalt wie bei einem Kunstwerk, einer Musik, einem Gedicht, einem Roman, oder sind es nicht käufliche Dinge wie eine Blume am Wegesrand, die Wolken am Himmel, das Erlebnis eines erwachenden Morgens in der Natur oder eine Abendstimmung, so entsteht Freude, weil wir im Innern angerührt werden. Es ist, als schwinge unsere ganze Person mit. Solche Freuden gehen tiefer und sind nachhaltiger, weil sie unser ganzes Lebensgefühl erfreuen und ausfüllen. »Wenn wir achtsam sind und den gegenwärtigen Augenblick tief berühren«, schreibt Thich Nhat Hanh, »entfalten sich Verstehen und Liebe in uns, es entwickelt sich die Bereitschaft, die Dinge anzunehmen, wie sie sind, und wir verspüren den Wunsch, Leiden zu lindern und Freude zu schenken.«[13] Es hat viel mit dem von Erich Fromm herausgearbeiteten Unterschied von Haben und Sein zu tun, einer Haltung des Konsums oder des Erlebens, einem Wollen, das den konkreten Gegenstand haben will oder auf eine lebendige Begegnung mit einem Ding gerichtet ist. Solche Begegnungen betreffen, sei es auch nur für Momente, die ganze Person, bewegen sie und bringen sie in Schwingung. »Alles wirkliche Leben ist Begegnung«, sagt der jüdische Religionsphilosoph Martin Buber.[14]

Deshalb gilt es auch hier, zu lernen, was man lieben soll, welchen Gegenständen wir unsere Zuneigung und unser Interesse schenken sollen, worauf wir unsere Aufmerksamkeit richten sollen und was wir vernachlässigen können. Deshalb betonten Platon und Aristoteles, wie wichtig es sei, dass man bereits den Kindern beibringe, woran sie Freude und bei was sie Abneigung verspüren sollten. Zwar gibt es hier vorgegebene Präferenzen, aber die sind nicht in Stein gemeißelt, sondern durch behutsames Einwirken veränderbar. Womit wir uns lange beschäftigen, das beginnen wir irgendwann zu lieben. »Auch für die sittliche Tugend scheint es von der allergrößten Wichtigkeit zu sein«, lesen wir bei Aristoteles, »dass man den richtigen Dingen Liebe und Widerwillen entgegenbringt. Denn diese Gefühle erstrecken ihren Einfluss auf alle Lebensverhältnisse, da sie für die Tugend und die Glückseligkeit so wichtig und bedeutsam sind.«[15] An anderer Stelle schreibt er: »Darum muss man, wie Plato sagt, von der ersten Kindheit an einigermaßen dazu angeleitet worden sein, über dasjenige Lust und Unlust zu empfinden, worüber man soll. Denn das ist die rechte Erziehung.«[16] Wonach wir uns sehnen und wovor wir uns fürchten, was wir lieben und was wir verachten, wobei wir Freude empfinden und wobei nicht – das alles bestimmt maßgeblich, wer wir sind und wie gut wir leben.

Der chinesische Philosoph, Kaufmann und Schriftsteller Lü Buwei warnt davor, unkritisch all diejenigen Dinge zu lieben und zu begehren, die unseren Sinnen schmeicheln und mit schneller, flüchtiger Lustbefriedigung locken. Das kann einem tieferen Leben und Lieben schaden. »Den Weisen ist in ihrem tiefen Nachsinnen über alles unter dem Himmel nichts teurer als das Leben. Ohr, Auge, Nase und Mund sind Diener des Lebens. Aber wenn auch das Ohr die Musik liebt, das Auge die Schönheit, die Nase Wohlgerüche, der Mund den feinen Geschmack, so verwehren sie doch ihren Dienst, wird durch den Genuss das Leben gefährdet. So widersetzen sich diese vier Sinne (sind nutzlos und schädlich, Verf.), wo dem Leben kein Gewinn erwächst. Darum dürfen Ohr, Auge, Nase und Mund nicht eigenmächtig wirken, sondern müssen sich einem bestimmten Zwang unterordnen (müssen gezügelt werden, Verf.) (...) Darin liegt die Kunst der wahren Wertschätzung des Lebens.«[17]

Wenn Aristoteles in dem wiedergegebenen Zitat mehr auf ethische Werte als auf materielle Dinge Bezug nimmt, so lässt sich seine Aussage ohne Weiteres auf alles übertragen, was Gegenstand unseres Begehrens und Liebens sein kann. Aber nicht jeder Gegenstand ruft für den Fall, dass sich die Sehnsucht nach ihm erfüllt, den gleichen Grad an Freude und Befriedigung hervor. Nicht wenige Dinge bringen überhaupt keine Freude oder schädigen uns auf Dauer sogar. Auch hier wird es nötig sein, richtiges Lieben zu lernen, unsere Fähigkeit dazu zu pflegen und beharrlich weiterzuentwickeln.

Liebe zu dem,
was wir tun

»Was man treibt, gewinnt man lieb.« [1]
Goethe

Ein wichtiger Bereich, in dem die Liebe wirksam wird und Lebensfreude hervorrufen kann, ist der Bereich der Arbeit, der Beschäftigung und der Tätigkeit. Für viele klingt das erst einmal überraschend, denn sie empfinden die bezahlte Arbeit eher als ein notwendiges Übel, eine Last und eine Quelle von Ärger, Problemen und Missmut. Nicht wenige Menschen macht die Arbeit krank. Im alten Griechenland stand die Arbeit für Unfreiheit. Sie wurde vornehmlich von Sklaven und Leibeigenen verrichtet, die Bürger waren frei davon. Man hielt Arbeit und ein tugendhaftes Leben für unvereinbar, wie es bei Aristoteles heißt.[2] Ein tugendhaftes und damit glückliches Leben brauche Muße, Freiheit von Zwang und sei nur mit selbst gewählter Betätigung vereinbar. Für Karl Marx war jedenfalls alle industrielle und arbeitsteilige Arbeit entfremdete Arbeit.[3] Lediglich die freie Hervorbringung von etwas vermeide Entfremdung und entspreche dem wahren Verhältnis des Menschen zu dem Produkt seiner Arbeit. Nur dann sei Arbeit eine schöpferische Quelle des menschlichen Lebens.

Entfremdung, mangelnde Freude an der Tätigkeit, Routine, Druck, das Fehlen von Wertschätzung und Selbstwirksamkeitserfahrung sind Gründe, warum die bezahlte Arbeit vielfach auf die Funktion des Geldverdienens reduziert, im Übrigen aber als eine Belastung empfunden wird. »Die meisten verarbeiten (mit Arbeit verbringen, Verf.) den größten Teil der Zeit, um zu leben«, sagt Goethe, »und das bisschen, das ihnen von Freiheit übrigbleibt, ängstigt sie so, dass sie alle Mittel aufsuchen, um es los zu werden. O Bestimmung des Menschen!«[4]

Dabei wird häufig übersehen und nicht hinreichend gewürdigt, dass jede Betätigung, sei sie Dienstleistung oder Produktion, bezahlt oder unbezahlt, angestellt oder selbstständig, körperlich oder geistig, arbeitsteilig oder allein arbeitend, die Möglichkeit der Selbstwirksamkeitserfahrung bietet.

In der Arbeit entdecken und erkennen wir uns selbst, werden uns im Arbeitserfolg gegenständlich, »objektiv«, er stellt eine Verkörperung unserer Schaffenskraft dar. Wir verändern und gestalten die Welt, spüren uns selbst und unsere Lebendigkeit, indem wir in der Welt wirken und Spuren hinterlassen, seien sie auch noch so minimal. Nach Hegel entsteht dadurch unser Selbstbewusstsein. Was zunächst als bloß vorgestellter Arbeitserfolg nur in unserem Kopf sei, werde durch unser Tun zu einer äußeren, objektiven Wirklichkeit. Hegel zeigt hier Einflüsse des schottischen Nationalökonomen und Moralphilosophen Adam Smith, der aus den genannten Gründen die von Naturzwängen befreite Arbeit für eines der wichtigsten Fundamente für die Bildung eines geistigen, selbstbewussten und eigenverantwortlichen Ichs hielt. Die »Arbeit in diesem existentiellen Sinne«, schreibt Hartmut Rosa, »bezeichnet ohne Zweifel eine primäre Form der menschlichen Weltbeziehung; sie begründet (...) die Herausbildung eines aktiven Wechselverhältnisses von Mensch und Natur und damit von Subjekt und Objekt. Im Abarbeiten an der Welt, in der Auseinandersetzung mit ihrer (auch geistigen und symbolischen) Materialität formt sich (...) erst die ›menschliche Seele‹, entsteht das, was wir heute als Subjektivität bezeichnen.« »Das Berühren, Bewegen, Verändern, Gestalten der Dinge« wird zu einer »Erfahrung handelnder Selbstwirksamkeit.«[5]

In jeder Arbeit kann ein Sinn gefunden werden, in jeder Arbeit erleben wir uns selbst, in jeder Arbeit sind wir auf andere Menschen bezogen, häufig in Form der Mitarbeit. Diese kann problematisch, aber auch eine Quelle der Freude im gelingenden Miteinander sein. Zusammenarbeit und Interaktion kann Isolation und Einsamkeit aufheben oder doch vom Arbeitenden so erlebt werden. Selbst in oberflächlichen Formen kann sie uns vermitteln, dass wir nicht allein sind. Adam Smith bezeichnete die Sympathie für die Mitmenschen nicht nur als Grundlage der Moral, sondern auch als Triebfeder der menschlichen Arbeit.[6] Manche gehen deshalb gern zur Arbeit, weil sie dort nicht allein sind, Ansprache haben, gehört werden oder im zugewandten Zuhören wertgeschätzt werden. Für Hartmut Rosa bildet Arbeit eine essenzielle »Resonanzsphäre«, d. h. eine wesentliche Möglichkeit, Verbundenheit zu erleben.[7] Dies kann zum einen in der Beziehung zu einer Sache oder Aufgabe der Fall sein, häufig aber auch in einer verständnisvollen, harmonischen Beziehung zu Mitarbeitern und Vorgesetzten.

Es kann nicht in Abrede gestellt werden, dass es zu all diesen Formen gelingenden Mitseins auch jeweils negative Gegenstücke gibt, Arbeitsverhältnisse und Arbeitssituationen, die uns belasten, ärgern, aufregen und Energie kosten. Vielleicht werden sogar bei der Mehrzahl der arbeitenden Menschen die positiven Elemente von den negativen Gefühlen, die die Arbeit bei ihnen hervorruft, so stark verdrängt, dass sie sich der positiven Seiten gar nicht mehr bewusst werden. Aber diese Ambivalenz ist keine Eigentümlichkeit, die der »Liebe zur Arbeit« und dem, was man tut, allein anhaftet. Gelebte Liebe ist in jeder ihrer Formen und Lebensbereiche ambivalent, sodass wir überall ebenso auf gelingende, freudvolle und erfüllende Verhältnisse stoßen wie auf misslingende, nämlich unausgeglichene, disharmonische, unbefriedigende und leidvolle Verhältnisse. Gelingende Liebe fällt nicht vom Himmel. Wäre die Kunst des Liebens nicht so schwierig, würden wir in einer anderen Welt leben.

Gleichwohl gilt es festzuhalten, dass die Arbeit wie jede Tätigkeit ihrem Wesen nach sinnstiftend und erfüllend ist und nicht selten auch als freudvoll erlebt wird. Als solche stellt sie ein Grundbedürfnis dar und wird vom Menschen angestrebt und ersehnt. Für Erich Fromm ist es Teil des Bedürfnisses nach »Transzendenz«, des Überschreitens. Der Mensch »muss sich als Schöpfer fühlen, der die passive Rolle eines bloßen Geschöpfs transzendiert. Es gibt viele Möglichkeiten, diese Befriedigung des Schöpferischen zu erreichen; der natürlichste und einfachste Weg ist die Liebe und Fürsorge der Mutter zu dem, was sie als Mutter hervorgebracht hat.«[8] Für den Soziologen Richard Sennett ist die Arbeit und der Wunsch, »eine Arbeit um ihrer selbst willen gut zu machen«, nichts weniger als »ein dauerhaftes menschliches Grundbestreben«. In der Arbeit tritt das Subjekt in Wechselwirkung mit der Welt, mit einem Stoff, mit einer Aufgabe, an der es sich selbst formt, an der es wächst und von der es sich materiell, aber auch geistig-seelisch nährt.[9]

»Gebt mir zu tun,
das sind reiche Gaben!
Das Herz kann nicht ruhn,
will zu schaffen haben.« (Goethe)[10]

Am besten ergeht es demjenigen, der gerne zur Arbeit geht, sich ihr ganz hingeben kann, sich in ihr zeitweise verliert, in Beruf und Berufung aufgeht und dabei Freude und Erfüllung erlebt, weil er seine inneren Anlagen und das Gelernte produktiv und sinnvoll umsetzt. So kann die Mühsal des Gelderwerbs im besten Fall zu einer gern getanen, ja mit spielerischer Lust erlebten Selbstverwirklichung werden. »Glücklich ist der«, sagt Goethe, »dem sein Geschäft auch zur Puppe wird, der mit demselbigen zuletzt noch spielt und sich an dem ergötzt, was ihm sein Zustand zur Pflicht macht.«[11] Für viele mag es unmöglich sein, ein solches Verhältnis zur Arbeit und Beschäftigung herzustellen. Wer sich aber gar nicht erst bemüht, das Richtige zu finden oder ein positives Verhältnis zu seiner Arbeit aufzubauen, wird sich diesem Ideal nicht einmal annähern. Er wird es versäumen, seine Arbeit als eine potenzielle Quelle der Selbstwirksamkeitserfahrung und Lebensfreude zu nutzen.

Wie bei jeder Liebe kommt es auch bei der Liebe zur Arbeit und zu dem, was man tut, für den Erfolg, nämlich das Gefühl einer Verbundenheit, der Freude und Erfüllung, auf die eigene Seelenverfassung und die innere Haltung an, die man zu der Tätigkeit gewinnt. Es gibt äußere Bedingungen für die Arbeit oder Beschäftigung, die es einem äußerst schwer, wenn nicht unmöglich machen, solche Verbundenheit zu empfinden. Gleichwohl liegt vieles an einem selbst. Ob man sich auf der Arbeit wohlfühlt und an der Arbeit selbst oder im Miteinander Freude empfindet, hat viel mit dem eigenen Denken und den Einstellungen zur Arbeit und den Mitarbeitern zu tun. Im Gebrauch unserer Vorstellungen liegt die Freiheit, das Wohlbefinden und der gute Fluss des Lebens, sagt der Stoiker Musonius Rufus.[12]

Es beginnt schon mit der Entscheidung für die konkrete Arbeitsstelle und die Art der Arbeit, jedenfalls wenn und soweit man eine Wahl hat. Trifft man sie aus einer zutreffenden Selbsterkenntnis heraus, aus dem Wissen, wo die eigenen Stärken, Schwächen, Anlagen und Begabungen liegen, dann spricht vieles dafür, dass wir uns mit der Arbeit identifizieren können, innere Verbundenheit spüren und Freude daran haben. Ruhen wir in uns, gelassen und duldsam, sind wir mit uns im Reinen, beziehen wir unser Selbstwertgefühl aus uns selbst, dann werden wir auf Mitarbeiter und Vorgesetzte offen, zugewandt, verständnisvoll und sensibel zugehen können. Unser Umgang mit ihnen wird überwiegend nährend, freudvoll und frei von Ärger, Abneigung und Missgunst sein. Sie werden uns in dem Maße respektieren und wertschätzen, wie wir sie respektieren und wertschätzen. Die Mitarbeit wird zu einer Quelle wertschätzender Anerkennung und Freude. Für den Soziologen Émile Durkheim, schreibt Maik Hosang, setzt der für ihn zentrale Begriff der Solidarität »Gefühlskräfte, ja *eine Art Liebe aller beteiligten Menschen voraus:* Solidarität heißt, dass sich die Menschen lieben und ›aneinander und an ein und derselben Gesellschaft hängen, an der sie teilhaben‹ (…). Seine erstaunliche These ist, dass sogar die Arbeitsteilung nur eine wahre Funktion hat, nämlich ein Solidaritätsgefühl zu erzeugen: ›Ihre wahre Funktion besteht darin, zwischen zwei und mehreren Personen ein Gefühl der Solidarität herzustellen (…)‹.«[13] Ähnlich heißt es bei Erich Fromm: »In dem Maße, wie der Mensch ganz geboren ist, findet er auch eine neue Art der Verwurzelung, welche auf seiner schöpferischen Bezogenheit zur Welt beruht, sowie auf dem sich daraus ergebenden *Erlebnis der Solidarität mit allen Menschen* und der gesamten Natur. Nach seiner passiven Verwurzelung in der Natur und im Mutterleib *wird der Mensch wieder eins mit dem Lebendigen, aber diesmal auf produktiv tätige und schöpferische Weise.*«[14]

Dass dies nicht nur graue Theorie ist, bestätigt Kazuo Inamori, der Begründer von Kyocera und Stifter des Kyoto-Preises, der einer der erfolgreichsten Geschäftsleute Japans war. Er schreibt: »Ich habe immer versucht, bei meinen Geschäften mein Herz mitbestimmen zu lassen. Genauer gesagt, ich habe mich darauf konzentriert, *beständige und vertrauensvolle Beziehungen zu all meinen Mitarbeitern bei der Arbeit aufzubauen und auch zu pflegen.* So wie wir leben müssen, um geliebt zu werden, müssen wir – als Vertreter des

Topmanagements – reinen Herzens sein, damit sich andere Menschen mit einer ähnlichen Einstellung zu uns hingezogen fühlen und wir zu ihnen echte Beziehungen aufbauen können. Das ist der Grund, warum ich als Unternehmensleiter so sehr darauf bedacht bin, meine selbstsüchtigen Instinkte zu kontrollieren. Ich bemühe mich ohne Unterlass, meine eigenen Interessen so weit zurückzustellen, dass ich für das Unternehmen, das meine Mitarbeiter lieben, sogar mein Leben riskieren würde.«[15]

Wenn wir Maß halten, uns nicht übernehmen, wenn wir für ausreichende Pausen und Erholungsphasen sorgen, dann werden wir uns nicht erschöpfen und behalten Energie übrig für unser Leben außerhalb der Arbeit. Überschreiten wir nicht die Grenzen unserer Fähigkeiten und Kräfte, werden wir wenig oder keine Fehler machen. Unsere Arbeit wird uns, unsere Mitarbeiter, Arbeit- oder Auftraggeber zufriedenstellen und keinen Anlass für Missstimmungen geben. Wir dürfen die Arbeit nicht als Last oder notwendiges Übel begreifen, sondern sollten uns bemühen, sie als Ort der Begegnung und des Miteinanders, der Selbstverwirklichung und Selbstwirksamkeitserfahrung zu begreifen, ohne den uns eine wesentliche Quelle der Erfahrung der eigenen Lebendigkeit fehlen würde. Sie macht die Freizeit und die Zeiten der Erholung wert- und genussvoller. Wer keinerlei Beschäftigung hat, dem wird jede freie Zeit langweilig, fade und wertlos. Wir hatten daran erinnert, dass die Arbeit im alten Griechenland überwiegend von Sklaven und Unfreien gemacht wurde. Die Bürger, die nicht arbeiten mussten, waren aber keineswegs frei von anderweitigen Beschäftigungen, in denen sie sich Aufgaben und Herausforderungen stellten, sich selbst zu verwirklichen suchten, eine enge Gemeinschaft pflegten, Selbstwirksamkeitserfahrungen machten und dieselbe Freude und Erfüllung erlebten wie Menschen bei einer Arbeit, die sie lieben.

Sokrates, der Mitglied der »arbeitsfreien« Bürgerschicht von Athen war, antwortete auf die Frage, welche Beschäftigung ihm als die beste erscheine: »Eine richtig ausgeführte Beschäftigung, welche das Glück in sich einschließt.« Eine »richtige Ausführung« liege dann vor, »wenn man lernt, etwas richtig auszuführen und sich darin übt. Wer sich dieser Tätigkeit hingibt, der scheint mir recht daran zu tun und glücklich zu leben.« So erklärte er auch, heißt es in seinem Bericht seines Schülers Xenophon, aus dem das Zitat stammt, »dass diejenigen die vortrefflichsten und von den Göttern am meisten geliebten Menschen seien, welche in der Landwirtschaft oder im Arztberuf oder in der Staatsführung ihre Sache richtig anpackten. Er (Sokrates) sprach aber einem Menschen jeden Wert und jede Gunst der Götter ab, wenn er kein Betätigungsfeld hätte, in welchem er geschickt vorzugehen wüsste.«[16]

Hier klingt an, dass sich eine Beschäftigung, wenn sie als erfüllend und freudvoll erlebt werden soll, auf einen Bereich beziehen sollte, in dem der Beschäftigte »geschickt« ist, d. h. in dem sie auf eine persönliche Begabung und Veranlagung trifft. Je weniger dies der Fall ist, umso größer ist die Gefahr, dass die Arbeit uns von uns selbst entfremdet, dass wir Fehler machen, weil wir sie nicht beherrschen und sie uns »nicht liegt«. Diese Fehler wiederum führen zu Frustration, Unzufriedenheit und zu fehlender oder negativer Resonanz, weil es uns nicht gelungen ist, unsere Vorstellung auch umzusetzen. Ein Gefühl des Scheiterns steigt in uns auf. »Nicht selten«, sagt Goethe in einem Gespräch, »stürzt man sich auch mit Inbrunst und wahrer Verbissenheit auf Dinge, wofür man kein eigentliches Talent hat.« Glücklich, wer »auf solchen Versuchswegen findet, was ihm die Natur zugewiesen hat«.[17] Wo das nicht der Fall ist, sind wir unzufrieden, kommen wir in keinen guten Fluss mit der Arbeit. Sie bleibt uns fremd, es gelingt uns nicht, »in ihr aufzugehen«.

Dasselbe kann sich auch bei einer Arbeit einstellen, die zwar auf eine Begabung in uns stößt, aber nach jahrelanger Tätigkeit in eine Routine abgleitet, die keine Spannung, keine Schwingung, keine Begeisterung und kein Erfolgserlebnis mehr hervorruft. Sie langweilt uns, der Arbeitserfolg ist selbstverständlich geworden. Wir werden von den Aufgaben nicht mehr herausgefordert, wir spüren und erleben uns nicht mehr in der Arbeit. Sie spiegelt uns nicht mehr unsere Fähigkeiten, unsere Kreativität, unsere Lebendigkeit wider. Häufig meldet sich dann eine innere Stimme, die Ausdruck des Wunsches ist, etwas anderes zu machen, uns in einem anderen Arbeitsfeld auszuprobieren und neu zu erleben. Alle Menschen haben mehr als eine Begabung. Gelungene Selbstverwirklichung kann dann bedeuten, mehrere Karrieren anzugehen und zu durchlaufen und sich in einem Arbeitsfeld zu versuchen, für das man nicht ausgebildet wurde. Die sogenannte Midlife-Crisis dürfte nicht selten darauf zurückzuführen sein, dass eine Karriere für den Betroffenen an ein Ende gekommen ist und sich ein bisher unausgelebtes anderes Bedürfnis meldet.

Das »Glück«, von dem Sokrates spricht, entspringt der Erfahrung der Selbstwirksamkeit und der tiefen Verbundenheit mit der Sache oder einer Tätigkeit. Subjekt und Objekt verschmelzen in der Arbeit, werden eins, jedenfalls wenn die Voraussetzungen, die Sokrates anführt, erfüllt sind, d. h. wenn wir uns der Arbeit hingeben können und sie gut beherrschen, weil sie auf eine Begabung in uns trifft. Deshalb haben wir es im gelingenden Fall auch hier mit einer Form von Liebe im weitesten Sinne zu tun, einem Prozess der Verschmelzung, des Einswerdens, der Vertrautheit, der Erfüllung einer Sehnsucht, nämlich der Sehnsucht zu gestalten, zu wirken und zu erschaffen. »Bei jeder Art von schöpferischer Arbeit vereinigt sich der schöpferische Mensch mit seinem Material, das für ihn die Welt außerhalb seiner selbst repräsentiert. Ob ein Tischler einen Tisch oder ein Goldschmied ein Schmuckstück anfertigt, ob ein Bauer sein Kornfeld bestellt oder ein Künstler ein Bild malt, bei jeder dieser schöpferischen Tätigkeiten wird der Schaffende eins mit seinem Werk, vereinigt sich der Mensch im Schaffensprozess mit der Welt.«[18] Es kommt daher immer wieder vor, wenn auch nicht häufig, dass jemand bekennt, dass »er seine Arbeit liebe«. Umgekehrt ist es nicht selten, dass Menschen, die keine Arbeit haben oder ein Rentnerdasein ohne sinnvolle Ersatzbeschäftigung führen, leiden, sich langweilen, in Sinnkrisen geraten, die Freude am Leben verlieren, zuerst psychisch und dann körperlich erkranken. Es dürfte kein Zufall sein, dass Buddha in seinem »achtfachen Pfad«, der letzten der »vier edlen Wahrheiten«, sagt, dass zu einem guten und glücklichen Leben auch ein »rechter Broterwerb« gehört. Dabei dürfte er neben der »rechtmäßigen« Arbeit, d. h. der Vermeidung von unrechtmäßigem Erwerb, auch an eine als sinnstiftend erlebte Arbeit gedacht haben.

Die buddhistische Praxis empfiehlt, jede Tätigkeit, sei es bei der Arbeit, im Haushalt oder sonst wo, möglichst konzentriert, achtsam und mit meditativer Hingabe auszuführen. Beeinflusst vom Zen-Buddhismus hat der Benediktinermönch Anselm Grün ein ganzes Buch darüber geschrieben, wie man jede alltägliche Tätigkeit, vom Aufstehen über die morgendliche Dusche, den ersten Kaffee, die Fahrt zur Arbeit bis hin zum Abendessen, der späten Lektüre, dem Zähneputzen und dem Einschlafen, durch achtsame, konzentrierte und hingebungsvolle Ausführung zu einer Quelle der Freude machen kann.[19] Auch das ist eine Form der Liebe zu dem, was man tut, ja vielleicht eine der wichtigsten überhaupt. In der Verschmelzung, die dabei geschieht, geht der Mensch auf im Hier und Jetzt, wird ganz Gegenwart, wird lebendig. Denn weder in der Vergangenheit noch in der Zukunft findet das Leben statt, sondern nur im gegenwärtigen

Augenblick. Im gleichen Sinne wurde in der Soziologie darauf hingewiesen, dass eine Arbeit, soll sie ein gelingendes Resonanzverhältnis werden, zeitintensiv sei und Bedächtigkeit erfordere. »Die Langsamkeit der Zeit im Handwerk ist eine Quelle der Befriedigung. Die Praxis prägt sich dem Körper ein und macht die Fähigkeit zu unserer eigenen. Die langsame Zeit des Handwerks ermöglicht auch die Arbeit der Reflexion und der Phantasie (…).«[20]

Zum Abschluss dieses Kapitels soll eine Passage des Neurowissenschaftlers, Arztes und Psychotherapeuten Joachim Bauer zitiert werden, die deutlich macht, was die Liebe zur Arbeit und zu dem, was man tut, beizutragen vermag und wie notwendig sie für ein gelingendes, freudvolles und sinnerfülltes Leben ist.

»Die Arbeit ist dem menschlichen Selbst in ganz besonderer Weise verbunden. Sie bietet ihm Möglichkeiten des Selbst-Wachstums und der Selbst-Erweiterung. Da das Selbst davon lebt und sich nur erhalten kann, wenn es interpersonelle oder soziale Resonanz erfährt, wird verständlich, warum Menschen nicht nur für die eigene Person per se nach Akzeptanz suchen, sondern ihrer auch für das bedürfen, was sie im Rahmen ihrer Arbeit tun. Da der Mensch das, was er in der Arbeit tut, als einen Teil seines Selbst erlebt, erwartet er, dass sie – die Arbeit – sowohl bei denjenigen, für die er tätig ist, als auch bei denen, mit denen er arbeitet, Resonanz auslöst, dass sie von seinem sozialen Umfeld ›gesehen‹ und mit Wertschätzung bedacht wird. Die Anerkennung für das geleistete Werk überträgt sich also auf den Schöpfer und löst dort biologische Prozesse aus. Das Gehirn beantwortet soziale Wertschätzung mit einer Aktivierung der Motivations- oder Belohnungssysteme, es verwandelt soziale Erfahrungen in biologische Antwortreaktionen. Aktivierte Motivations- oder Belohnungssysteme produzieren Botenstoffe, ohne die es zu einem alsbaldigen physischen und psychischen Zusammenbruch der Arbeitskraft kommen würde. Damit schließt sich ein Funktionskreis zwischen Selbst, Arbeit, sozialer Resonanz und der biologischen Situation im Körper des Selbst-Besitzers. Wo die Art der Arbeit so beschaffen ist, dass sich der Kreis nicht schließt, wo Menschen ihr Tun als sinnlos und nicht wertgeschätzt erleben, entsteht eine Situation, die als Entfremdung erlebt wird. Nicht nur etwas zu tun oder tun zu müssen, das als sinnlos erlebt wird, auch keine Arbeit zu haben, kann Entfremdung bedeuten. Die Arbeit ist für den Menschen – unabhängig davon, ob er körperlich, geistig, sozial oder künstlerisch tätig ist – eine unersetzliche Selbst-wert-Ressource: Auch dann, wenn sie uns viel abfordert, lässt sie uns Nützlichkeit, Sinn und Zugehörigkeit erleben, sie rhythmisiert das Leben, vor allem aber vitalisiert sie das Selbst, sie ist – die Sprache verrät es – Selbstverwirklichung.«[21]

Als Goethe nach dreijähriger trockener Verwaltungstätigkeit im Herzogtum Sachsen-Weimar-Eisenach Bilanz zog, schrieb er in sein Tagebuch: »Der Druck der Geschäfte ist sehr schön der Seele; wenn sie entladen ist, spielt sie freier und genießt des Lebens. Elender ist nichts als der behagliche Mensch ohne Arbeit (...).«[22] Auch das ist festzuhalten, wenn wir über die Liebe zur Arbeit sprechen: Dass die Freude, die sie im gelingenden Fall hervorrufen kann, auch davon genährt wird, dass sie – wie alle Liebe und Lebensfreude – aus einer Spannung entgegengesetzter Gefühle hervorgerufen wird, aus dem Wechsel von Anstrengung und Ruhe, von »Einatmen und Ausatmen«, von »Systole und Diastole«, Zusammenziehung und Ausdehnung, wie Goethe sagen würde.[23] Die Arbeit kann eine Form liebe- und freudvoller Hingabe sein, aber auch sie entwächst einer Sehnsucht, einem Mangel, der, wie jede Sehnsucht, auch schmerzhaft, leidvoll und frustrierend erlebt werden kann. Es kommt darauf an, die schwierige Kunst des Liebens und ihre Gesetzmäßigkeiten zu verstehen, zu erlernen und so einzuüben und zu praktizieren, dass die Freude an einem liebevollen Leben einem die Kraft gibt, die Zeiten unerfüllter oder enttäuschter Sehnsucht auszuhalten und zu überwinden, um mit wiedererwachtem Mut und ungebrochenem Selbstvertrauen erneut zu lieben und sich am Leben zu erfreuen.

Liebe zur Natur

»Gott, der Herr, nahm also den Menschen
und setzte ihn in den Garten von Eden,
damit er ihn bebaue und hüte.«

Genesis 2,15

Die Liebe zur Natur ist von fundamentaler Bedeutung für die Lebensfreude und ein gelingendes Leben. Sie bringt uns zurück zu unserem Ursprung und Wesen, in unsere Mitte.

Neben der partnerschaftlichen Liebe weckt sie am stärksten die Gefühle des Einsseins, der Geborgenheit, des Schutzes, der Sicherheit, des Getragen- und Genährtwerdens, der Harmonie und der tiefen Verbundenheit mit etwas, das unvergänglich und größer ist als wir. Nennen wir dieses Etwas, das wir in der Natur erleben können, nun Gott, das Sein, Dao/Tao, Brahman, den Urgrund der Welt, das Schöne, Gute, die Harmonie oder das universelle Ordnungsprinzip. Wir werden angerührt von etwas, von dem wir nur Bruchstücke verstehen und beschreiben können, das unendlich, ewig, größer und mächtiger ist als wir. Es ruft in uns ein Gefühl von Demut und Ehrfurcht hervor, aber auch von Glück, weil wir uns als ein Teil dieser ewigen Ordnung erleben und getragen fühlen. Dieses tiefe Gefühl der Verbundenheit entsteht, wenn wir uns der Natur gegenüber öffnen. Die offene Zugewandtheit zur Natur ist eine Form der Liebe. Sie führt uns zurück zu unserem Ursprung, zur Mutter. Bei dem chinesischen Philosophen Laotse lesen wir:

»Die Welt hat einen Urgrund,
der wurde aller Wesen Mutter.
Hat man seine Mutter gefunden,
so erkennt man dadurch seine Kindschaft.
Hat man seine Kindschaft erkannt
und kehrt zu seiner Mutter zurück,
so ist man bei des Leibes Untergang ohne Gefahr.«[1]

In einer anderen Übersetzung lauten die letzten Verse: »Wer sich nieder zur Mutter wendet, der kommt sein Leben lang nicht in Gefahr.«[2] Dass man nicht in Gefahr gerät, bedeutet, dass die seelisch-geistige Integrität gewahrt wird. Der Körper kann in Gefahr geraten, verletzt werden und wird eines Tages vergehen. Die Seele, ihre Identität und Authentizität, bleibt bestehen, solange sie ihre Verbundenheit mit ihrem Ursprung, der Natur (»Welt«), ihrem Wesen und ihrer Mutter erkennt. Ob dies auch nach »des Leibes Untergang« gilt, wie der Text sagt, kann hier offenbleiben.

Es ist dieselbe Natur, die wir im Außen erleben und die wir in unserem Körper und in unserer Seele vorfinden. Die Natur ist unser Wesen. In der Erfahrung der äußeren Natur spüren, leben und lieben wir uns selbst. Dieses Erlebnis ist mit tiefer Freude verbunden. In der Antike im Orient und Okzident hat man daher ein »naturgemäßes Leben« für das höchste Gut und das Ideal eines erfüllten und glücklichen Lebens gehalten. Bei dem stoischen Philosophen Chrysippos heißt es: »Denn unsere eigene Natur ist ein Teil der Gesamtnatur. Darum ist das höchste Gut ein naturgemäßes Leben, das heißt ein Leben gemäß unserer eigenen und der gesamten Natur (…) Eben darin besteht die Tugend des Glücklichen und der schöne Fluss des Lebens, dass alles getan wird gemäß der Übereinstimmung der individuellen Persönlichkeit des Einzelnen mit dem Willen des Weltenlenkers (Vernunft, Natur, Verf.).«[3] »Das Glück besteht in der Vollkommenheit der naturgemäßen Zustände«, sagt Speusippos, der Nachfolger Platons in der Leitung der Akademie, der philosophischen Schule Platons.[4]

Platon selbst hat in seinem Dialog »Das Gastmahl«, bei dem verschiedene Reden über die Liebe gehalten werden, eine der anwesenden Personen ausführen lassen: »Seit so langer Zeit ist demnach die Liebe zu einander den Menschen eingeboren und sucht sie den Menschen zur alten Natur zurückzuführen und aus zweien (Mann und Frau, Verf.) eins zu machen und die menschliche Schwäche zu heilen. (…) Der Grund hiervon nämlich liegt darin, daß dies unsere ursprüngliche Naturbeschaffenheit ist, und daß wir einst ungeteilte Ganze waren. Und so führt die Begierde und das Streben nach dem Ganzen den Namen Liebe.«[5]

Im Daoismus, einer der wichtigsten und einflussreichsten Richtungen der altchinesischen Philosophie, wird alles, was existiert, auf das »Eine« (Dao, Tao) als dem Ursprung allen Seins zurückgeführt. Alle Dinge, so auch der Mensch, streben danach, sich mit dem Dao wieder zu vereinigen, zu ihm zurückzukehren in die Ewigkeit des Seins. Das ist »der rechte Weg« und die Bestimmung des Menschen. Laotse schreibt:

>»Die Dinge in all ihrer Menge,
> ein jedes kehrt zurück zu seiner Wurzel.
> Rückkehr zur Wurzel heißt Stille.
> Stille heißt Wendung zum Schicksal.
> Wendung zum Schicksal heißt Ewigkeit.«[6]

»Stille« ist hier als Erfüllung der inneren Bestimmung zu verstehen, beim Menschen die Erfüllung seiner Liebe nach Vereinigung als seiner tiefsten Sehnsucht. Dann ruhen die Begierden, sind »still«. Nach altchinesischer Auffassung entspringen aus dem Dao die polaren Bewegungskräfte Yin und Yang, aus ihnen Himmel und Erde und die »zehntausend

Dinge«, d. h. die ganze Welt. Dao, Yin und Yang, Himmel und Erde können als Natur und die in ihr wirkenden Kräfte verstanden werden. Indem der Mensch sich danach sehnt, zu seinem Ursprung zurückzukehren, liebt er die Natur, ahmt sie nach und macht sich ihr Sein zum Vorbild. Er strebt danach, mit ihr in harmonischer Einheit und Verbundenheit, mithin »naturgemäß« zu leben.

»Des Menschen Richtmaß ist die Erde,
der Erde Richtmaß ist der Himmel,
des Himmels Richtmaß ist Tao,
Taos Richtmaß ist sein Selbst.«[7]

Das Prinzip der Natur, die sich in allem Wandel zu erhalten sucht und immer wieder erneuert, ist Maß und Mitte. Sie sichern das Überleben durch ein stets sich wieder einpendelndes harmonisches Gleichgewicht in aller Veränderung. Das Leben mit seiner inneren Bewegtheit und ständigen Erneuerung braucht – wie die Liebe – die Spannung des Gegensätzlichen. »Das ist die große Grundbewegung, daß die Dinge dauernd bestehen«, sagt der chinesische Philosoph Zhuangzi und fährt fort: »Daß wir gerade in menschlicher Gestalt geformt sind, ist Grund zur Freude; daß aber diese menschliche Gestalt tausend Wandlungen durchmacht, ohne jemals ans Ende zu kommen, das ist unermeßliche Seligkeit.«[8] Der Wandel in der Entwicklung des Menschen ist sein höchstes Glück, denn er ist dem Wesen nach seine Lebendigkeit. Die Liebe ist der innere Antrieb dieser Entwicklung. Sie wirkt in allem Lebendigen. In seiner großen Hymne über die Natur lesen wir bei dem Vorsokratiker Empedokles die folgenden Verse:

»Zwar ist bekannt sie (die Liebe, Verf.) den Menschen
als Trieb in den Gliedern des Leibes,

Wie sie die Sehnsucht erregt und das Werk der
  Vermählung vollendet;
Wonne benennt man sie wohl und Aphrodite mit
  Namen.
Doch daß sie auch die Stoffe (der Natur, Verf.)
  in Schwung setzt, wußte bis jetzt
Noch kein Mensch.«[9]

Es soll nicht verkannt werden, dass die Natur auch sehr gewalttätig, grausam und unbarmherzig sein kann. Aber das
sind Wertungen, die wir von unserem beschränkten, menschlichen Blickwinkel aus vornehmen. Was in der Natur geschieht, folgt nicht unseren Denkgesetzen, sondern den Gesetzen der Natur, in denen sich das Leben erneuert und sich
ins Unendliche fortsetzen will. Im inneren Kampf der Natur,
der uns manchmal so grausam vorkommt, geht es immer um
das Überleben des Ganzen. Im Übrigen ist nichts grausamer
in der Welt als der Mensch. Insofern die Natur voller Gegensätze ist, unterscheidet sie sich nicht von der Liebe, die in ihr
herrscht und die ihr Bewegungsgesetz ist (Empedokles). Von
der Natur sagt Goethe: »Ihre Krone ist die Liebe«.[10] Liebe
ohne Polarität und innerer Spannung gibt es nicht. Der
Mensch hat neben seiner Liebe zur Natur und dem Bedürfnis, sich in sie einzufügen, auch den gegenteiligen Drang, in
sie einzugreifen, sie auszubeuten, sie zu gestalten und umzuformen, im Äußeren wie im Innern. In sich selbst muss er
seine »natürlichen« Triebe und Bedürfnisse zügeln, um Leid
und Schmerz für sich und andere zu vermeiden. Kultur und
Natur haben etwas Gegensätzliches.
  Wie bei der Auflösung des Gegensatzes von Hingabe und
Selbstwahrung in der Liebe, besteht die Kunst hier darin,
Kultur und Natur in einen harmonischen Ausgleich zu bringen. Bei Zhuangzi, der wie alle chinesischen Philosophen paradoxe Formulierungen liebte, klingt das so: »Darum: was

sie (die Menschen, Verf.) lieben, ist das Eine (Dao, Natur, Verf.); was sie nicht lieben, ist aber auch jenes Eine. Womit sie sich eins fühlen, ist das Eine; das, womit sie sich nicht eins fühlen, ist aber auch das Eine. In dem, was ihr Eines ist (individuelle Natur, Verf.), sind sie Genossen der Natur; in dem, was nicht ihr Eines ist (die menschlichen Eigenschaften, Verf.), sind sie Genossen der Menschen. Bei wem Natürliches und Menschliches sich das Gleichgewicht hält: das ist der wahre Mensch.«[11] Bei Konfuzius lesen wir: »Ist ein Mensch mehr natürlich als gebildet, dann ist er unkultiviert. Unterdrückt die Bildung eines Menschen seine Natur, dann ist er eine Schreiberseele. Erst wenn Bildung und Natur ausgeglichen sind, ist man ein Edler.«[12]

Solange sich die Gegensätze in der Natur kontinuierlich und zyklisch in Harmonie auflösen, ist die Ausgeglichenheit des Ganzen und sein Fortbestand gewahrt. Der Tod macht Platz für neu entstehendes Leben. Das Vergehen bedingt das Entstehen. Was sich liebt, wird getrennt, um sich erneut zu vereinigen.

»Wechselnd nun herrschen die Stoffe im Schwung des
    beständigen Kreislaufs.
Und sie schwinden und wachsen im Wechsel nach fester
    Bestimmung.
Immerdar sind sie sie selbst. Doch durcheinander sich
    mengend
Lassen sie Menschen entsteh'n und Gattungen anderer
    Tiere,
Bald sich in Liebe vermählend zu einem geordneten
    Ganzen,
Bald wieder einzeln sich trennend, getrieben vom
    haßvollen Streite,
Bis, zum All-Einen verwachsen, sie wieder aufs
    neu unterliegen. (»aufs neu unterliegen«: die Stoffe,

nachdem sie zusammengewachsen sind, trennen sich
wieder, Verf.)
(…)
All dies wogt noch im Zwist zwiespältig in wirren
Gestalten,
Doch in der Liebe dann zieht es sich an und wächst
ineinander.«[13] (Empedokles)

Wie in einer gelingenden Liebesbeziehung herrscht in der
Natur eine »Ruhe in der Bewegung«, trotz innerer Spannung herrscht im Ganzen Friede und Ausgleich. Im chinesischen »Buch der Riten, Sitten und Gebräuche« heißt es im
Hinblick auf die Naturgemäßheit eines friedlichen Miteinanders: »Trotz aller Tiefe herrscht Klarheit. Bei aller Fülle
herrscht Ordnung. Bei allem Zusammenhang kommen keine Übergriffe vor. Jeder kann sich bewegen, ohne den anderen zu schädigen. Das ist die höchste Stufe der Übereinstimmung mit der Natur.«[14] Wird aber die Harmonie gestört,
gerät das Gleichgewicht in Gefahr und droht dem Ganzen
unwiederbringlicher Schaden. Das gilt sowohl für die äußere
Natur, wie die gegenwärtige Klimakrise zeigt, als auch für
die innere Natur, das Seelenleben und die persönliche Entwicklung des Einzelnen. Es gilt schließlich für jede Art von
Miteinander, das in Feindschaft umschlägt, wenn die Harmonie verloren geht.

Weil wir aus der Natur hervorgehen und selbst ein Teil
von ihr sind, lieben wir sie, wie wir unsere Mutter lieben oder
geliebt haben, als wir noch symbiotisch mit ihr verbunden
waren. Während wir aber von der Mutter getrennt wurden
und daher in der Welt nach anderen menschlichen Resonanzbeziehungen suchen müssen, sind wir mit der uns umgebenden Natur nach wie vor verbunden:

>Ich saug' an meiner Nabelschnur
Nun Nahrung aus der Welt,
Und herrlich rings ist die Natur,
Die mich am Busen hält.«[15] (Goethe)

Da uns die Natur »am Busen hält«, erleben wir tiefe Freude und Glück, wenn wir in der Natur sind, uns in ihr bewegen und mit offenen Sinnen uns ihren Eindrücken hingeben: den Schönheiten ihrer Landschaft, ihrer Stille, Weite und Unendlichkeit, dem Licht, der Luft, dem Geruch der Pflanzen, Blumen und Wälder, dem harmonischen Zusammenspiel ihrer gegensätzlichen Kräfte. Ohne dass wir uns dessen bewusst sind, spürt unser Körper, wie die Erde ihn trägt, der Himmel uns deckt und überdacht, Luft und Sauerstoff uns durchströmen.

Bei dem Benediktinerpater Anselm Grün lesen wir: »Wenn ich die Schönheit auf mich wirken lasse, bin ich nicht mehr im Gegenüber, sondern werde ganz eins mit dem, was ich schaue. Wenn ich mit einem Blick der Liebe auf die Landschaft schaue, dann ist sie für mich schön. (…) In allem, was ich sehe, sehe ich ein Sinnbild für mich selbst: ich bin wie die Bäume verwurzelt. (…) Ich gehe durch den Wald und fühle mich darin geborgen, eingehüllt von Lebendigkeit, Liebe und von einem Geheimnis, das größer ist als ich selbst. (…) Der Wald ist ein Symbol für Geborgenheit. (…) Die Indios in Peru sind überzeugt, dass Gottes Liebe durch einen Baum zu uns strahlt. Es bedarf einer großen Stille, um das Singen der Welt zu vernehmen. Auch die schweigende Natur singt von der Schönheit der Welt.«[16]

Der bedeutende japanische Philosoph und Naturkundler Kaibara Ekiken hat den tiefen Zusammenhang von innerer und äußerer Natur, von Mensch und Landschaft, von Naturerfahrung und Lebensfreude eindrucksvoll beschrieben:

»In den Herzen aller Menschen wirkt die Lebenskraft der

großen Harmonie, die sie von Himmel und Erde empfangen haben. Sie bildet den Urgrund menschlichen Lebens, dem alles unterworfen ist. Sowie Bäume und Gräser immerzu emportreiben, wirkt in unserem Herzen stetig eine Kraft, die aus dem Geheimnis der Natur heraus lebt und sich eines friedlich-harmonischen Seins erfreut. *Geben wir ihr den Namen Lebensfreude.* Weil sie den Lebensgrund des menschlichen Herzens ausmacht, ist sie auch die Grundlage der Menschlichkeit (...) Werden wir jedoch von Selbstsucht beherrscht, kommt uns diese Lebensfreude abhanden. Nur der Weise ist sich ihrer bewusst und verliert sie auch nicht, weil er von selbstsüchtigen Wünschen frei ist. Die Lebensfreude wirkt jedoch nicht nur in den Menschen, sondern auch in den Vögeln, Vierfüßlern, Gräsern und Bäumen. Denn dass Bäume und Gräser wachsen, Blumen blühen und Früchte reifen, Vierfüßler herumspringen, Vögel zwitschern, die Weihe hoch gen Himmel aufsteigt und die Fische in tiefe Gründe tauchen, all das beruht auf ihrer Kraft.«[17]

Ekiken macht darauf aufmerksam, wie wichtig die innere Einstellung und die eigene Seelenverfassung sind, um sich mit der Natur eins zu fühlen und mit ihr in eine liebevolle Resonanz zu treten. Wer mit seinen Gedanken ganz in seinen weltlichen Verstrickungen, Plänen, Unternehmungen und Absichten gefangen ist, der hat häufig keinen Sinn für Natureindrücke. Das Gefühl der inneren Verbundenheit mit der Natur bleibt aus. Sie rührt ihn nicht an, bleibt etwas Fremdes, ist stumm. Er erkennt sich in ihr nicht wieder und spürt nicht, dass er ein Teil von ihr ist. Bei Cicero lesen wir: »Wenn er (der Weise) dies (die Naturerscheinungen) bedenkt und Tag und Nacht überlegt, dann entsteht jene vom delphischen Gotte befohlene Erkenntnis (»Erkenne dich selbst!«, Verf.), dass der Geist sich selbst erkennt, sich mit dem göttlichen Geiste verbunden fühlt und dadurch von unerschöpflicher Freude erfüllt wird. Der Gedanke an die

Kraft und Natur der Götter entflammt den Wunsch, ihre Ewigkeit nachzuahmen ... Wenn man dies anschaut und betrachtet oder besser alle Teile und Gestade rundum überblickt, mit welcher Ruhe der Seele wiederum erwägt man dann das Menschliche und näher Liegende!«[18] »Im Tumult und Geräusch der Welt«, sagt Jean-Jacques Rousseau, »werden sie (die Empfindungen, Verf.) eingeengt und erstickt. Stille und Ruhe (in der Natur, Verf.) beleben und steigern sie. Ich muss mich sammeln, um lieben zu können.«[19]

In der intensiven Naturerfahrung erleben und erkennen wir uns selbst, berühren unseren Ursprung, kommen in unsere Mitte und werden fähig, unsere Verbundenheit mit der Natur und den Menschen zu spüren und zuzulassen. »Alles, was im Kosmos ist«, schreibt Anselm Grün, »das ist auch in uns. Wenn wir uns so eins mit allem erfahren, werden wir auch anders mit allem umgehen. Denn im Kosmos, in den Pflanzen, in den Tieren, in der Materie erkennen wir uns selbst wieder.«[20] Wir öffnen uns und werden bereit, uns den Eindrücken der Natur und den Mitmenschen mit ganzer Seele zuzuwenden und uns von ihnen anrühren zu lassen. Unsere Fähigkeit wächst, uns am Leben zu erfreuen, zu lieben und mit unserer Umwelt und den Menschen wohlwollend und verständnisvoll umzugehen. »Welch große Freude für die Menschen, die beim Betrachten dieser Naturbilder Vergnügen empfinden und ihre Herzen davon anrühren lassen!«, ruft Kaibara Ekiken einmal aus.[21] »Nehmen wir uns jeden Tag Zeit«, schreibt Thich Nhat Hanh, »in einer friedlichen Umgebung zu sein, einen Spaziergang in der Natur zu machen, eine Blume anzuschauen oder in den Himmel zu gucken, dann wird diese Schönheit uns durchdringen und unsere Liebe und unsere Freude nähren.«[22] Im Kommentar zum Buch der Wandlungen (I Ging), dem ältesten Weisheitsbuch der Menschheit, heißt es: »Das Buch der Wandlungen enthält das Maß von Himmel und Erde (Natur, Verf.): darum kann man damit den SINN (Dao, der rechte Weg, Verf.) von Himmel und Erde umfassen und gliedern.« Mit seiner Hilfe »erkennt man die Verhältnisse des Dunklen und Hellen (Yin und Yang, Verf.). Indem man an die Anfänge zurückgeht und die Dinge bis zu Ende verfolgt, erkennt man die Lehren von Geburt und Tod. (…) Indem der Mensch dadurch dem Himmel und der Erde ähnlich wird, kommt er nicht in Widerspruch mit ihnen (…) und wird frei von Sorgen (…) und zufrieden (…) und vermag die Liebe auszuüben.«[23]

Durch Einfühlung, Intuition und vernünftiges Erkennen erfassen wir den Rhythmus, die Melodie, die Gesetzlichkeiten der Natur und des menschlichen Lebens. Wir haben den Eindruck, eine andere Dimension unseres Seins zu berühren, fern von unserem weltlichen Treiben und tiefer und wahrhaftiger als der Alltag. Muso Soseki, ein japanischer Zen-Meister aus dem 14. Jahrhundert, schreibt: Menschen, »welche Berge, Flüsse, die große Erde, Gräser, Bäume und Steine als ihr eigenes Wesen empfinden, scheinen zwar durch ihre Liebe zur Natur weltlichen Gefühlen verhaftet (wovon Zen befreien will, Verf.), doch offenbart sich in Wirklichkeit eben hierin ihr echtes Wahrheitsstreben (…) Tun sie dies in rechter Weise, so sind sie Musterbeispiele dafür, dass echte Wahrheitssucher die Landschaft lieben.«[24] Wie bei allen Formen der Liebe, so findet auch hier ein Überschreiten der Grenzen des eigenen Ichs statt auf etwas hin, das wir im Ganzen zwar nicht begreifen können, das wir aber intensiv fühlen und erleben.

Stärker als andere Formen der Liebe steigert die Liebe zur Natur nicht nur unsere Lebensfreude. Sie ist auch eine ausgezeichnete Gesundheitsvorsorge. Beides hängt eng zusammen. Wer sich regelmäßig mit offenen Sinnen in die Natur begibt, sich in ihr bewegt, sich ihr hingibt, ihre Stille, Kraft und Schönheit in sich einsinken lässt, der stärkt seine seelischen und körperlichen Kräfte und damit seine Gesundheit.

Die Anzahl der wissenschaftlichen Nachweise für den heilsamen Einfluss der Natur auf unsere seelisch-körperliche Gesundheit steigt ständig. Sehr intensiv werden zurzeit die physiologischen Wirkungen von regelmäßigen Waldspaziergängen untersucht (»Waldbaden«). Aber auch in der modernen Biomedizin und der Psychosomatik werden die positiven Effekte der Naturnähe und praktischen Pflege der eigenen Naturverbundenheit immer deutlicher. So führt der Neurowissenschaftler, Arzt und Psychotherapeut Joachim Bauer aus: »Darüber hinaus zeigen zahlreiche neuere Untersuchungen, dass das Erleben von Natur eine direkte antidepressive Wirkung hat, das Stresserleben vermindert und die allgemeine Lebenszufriedenheit erhöht.«[25] »Sich in der Natur aufzuhalten oder im städtischen Bereich Grün um sich zu haben hat einen signifikanten Effekt auf das menschliche Wohlbefinden, die körperliche und die psychische Gesundheit. Alleine schon der Blick auf Grün oder das Hören von Vogelgezwitscher hat erwiesenermaßen einen heilsamen Einfluss auf die Psyche des Menschen. Wenn es gelänge, die Beziehung des Menschen zur Natur zu verbessern, hätte dies auch Auswirkungen auf die Beziehung des Menschen zu seinesgleichen: Studien zeigen, dass Menschen, die eine empathische Beziehung zur Natur haben, ein höheres Maß an zwischenmenschlicher Empathie zeigen – und umgekehrt.«[26]

Wenn wir eine tiefe Liebe zur Natur empfinden und praktizieren, indem wir regelmäßig Zeit in der Natur verbringen, sie mit allen Sinnen aufnehmen und darauf achten, was sie mit uns macht, dann spüren wir immer stärker ihre heilsame Kraft für Körper und Seele. Sie wird uns Vorbild für eine harmonische Lebensführung. »Weisheit ist es«, sagt der Vorsokratiker Heraklit, »der Natur gemäß zu handeln, indem man auf sie horcht.«[27] Sie sensibilisiert uns für die Schönheiten, die uns umgeben, öffnet uns für unsere Mitmenschen, macht uns in allen Lebensbereichen resonanzfähiger und damit das Leben selbst freudvoller. Wir selbst sind Natur und Teil der uns umgebenden Natur. Natur aber ist Leben, dessen Intensität wir steigern, wenn wir liebend auf sie zugehen, sie hüten und pflegen, die innere wie die äußere.

»Und mit eiligem Bestreben
Sucht sich, was sich angehört;
Und zu ungemess'nem Leben
Ist Gefühl und Blick gekehrt. «
»Denn das Leben ist die Liebe «.[28]

Goethe

Liebe zur Kunst,
Musik und Kultur

»Es gibt eine Musik ohne Töne; das ist die Freude.«[1]
Konfuzius

Die Liebe zur Kunst, zur Musik und zur Kultur ist neben der Liebe zum Lebenspartner, zu den eigenen Kindern, zu Freunden, zur Natur und – für gläubige Menschen – zu Gott eines der stärksten Gefühle der Liebe und eine ergiebige Quelle der Lebensfreude. Wenn man sie pflegt, nährt und kultiviert, wird sie reich sprudeln und gibt dem Leben einen Glanz von Schönheit und Anmut. In der Liebe zur Kunst finden wir in gesteigerter Form wesentliche Elemente der Liebe wieder: die Hingabe, das Einswerden, das Über-sich-Hinauswachsen, das Zurücktreten des Ichs, Freude und Begeisterung, Berührtsein und Ergriffenheit. Die Intensität des Kunsterlebnisses, sei es als Kunstschaffender oder als Kunstgenießer, hängt wie bei allen Formen der Liebe von der Fähigkeit ab, sich auf das Kunstwerk einzulassen und es mit seiner ganzen Aufmerksamkeit emotional zu erleben. Sie hängt ferner davon ab, ob und wie man zur Kunst hingeführt wurde, wie intensiv man sich mit ihr beschäftigt, ob man für sie sensibilisiert wurde, ob man gelernt hat, sie zu vernehmen, auszulegen und zu verstehen. Je mehr das der Fall ist, umso größer ist die Fähigkeit, mit einem Werk zu verschmelzen, im aktiven und passiven Kunsterlebnis ganz aufzugehen und den dabei geweckten Sinn für Schönheit und Harmonie auch bei Gegenständen des täglichen Lebens zu entwickeln.

Bei der Musik scheint dieses Verschmelzen mit dem Werk jedem Menschen möglich zu sein, als wenn hier Urerfahrungen des Menschen angesprochen würden. Das gilt für jede Art von Musik. Vielleicht ist es der Herzschlag der Mutter, der gleichmäßige Fluss von Blut, Puls und Atem, der uns bereits als Embryo auf Takt, Rhythmus und Harmonie als etwas Fundamentales und Grundlegendes, als eine Urform des Lebendigen einstimmt und prägt. Vielleicht wird dieses Erlebnis während der Schwangerschaft im neuronalen Netzwerk des Embryos mit den Gefühlen von Geborgenheit, Getragen- und Genährtwerden, Sicherheit, Fürsorge, Wärme, Nähe, Einssein verbunden und prägt uns für das ganze Leben. So führt uns die Kunst und insbesondere die Musik zu diesen Urgefühlen zurück, ruft sie wach und lässt uns freudvoll jene abgespeicherten Gefühle des Wohlseins wiedererleben. Sie lassen uns für Momente, mitunter für Stunden unseren Alltag mit seinen Belastungen, Sorgen, Leiden, Plänen, Wünschen und Zielen vergessen und entführen uns in die Welt der Klänge, Rhythmen, Farben, Formen, Gestalten, Worte und Geschichten.

Schopenhauer meinte, dass das Kunsterlebnis neben der völligen Aufgabe jeglichen Wollens, wie sie besonders im Buddhismus und in der altindischen Philosophie gelebt wurde, die einzige Form sei, dem Leiden an der Welt, das durch unser Wollen hervorgerufen werde, für Augenblicke zu entfliehen. Denn im intensiven »interesselosen Genießen« eines Werkes haben wir all unser Wollen vergessen und geben uns ganz dem Genuss, dem Zauber und der »Schönheit« des Werkes und Kunsterlebnisses hin. Am stärksten ist dieses Gefühl, wenn wir ein Werk nicht nur passiv aufnehmen, sondern es aus der Tiefe eigenen Erlebens heraus selbst schaffen, mag das Werk noch so naiv, unbeholfen und »kunstlos« sein. Ist es Ausdruck unserer innersten Gefühle, so erleben wir im Schaffensakt unsere eigene Schöpferkraft und Lebendigkeit und empfinden tiefe Befriedigung, Selbstwirksamkeit und Freude. »Jene innige und sorgenvolle Hingabe an sein (des Künstlers) in der Entstehung begriffenes Werk«, schreibt Seneca, »birgt einen unvergleichlichen Genuss in sich, der aus der Beschäftigung selbst entspringt. Hat er sein Werk vollendet und lässt er die Hand ruhen, dann hat er nicht mehr den gleichen Genuss (...).«[2]

Wie stark dabei Gefühle der Verschmelzung und des Einswerdens, die so typisch sind für erfüllte Liebe, mit im Spiel sind, bezeugt die Geschichte vom Glockenständer, die uns der chinesische Philosoph Zhuangzi erzählt:

»Ein Holzschnitzer schnitzte einen Glockenständer. Als der Glockenständer fertig war, da bestaunten ihn alle Leute, die ihn sahen, als ein göttliches Werk. Der Fürst von Lu besah ihn ebenfalls und fragte den Meister: ›Was habt Ihr für ein Geheimnis?‹ Jener erwiderte: ›Ich bin ein Handwerker und kenne keine Geheimnisse, und doch, auf eines kommt es dabei an. Als ich im Begriffe war, den Glockenständer zu machen, da hütete ich mich, meine Lebenskraft (in anderen Gedanken) zu verzehren. Ich fastete, um mein Herz zur Ruhe zu bringen. Als ich drei Tage gefastet, da wagte ich nicht mehr, an Lohn und Ehren zu denken; nach fünf Tagen wagte ich nicht mehr, an Lob und Tadel zu denken; nach sieben Tagen, da hatte ich meinen Leib und alle Glieder vergessen. Zu jener Zeit dachte ich auch nicht mehr an den Hof Eurer Hoheit. *Dadurch ward ich gesammelt in meiner Kunst, und alle Betörungen der Außenwelt waren verschwunden.* Darnach ging ich in den Wald und sah mir die Bäume auf ihren natürlichen Wuchs an. Als mir der rechte Baum vor Augen kam, da stand der Glockenständer fertig vor mir, so dass ich nur noch Hand anzulegen brauchte. Hätte ich den Baum nicht gefunden, so hätte ich's aufgegeben. *Weil ich so meine Natur mit der Natur des Materials zusammenwirken ließ,* deshalb halten die Leute es für ein göttliches Werk.‹«[3]

Wie in der Liebe zu einem anderen Menschen tritt das Ich im künstlerischen Schaffensprozess zurück, scheinen wir uns selbst zu verlieren und »nicht mehr ganz bei Sinnen« zu sein. »Eine alte Mär«, berichtet Platon, »(...) sagt, dass ein Dichter dann, wenn er auf dem Dreifuß der Muse sitzt, *nicht recht bei Sinnen sei,* sondern wie eine Quelle alles, was sich hervordrängt, willig hervorsprudeln lässt.«[4] In dem gleichen Sinne heißt es in einem Fragment aus einer verloren gegangenen Tragödie des Sophokles, in der von der Erfindung des Saiteninstruments durch den Götterboten Hermes die Rede ist: »*Und wilde Freude treibt ihn um*, wenn er ein Lied singt und sich schön dazu begleitet, *bringt ihn doch der Lyraklingklang außer sich.*«[5]

Die Liebe zur Kunst sprengt nicht nur die Grenzen unseres Ichs, öffnet neue Perspektiven und erweitert unseren Horizont. Sie kann uns auch von Leiden und Kummer befreien sowie von Krankheiten heilen. Der Vorsokratiker Pythagoras, der in Unteritalien eine der ersten philosophischen Schulen im Abendland gründete, soll mit Musik Krankheiten geheilt haben. Schon vor ihm heißt es bei dem griechischen Dichter Hesiod: Wem die Musen, die Schutzgöttinnen der Künste, wohlgesinnt seien,

> »(...) der ist gesegnet (...)
> ... und süß entströmt seinen Lippen die Stimme.
> Denn wenn einem erst jüngst ein Gram die Seele
>   verwundet,
> Und er siecht voll Kummer dahin, dann aber
>   vernimmt er,
> Wie ein Dichter der Musen, ein Sänger, frührer
>   Geschlechter
> Rühmliche Taten besingt und die seligen Götter im
>   Himmel,
> *Dann vergisst er sogleich sein Leid und achtet nicht länger*

*Seiner Sorgen; es heilten ihn rasch der Göttinnen (Musen,
Verf.) Gaben.«*[6]

In Goethes Gedicht »Aussöhnung« klingt das so:

»Die Leidenschaft bringt Leiden! – Wer beschwichtigt
Beklommnes Herz, das allzuviel verloren?
...
Da schwebt hervor Musik mit Engelschwingen,
Verflicht zu Millionen Tön' um Töne,
Des Menschen Wesen durch und durch zu dringen,
Zu überfüllen ihn mit ew'ger Schöne:
Das Auge netzt sich, fühlt im höhern Sehnen
Den Götterwert der Töne wie der Tränen.
Und so das Herz erleichtert merkt behende,
Daß es noch lebt und schlägt und möchte schlagen,
Zum reinsten Dank der überreichen Spende
Sich selbst erwidernd willig darzutragen (sich
    hinzugeben, Verf.).
*Da fühlte sich – o daß es ewig bliebe! –
Das Doppelglück der Töne wie der Liebe.*«[7]

Es ist das Erlebnis von Harmonie, Gleichklang und Zusammenstimmen, welches Leiden fernhält und Leib und Seele guttut. Platon übernahm die Theorie des Hippokrates, wonach Krankheiten auf eine Disharmonie der körpereigenen Säfte zurückzuführen seien. Er übertrug diese Auffassung auf unser Seelenleben und meinte, dass nur eine harmonische und ausgeglichene Seele eine gesunde Seele sei und damit zugleich eine glückliche, gute und schöne Seele. Deshalb sei die musikalische Unterrichtung und Schulung in Rhythmik und Harmonik bei der Erziehung der Kinder von größter Wichtigkeit: »Ist nun (...) die Erziehung durch Musik nicht darum von entscheidender Wichtigkeit, *weil Rhythmus und Har-*

monie am meisten in das Innere der Seele eindringen und sie am stärksten ergreifen, indem sie eine edle (tugendhafte) Haltung mit sich bringen und den Menschen demgemäß gestalten (...)? Und ist nicht anderseits die Erziehung durch Musik auch darum so wichtig, weil, wer die richtige musikalische Erziehung genossen hat, (...) an Werken der Kunst oder der Natur und am Schönen ... *seine Freude hat und es in seine Seele aufnehmen und daraus seine Nahrung ziehen und dadurch gut und edel (tugendhaft, Verf.) werden wird* (...)?«[8] Bei dem griechischen Philosophen Diogenes von Seleukia, der zweihundert Jahre nach Platon lebte, lesen wir: »Es ist klar, dass die Musik auf allen Gebieten des Lebens brauchbar ist und dass *die Liebe zu dieser Kunst* uns in eine geeignete Stimmung für die meisten, ja, wie mir scheint, für alle Tugenden versetzen kann.«[9]

Seit Konfuzius, der selbst zwei Instrumente beherrschte und über 300 Lieder auswendig singen konnte, ist die erzieherische und charakterbildende Kraft der Musik in China und im ganzen von Konfuzius beeinflussten asiatischen Raum anerkannt. Dass man der Musik eine reinigende, beruhigende und heilende Wirkung zusprach, klingt bereits im I Ging (Buch der Wandlungen) an, dem ältesten Weisheitsbuch der Menschheit. Darin heißt es zu dem Bild des 16. Doppelzeichens (»Begeisterung«):

> *»Der Donner kommt aus der Erde hervorgetönt:*
> *das Bild der Begeisterung.*
> *So machten die alten Könige Musik,*
> *um die Verdienste zu ehren (...).«*[10]

Der Übersetzer Richard Wilhelm, ein bedeutender Kenner der altchinesischen Philosophie, kommentiert die Stelle mit folgenden Worten: »Ähnlich besitzt die Musik die Macht, *die Spannung im Herzen, der dunklen Gefühle Gewalt zu lösen.* Die

Begeisterung des Herzens äußert sich unwillkürlich im Laut des Gesanges, in Tanz und rhythmischer Bewegung des Körpers. (…) Die Musik galt als etwas Ernstes, Heiliges, *sie sollte die Gefühle der Menschen reinigen* (…).«[11] »Die Gefühle reinigen« bedeutet, sie von allen negativen, belastenden und leidvollen Bestandteilen zu befreien. So heißt es bei dem japanischen Zen-Meister Muso Soseki (1275–1351): »Dichtung und Musik sind zwar zwei verschiedene Gattungen, *aber sie zähmen beide das Böse im Herzen der Menschen und machen weiser und sanfter.*«[12]

Das »Buch der Riten, Sitten und Gebräuche« (Liji) enthält zahlreiche Hinweise darauf, wie die Musik den Charakter formt, Gebräuche und Gewohnheiten bestimmt und reinigt, die Menschen zueinander führt, sie friedlich miteinander leben lässt und nicht zuletzt die Freude am Leben steigert. So heißt es dort:

»Die Musik ist es, woran die Heiligen sich freuen, und man kann damit die Gesinnung der Menschen bessern. Sie beeinflusst die Menschen tief, sie ändert die Bräuche und wandelt die Gewohnheiten.«[13] »Darum: wenn die Musik herrscht, so werden die sozialen Pflichten klar. (…) es ändern sich die Bräuche und wechseln die Gewohnheiten, und alle Welt kommt zur Ruhe. Darum heißt es: *Musik bedeutet Freude*. Der Edle freut sich, seinen Weg (Tao, Dao, der rechte Weg) zu erlangen; der Gemeine freut sich, seine Wünsche zu erlangen. Wenn man durch den Weg die Wünsche regelt, so herrscht Freude ohne Verwirrung. Wenn man über die Wünsche den Weg vergisst, so herrscht Unklarheit und keine Freude.«[14] Wie die Liebe, so vermag auch die Musik uns dahin zu leiten, von der Erfüllung selbstbezogener Wünsche überzugehen zu den tieferen Seelenschichten, die nach Seelenruhe streben, nach innerer und äußerer Harmonie, gelingendem Mitsein und Freude in liebevoller Gemeinschaft. Wer Musik hört oder macht, will nicht irgendetwas besitzen oder erwerben, befriedigt keine körperlichen Begierden, es geht nicht um Haben, sondern um Sein: Er möchte einfach nur fühlen und genießen und sich dem Augenblick hingeben. Er möchte mit der Musik verschmelzen.

»Darum bewirkt die Musik die Einheit und festigt so die Harmonie. *Sie bringt die Wesen zusammen,* um den Rhythmus schön zu machen. (…) Darum ist die Musik das Gesetz von Himmel und Erde, die Ordnung der zentralen Harmonie und das, *was die Gefühle der Menschen nicht entbehren können.*«[15] Dementsprechend lesen wir bei dem bedeutenden konfuzianischen Philosophen Xunzi: »Die Musik ist die große Gleichstimmerin der Welt, der Leitfaden zu Maß und Harmonie, und darum auch ist sie unumgänglich für das Gefühlsleben der Menschen.«[16]

Harmonie, Gleichklang, Freude und Begeisterung sind Ausdruck von Verbundenheit und Vereinigung. Weil damit fundamentale Grundbedürfnisse des Menschen angesprochen werden, ruft die Liebe zur Musik sehr starke Gefühle hervor und steigert allgemein die Lebensfreude. Was in den letzten Zitaten über die Musik und ihre Wirkung gesagt wird, gilt mehr oder weniger für alle Künste. Die Merkmale von Harmonie, Aufbau und Auflösung von Spannung, von Rhythmus und Proportion sind für jede Kunst gleichermaßen prägend.

Schließlich können wir uns in dem Erlebnis der Kunst selbst begegnen und mit uns eins werden. »Jeder Mensch ist ein Künstler«, sagt Joseph Beuys. Kreativität, ein wesentliches Merkmal jeder künstlerischen Betätigung, findet sich in vielen Bereichen des Alltagslebens wieder. Für die Fähigkeit, gut zu leben, hat sich der Begriff »Lebenskunst« eingebürgert. Wir können daher »Kunst« im weitesten Sinne täglich erleben und ausüben und tun es auch. Wo wir aktiv Kunst im engeren Sinne betreiben, etwa ein Instrument spielen, malen, werkeln, basteln oder eine Installation einrichten, einen

Raum gestalten, ein Gedicht schreiben, ein Lied singen – stets sind wir darauf verwiesen, dem nachzufühlen, was aus unserem eigenen Innern kommt und zum Ausdruck drängt. Selbst beim Imitieren und Nachahmen ist unser Gefühlsleben dabei und gibt dem Geschaffenen eine persönliche Note. Stets horchen wir bewusst oder unbewusst in uns hinein und nehmen Impulse aus unserem Innern auf, die zu uns sprechen und im Äußeren gestaltet und umgesetzt werden wollen. In dem Maße, in dem uns das gelingt, erfahren wir uns selbst neu. Nicht selten kommen dabei Seiten zum Vorschein, die uns vorher verborgen waren. Jedes Mal, wenn so etwas passiert, kommen wir uns näher, dringen wir weiter in unsere Mitte vor, zu unseren Wurzeln und zum Ursprung. Wir vereinigen uns mit uns selbst, kommen mit uns ins Reine. Das ruft Freude und das Gefühl der Erfüllung in uns hervor.

Stark werden solche Gefühle auch dann erlebt, wenn wir uns gemeinsam mit anderen Menschen gestalterisch betätigen, etwa gemeinsam singen oder musizieren, Theater spielen oder ein Projekt entwerfen und umsetzen. Jenseits der Kunst sind ähnliche Gefühle des harmonischen Miteinanders auch beim Mannschaftssport feststellbar. Regelmäßig kommen wir in einen Flow der Freude und Begeisterung, der auf zugewandter, liebe- und verständnisvoller Verbundenheit beruht, auf gelingender Resonanz, auf Liebe im weitesten Sinne, sei es zu uns selbst, zu anderen oder zu einem Gegenstand, dem gestalteten Werk, unabhängig davon, welchen Grad von »Kunstfertigkeit« dem Geschaffenen zukommt. Alles, was wir selbst aus unseren Vorstellungen und unserer Fantasie heraus »schön« gestalten, kann als ein »Kunstwerk« im weiten Sinne verstanden werden. Nicht zuletzt ist das eigene Leben ein Kunstwerk, das wir jeden Tag aufs Neue gestalten, an dem wir jeden Tag mit neuer Kraft, neuen Ideen und Impulsen liebevoll weiterarbeiten können und sollten. Denn wir sind das, was wir aus uns machen. Wer seine Fähigkeit zu lieben, d.h. sich am Leben zu erfreuen, kultivieren möchte, der sollte es nicht versäumen, seiner eigenen Kreativität und Fantasie nachzugehen, sie zu aktivieren und ihr einen angemessenen Raum in seinem Leben zu geben.

Bei Platon ist die Liebe zum Schönen in der Welt nur eine Vorstufe zur Liebe zum Schönen schlechthin, zu den Ideen, zum Guten, zum Göttlichen. In der Neuzeit hat dieser Gedanke im zweiten Teil von Goethes Faust einen bleibenden literarischen Ausdruck gefunden. Faust begehrt Helena, die Frau des Menelaos, deren Entführung durch Paris den Trojanischen Krieg ausgelöst hat. Sie war in der Antike der Inbegriff einer schönen Frau. Über die Bedeutung von Fausts Liebe zu der mythischen Gestalt Helenas, die in Goethes fantastischer Dichtung kurzzeitig wieder zum Leben erweckt und ins Mittelalter versetzt wird, damit Faust sich mit ihr vereinigen kann, schreibt der Pädagoge und Goethe-Kenner Wilhelm Flitner: Die »irdische Liebe, auch als eine metaphysische aufgefasst, wird Führerin zur himmlischen, die das Erlösungswerk vollendet«. Sie »bereitet die himmlische vor. Sie verhalten sich nicht als Gegensätze zueinander, sondern wie Stufen eines Pfades zur Höhe. Auf diesem Gedanken beruht der zweite Teil der Faustdichtung. … Wer den Kosmos in seiner Schönheit gesehen hat, wer nicht nur dem sinnlichen Zauber des Schönen, sondern seinem Geistgehalt sich geöffnet, der hat die Brücke vom Zeitlichen zum Ewigen beschritten; er hat im Augenblick zugleich die Transzendenz vor sich (…) der Eros erschließt das Herz (…) für die Transzendenz (…) Die ganze sinnlich-zeitliche Welt wird für den ästhetischen Sinn zu einem Hinweis auf das unsichtbare Andere.« »Die Liebe zu Helena macht diese verschlossene Welt auf einmal zugänglich. Die Liebe zum Schönen und Gestalteten und das formende Schaffen einer ewigen, transzendenten Liebe, aus welcher auch die Natur hervorgeht, sie entsprechen einander (…) Sich hinbewegend auf ihren Ursprung werden sie (die Menschen, Verf.) der Wahrheit tiefer inne (…) So muss auch die Natur als Bewegung der Liebe aus dem Dunkeln ins Helle verstanden werden.«[17]

Hier wird deutlich, dass starke Liebe, sei sie erotisch oder »platonisch« oder beides, eine Tendenz hat, uns über uns selbst hinauszuführen, die Perspektive zu wechseln und den Horizont zu erweitern. Dann ahnen oder erfahren wir, dass es etwas Größeres, Mächtigeres, Umgreifendes und Erhabenes gibt. Dieses Gefühl wurde häufig als ein religiöses Gefühl beschrieben und das, worauf es sich richtet, als Gott oder das Göttliche. Davon ist im folgenden Kapitel die Rede.

Liebe zu Gott

»Gott ist Liebe;
und wer in der Liebe bleibt,
der bleibt in Gott und Gott in ihm.« [1]
Joh. 4,16 (1. Buch)

Wie die Liebe im Allgemeinen, so ist auch die Liebe zu Gott oder dem Göttlichen Gegenstand unzähliger Bücher, Theorien und Anschauungen. Dazu sowie zu den Fragen, ob es einen Gott oder Göttliches überhaupt gibt, ob wir ihn erkennen können, was sein Wesen ist etc., soll hier nicht Stellung genommen werden. Zweifellos gibt es eine Liebe zu Gott und dem Göttlichen. Sie war stets sehr verbreitet und ist es immer noch. Vielen Menschen gibt sie Orientierung, Halt, Sinn, Hoffnung, Trost und auch Lebensfreude. In diesem Kapitel soll gezeigt werden, dass auch in der Liebe zu Gott, ja hier besonders, dem Gedanken der Verbundenheit und Vereinigung, dem Einssein sowie den Gefühlen der Geborgenheit, Sicherheit, des Schutzes, des Getragenseins, des Genährtwerdens und der Lebensfreude zentrale Bedeutung zukommen.

Wenn im Folgenden von »Gott« die Rede ist, soll das unpersönliche »Göttliche« stets mitgemeint sein. Für das Gefühl der Liebe zu Gott kommt es nicht darauf an, ob es sich auf einen persönlichen Schöpfergott bezieht oder auf etwas Unpersönliches, Transzendentes, Höchstes, Ursprüngliches, Unfassbares oder Unnennbares (Numinoses). Geht Liebe auf die vorgeburtlich geprägte Sehnsucht nach Vereinigung, Verschmelzung und Einswerdung zurück, so verwundert es nicht, dass in allen Religionen dem Gedanken der Vereinigung mit Gott, einem Leben »in Gott« und »aus seinem Geiste« heraus eine zentrale Bedeutung zukommt. Nahezu alle Religionen kennen die mystische Verschmelzung mit Gott (unio mystica), sei es in der Andacht, in der Ekstase, im Heraustreten aus dem eigenen Ego und der selbstvergessenen, rauschhaften Vereinigung mit Gott, sei es in der Erkenntnis, dass Gott in uns lebt und wir ihn in meditativer Versenkung in uns selbst finden und antreffen. Stets wird berichtet, dass diese Gotteserfahrung und das ihr zugrunde liegende Gotteserlebnis höchste Freude und Glückseligkeit bedeuten. Weil die Wesensmerkmale der Liebe und die aus ihr entspringende Lebensfreude in der Liebe zu Gott sehr stark präsent sind, wird Gott häufig gleichgesetzt mit der Liebe. Das Gebot zu lieben, Liebe zu praktizieren und allem liebevoll zu begegnen wird als das eigentliche Sein Gottes und der Sinn des menschlichen Lebens angesehen. »Gott ist der unbegreifliche, unbeschreibliche Wesenskern der Liebe«.[2] Für Aristoteles ist Gott das Eine, das alles Umgreifende, alles Einschließende, aber auch die freundschaftliche Liebe (griechisch »philia«) oder das Universum, das durch Freundschaft und Liebe zusammengehalten und geeint wird.[3] »Religion« kommt von dem lateinischen Wort »religare«, was rückbinden heißt und darauf hindeutet, dass religiöse Gefühle etwas mit der Wiedererweckung ursprünglicher Bindungserfahrungen zu tun haben.

Das ist auch der Grund, warum wir überall auf der Welt und in jeder geschichtlichen Epoche religiöse Gefühle als eine dominante soziale Erscheinung antreffen. Religionen sterben nicht aus, mag es auch Phasen geben, in denen sie schwächer präsent sind. Die ursprüngliche Liebe zur Mutter verwandelt sich bei spirituell veranlagten Menschen in ein »metaphysisches« Bedürfnis, das in der Liebe zu Gott Ausdruck und Erfüllung findet. »Alle theistischen Systeme, selbst die nicht theologischen, mystischen Systeme, postulieren einen spirituellen, den Menschen transzendierenden, jenseitigen Bereich, der den spirituellen Kräften des Menschen und seinem Verlangen nach Erlösung und nach einem inneren Neugeborenwerden Bedeutung und Geltung verleiht«, schreibt Erich Fromm.[4] Einen solchen Sinn für Spiritualität und Transzendenz dürfte jeder haben, bleibt er auch bei vielen Menschen verborgen und wird nicht geweckt. Der Mensch möchte die Welt verstehen und hat ein Bedürfnis nach einem konsistenten, in sich schlüssigen und stimmigen Weltbild. Der Glaube hilft dabei, die vielen unerklärlichen Leerstellen in diesem Bild unter Hinweis auf den unergründlichen Willen oder die höhere Vernunft Gottes zu füllen. »Die einzige Möglichkeit«, schreibt Fromm, »die Welt letztlich zu erfassen, liegt nicht im Denken, sondern im Akt, im Erlebnis von Einssein. So führt die paradoxe Logik zu dem Schluss, dass die Gottesliebe weder im verstandesmäßigen Wissen über Gott, noch in der gedanklichen Vorstellung, ihn zu lieben, besteht, sondern im Akt des Erlebens des Einssein mit Gott. Dies führt dazu, dass das größte Gewicht auf die rechte Art zu leben gelegt wird.«[5]

In der Liebe zu Gott richtet sich die Liebe zugleich auf das Unbegreifliche, Umgreifende, Allumfassende, Größere, Ewige, Kosmische und insbesondere auch auf die Natur. Deshalb wurde Gott schon in der Antike mit der Natur identifiziert. »Was nämlich anderes ist die Natur als der Gott und der göttliche Urgrund«, schreibt Seneca. Natur und Gott »sind beides ein und dasselbe«.[6] In der Neuzeit war es vor allem Spinoza, der mit weitreichender Wirkung auf die nachfolgende Philosophie Gott mit der Natur identifizierte. Wiederholt spricht er von »Gott oder Natur« (lat. »deus sive natura«) im Sinne eines Synonyms.

Die Liebe zu Gott richtet sich aber auch nach innen, in die Tiefe der eigenen Seele, wo wir den »göttlichen Funken« finden, der uns mit Gott verbindet und uns eins mit ihm werden lässt. »Dieses Einswerden«, schreibt Anselm Grün, »geschieht auf dem Grund der Seele. Im Grund der Seele – so sagt Evagrius (ein christlicher Mönch, Verf.) – ist der Ort Gottes, von dem die Bibel schreibt. Da ist ein Raum der Stille, in dem Gott selbst wohnt. In diesem inneren Raum sind wir ganz eins mit uns selbst.«[7] Dies führt zur Seelenruhe, in der die Antike in Orient und Okzident den Kern menschlichen »Glücks« sah. Ob dem so ist, mag dahingestellt bleiben. Von vielen Menschen wird dies so empfunden und erlebt. »Das einzige, was sie (die religiöse Erfahrung) unzweideutig bezeugt«, schreibt der amerikanische Philosoph und Psychologe William James, »ist, dass wir die Vereinigung mit etwas, das größer ist als wir selbst, erfahren und in dieser Vereinigung unseren größten Frieden finden können.«[8] In den altindischen Upanischaden ist der im Innern des Selbst erkannte Gott, Atman, identisch mit dem äußeren, den Kosmos durchwebenden Gott, Brahman.

Der Umstand, dass in der Gotteserfahrung – nicht nur in der mystischen – »Innen« und »Außen« zusammenfallen, belegt das Typische einer gelingenden Liebesbeziehung: das Einswerden von zwei Polen, die Verschmelzung, das Aufheben der Differenz und Vereinzelung, das Erleben des Ich im Du, im tiefen Gespräch »von Angesicht zu Angesicht«, in dem sich die Seelen berühren.[9] In dem historischen Roman »Die vierzig Tage des Musa Dagh« von Franz Werfel gibt es einen eindrucksvollen Dialog zwischen einem muslimischen Weisen und einem Christen, in dem von der »Berührung von Herz zu Herz« die Rede ist, offenbar einem alten türkisch-armenischen Brauch, von dem es am Anfang des Romans heißt: »Daraufhin trat der Agha (Würdenträger im Osmanischen Reich, Verf.) näher und streckte seine Rechte gegen das Herz des Gastes aus, so dass er mit den Fingerspitzen Gabriels Brust leicht berührte. Damit war der ›Herz-Kontakt‹ angedeutet, die innigste Form persönlicher Fühlungnahme, ein mystisches Brauchtum, das fromme Leute von einem bestimmten Derwischorden übernommen haben.« In dem späteren Dialog führt der Weise aus: »Es gibt ein zweifaches Herz. Das fleischliche und das geheime himmlische Herz, das jenes umschließt, so wie der Duft die Rose einhüllt. Dieses zweite Herz verbindet uns mit Gott und mit den Menschen. Öffne es bitte! (…) Weißt du, welches das Wort ist, das nach dem Namen Gottes am häufigsten den Koran ziert? Das Wort: Frieden! (…) Auch wir streben nicht anders als ihr Christen nach einem *Reich der Einheit und der Liebe*. Auch wir hassen unsere Feinde nicht. Kann ein Herz überhaupt hassen, das die Empfängnis Gottes in sich schließt?«[10]

Friede, Harmonie, Seelenruhe, Geborgenheit, Sicherheit, Getragen- und Gehaltenwerden, diese prägenden Elemente jeder pränatalen Erfahrung, in denen wir den Ursprung unserer Sehnsucht nach Liebe erkennen, sind in der Liebe zu Gott, dem Übersinnlichen und Transzendenten greifbar. »So ist auch die innere Ruhe des Menschen im Diesseits und im Jenseits die tätige und schauende Teilhabe an dem Liebes- und Geistesfeuer, das in der Schöpfung angefacht ist«, schreibt Flitner in seiner Besprechung von Goethes Faust.[11] In der gewaltigen Gebirgsnatur sieht Faust »die allmächtige Liebe, die alles bildet, alles hegt« (Faust II, Vers 11872). »Das ist die Macht des Eros. Wie die metaphysische Sehnsucht bei Platon als eine höchste Kraft der Liebe mit der Naturmacht des Erotischen in Verbindung steht, so in dem Goethischen Gedicht. Es gibt einen Übergang von den niederen zu den höchsten Stufen der Liebe, und Faust findet in seinem verworrenen Treiben diesen Pfad.« Es »erweist sich das Erotische durch die ihm innewohnende physische Macht als Brücke vom Irdischen zum Übersinnlichen und wird von Faust als *Näherung zum Göttlichen* erlebt. Aber auch der Eros ist in die zwiespältige Ordnung der menschlichen Existenz eingefügt. Auf der Erde bringt er keine wirkliche Erfüllung, sondern nur das ›Vorgefühl‹, die Ahnung, das Gleichnis.«[12]

In der letzten Bemerkung klingt an, was wir bereits an verschiedenen Stellen in diesem Buch angemerkt haben. Wie bei jeder Liebe findet in der Auffassung der meisten Religionen auch die Liebe zu Gott auf Erden keine vollständige Erfüllung. Sie wird verwiesen auf ein Leben nach dem Tod. In der weltlichen Liebe wird sich unsere tiefste Sehnsucht nie vollständig erfüllen. Wir gelangen weder zurück ins Paradies noch in den Mutterleib, sondern müssen uns damit begnügen, *momenthaft* Gefühle des Einsseins, der Verschmelzung, der Aufhebung unserer Isoliertheit herzustellen und zu erleben. Sobald der Moment verflogen ist, spüren wir erneut Trennung und Distanz und die Sehnsucht nach Wiedervereinigung, als sei dies der gesetzmäßige natürliche Rhythmus alles Lebendigen.

Allenfalls den wenigen Menschen, die als »Erleuchtete« oder »Heilige« lieben oder die als Philosophen oder Weise »platonisch« das Sein oder die »ewigen Ideen« lieben, in denen die weltlichen Gegensätze »aufgehoben« sind, mag es gelingen, von einem Gefühl der Liebe dauerhaft und mit gleicher Intensität erfüllt zu sein. Sie sind nicht dem ständigen Wechsel von Trennung und Vereinigung, Nähe und Distanz unterworfen. Eine solche Liebe hat sich freigemacht von einem konkreten Gegenüber oder Objekt der Liebe. Sie liebt das Lieben selbst als wesentliches Merkmal eines gelingenden Lebens und höchste Form des menschlichen Glücks. »Die wahrhaftige Liebe«, so heißt es in einer anonymen östlichen Weisheit, »ist nicht die Liebe zu einem einzelnen Menschen, sondern die seelische Bereitschaft der Liebe zu allen. Das ist der Zustand, in dem allein wir den göttlichen Urgrund unserer Seele erfassen.«[13] Solchen Menschen ist es vergönnt, Gott in jedem Gegenstand zu erkennen und zu lieben. In dem dramatischen Fragment »Mahomet« lässt der 23-jährige Goethe den Propheten aussprechen: »Siehst du ihn nicht (Gott, Verf.)? An jeder stillen Quelle, unter jedem blühenden Baum begegnet er mir in der Wärme seiner Liebe.«[14] Goethe legt hier dem Mahomet die eigene pantheistische Gottesauffassung in den Mund. Dreizehn Jahre später schreibt er in einem Brief: »Hier bin ich auf und unter Bergen, such das Göttliche in herbis et lapidibus« (in Kräutern und Steinen).[15]

Abschließend soll noch auf eine charakteristische Eigenheit der Gottesliebe hingewiesen werden. Zu ihr gehören nicht nur Glückseligkeit, Seelenfriede, Freude am Leben und an der Natur. Die Liebe zu Gott oder dem Göttlichen soll uns auch zu besseren Menschen machen. In allen Religionen ist Gott zugleich Inbegriff der Güte, des guten Lebens, der Liebe und Hingabe an die Schöpfung und unsere Mitmenschen. In den altindischen Upanischaden heißt es:

»Sobald du dessen innewirst, dass du das Selbst bist,
die höchste Quelle des Lichts, die höchste Quelle
  der Liebe,
transzendierst du die Dualität des Lebens
und trittst in den Vereinigungszustand ein.
Der Herr der Liebe (Gott, Verf.) leuchtet in den
  Herzen aller.
Ihn in allen Kreaturen sehend, vergessen
die Weisen sich selbst *im Dienste aller.*
Der Herr ist ihre Freude, der Herr ist ihre Erholung;
so wie sie sind die den Herrn Liebenden.
Durch Wahrhaftigkeit, Meditation und Selbstkontrolle
kann man in diesen Zustand der Freude eintreten
und das Selbst in einem reinen Herzen leuchten sehen.
Die Wahrheit siegt; niemals die Falschheit. (…)
die Wahrheit ist der Weg; die Wahrheit ist das Ziel des
  Lebens,
erreicht von Weisen, *die frei von Eigenwillen sind.*«[16]

In einer anderen Upanischad heißt es vom »Erleuchteten«:

> »Er wird nicht tangiert von Verleumdung,
> Hochmut, Eifersucht, Status, Freude oder Kummer,
> Gier, Zorn oder Vernarrtheit,
> Aufgeregtheit, Egoismus oder sonstigen Anreizen;
> denn er weiß, dass er weder Körper noch Geist ist.
> Befreit vom Einfluss des Zweifels und falschen Wissens,
> *lebt er vereinigt mit dem Herrn der Liebe,*
> der stets gelassen, unwandelbar,
> unteilbar ist, *der Quell aller Freude*
> *und Weisheit.*«[17]

In der Bhagavadgita lesen wir:

> »Wer Selbstsucht, Wollust, Dünkel, Zorn,
> Und Prahlsucht völlig abgestreift,
> Gelassen, ohne Habe ist,
> *Der ist zur Göttlichkeit gereift.*
> Zum Brahm (Gott) geworden, heiter, still,
> Erlöst von Kummer und von Gier,
> Und allen Wesen gleichgesinnt,
> Hegt höchste Liebe er zu mir.«[18]

Auch in der christlichen Tradition ist die Liebe zu Gott als ein »therapeutischer Weg« angesehen worden, der uns von schlechten, fremd- und selbstschädigenden Charaktereigenschaften reinigen soll, uns – was dasselbe ist – zu einem Leben in Liebe und Güte führt und unser Leben gelingen lässt. Der Benediktinermönch Anselm Grün schreibt: »Der religiöse Weg ist für die Bibel immer auch ein therapeutischer Weg, ein Weg zu gelingendem Leben, ein Weg in die Freiheit und in die Freude, in die Weisheit und in die Liebe.«[19] Mit der Liebe zu Gott ist eine starke ethische Komponente verbunden.

Es ist in diesem Buch schon öfter darauf hingewiesen worden, dass es umgekehrt nötig ist, dass wir, um überhaupt tief und erfüllt lieben zu können, mit uns ins Reine kommen, uns selbst lieben, uns von negativen Emotionen und selbstschädigenden Gewohnheiten, soweit es geht, befreien müssen. Wir sollten daher die Fähigkeit zu einem zugewandten, verständnis- und liebevollen Umgang mit uns selbst, den anderen, der Welt und der Natur kultivieren und diese Fähigkeit zu einem wichtigen Teil unserer Persönlichkeit machen. Insofern ist der Weg der praktischen Philosophie und Weisheitslehre, die Kunst des Liebens zu erlernen, derselbe wie für den religiösen Menschen der spirituelle Weg zu Gott, denn Gott ist die Liebe. In den »Zehn Flügeln« zum I Ging, dem ältesten Weisheitsbuch der Menschheit, heißt es:

»Der Gütige entdeckt ihn (Dao, Tao, der rechte Weg, das Göttliche) und nennt ihn gütig. Der Weise entdeckt ihn und nennt ihn weise.« Der Übersetzer und Kommentator Richard Wilhelm, der als Missionar nach China ging und sich dort intensiv mit den philosophischen Schriften des alten Chinas beschäftigte, erläutert die Stelle wie folgt: »Der SINN (so seine eigenwillige Übersetzung des chinesischen Zeichens für »Dao«) in seiner Offenbarung erscheint jedem auf seine eigne Weise. Der tätige Mensch, dem die Gütigkeit und Menschenliebe das Höchste ist, entdeckt diesen SINN des Weltgeschehens und nennt ihn die höchste Gütigkeit: ›Gott ist die Liebe.‹ Der kontemplative Mensch, dem ruhige Weisheit das Höchste ist, entdeckt diesen SINN des Weltgeschehens und nennt ihn die höchste Weisheit.«[20]

Es ist kein Alleinstellungsmerkmal der Religionen, die höchste Tugend in der Fähigkeit zu lieben zu sehen. Sie stellt auch einen der wichtigsten Werte der überlieferten nicht konfessionellen Weisheitslehren in Orient und Okzident dar, ja häufig ihre tiefste Einsicht und ihr letztes Ziel.

Liebe zur Welt, zum Schicksal und zum Leben

>*»Ihr glücklichen Augen,*
>*Was je ihr gesehn,*
>*Es sei wie es wolle,*
>*Es war doch so schön!«*[1]
>Goethe

Willst du ihn (Gott) Schicksal nennen, gehst du nicht fehl; er ist es, von dem alles abhängt, Ursache der Ursachen. Willst du ihn Vorsehung nennen, trifft dein Wort, ist er es doch, nach dessen Rat für diese Welt gesorgt wird, damit sie ohne Anstoß durchkommt und ihre Aufgaben erfüllt. Willst du ihn Natur nennen, ist es nicht falsch, ist er es doch, dem alles entstammt, durch dessen Hauch wir leben. Willst du ihn All nennen, irrst du nicht, denn er ist das Ganze, das du siehst, ist seinen Teilen eingewoben und erhält sich und das Seine.«[2] Diese Passage aus Senecas »Naturwissenschaftlichen Betrachtungen« leitet von den Kapiteln »Liebe zu Gott« und »Liebe zur Natur« über zum vorliegenden Kapitel, das eng mit den vorangegangenen verknüpft ist. Wenn man Gott als den Ursprung und Schöpfer der Welt liebt, als das Umgreifende, als Natur, dann liegt es nahe, auch die Welt selbst, das Leben und das Schicksal zu lieben. Aber gerade das fällt uns schwer, da wir doch viele Zustände in der Welt, viele Geschehnisse in ihr, viele Schicksalsschläge als furchtbar, grausam und schrecklich empfinden. Dennoch ist die Welt für sehr viele Menschen, so wie sie ist, jeden Tag zugleich auch die Quelle unzähliger freudiger Momente. Die Liebe zum Leben und zum Schicksal ist zudem die Voraussetzung und Wurzel eines gelingenden Lebens und jeglicher Lebensfreude. Wer sich in der Welt nicht wohlfühlt und mit seinem Schicksal keinen Frieden schließen kann, der verliert die Freude am Leben. »Freude ist Liebe zu dem, was ist«, sagt Sri Sri Ravi Shankar.[3] Dem liegt kein blauäugig verklärtes Weltbild eines Entrückten zugrunde. Wäre er der Meinung, dass alles gut ist, wie es ist, und ein Streben nach Verbesserung entbehrlich, dann hätte er seine weltweit agierende Organisation für »menschliche Werte« nicht zu gründen brauchen.

Wie aber können wir etwas lieben, das so viel Leiden und Not hervorruft? Dieses Problem wird in der Theologie seit vielen Jahrhunderten unter dem Begriff der »Theodizee« oder »Vorsehung« heftig diskutiert. Wenn Gott alles weiß und daher auch die Zukunft kennt, wie konnte er als Schöpfer der Welt so viel Leid und Elend zulassen? Auf diese Kontroverse soll hier nicht eingegangen werden. Vielmehr interessiert uns, wie Philosophen und Weise es seit jeher begründet haben, dass man trotz aller Übel die Welt und das Schicksal lieben könne. Wie soll das möglich sein? Gründe für eine solche Liebe zu finden war dabei das geringere Problem. Die Philosophen und Weisen der alten Welt suchten in der praktischen Philosophie nach Wegen, wie die stärkste Sehnsucht des Menschen, die nach einem gelingenden, glücklichen Leben, erfüllt werden könne. Sie kann aber nicht erfüllt werden, wenn wir die Welt im Ganzen ablehnen, weil wir das Leiden in der Welt für unerträglich halten. Mit einem ungelösten Widerspruch in der Seele fällt es schwer, Gefallen an der Welt zu finden und ein glückliches Leben zu führen. Deshalb soll man die Welt annehmen, wie sie ist. Ein radikaler Pessimist dagegen muss konsequenterweise zu dem Urteil kommen, »das Beste für den Menschen ist es, gar nicht geboren zu werden, das zweitbeste, nach der Geburt schnellstmöglich zu sterben«. Tatsächlich ist eine solche Ansicht von einigen Denkern im alten Griechenland vertreten worden, wenngleich sie es für sich selbst nicht umsetzten und am Leben festhielten.[4] Zahlreiche indische Yogis wenden sich seit Jahrtausenden gänzlich von der Welt ab, nicht nur, um dem Leiden zu entfliehen, sondern weil sie die Welt ohnehin für etwas Unwirkliches, für »Maya«, für bloßen Schein halten.

Solche Weltabgewandtheit und Lebensfeindlichkeit entsprach aber keineswegs der herrschenden Lebenspraxis und Anschauung. Allgemein war man der Meinung, dass es zu einem gelingenden Leben notwendig sei, nicht nur Frieden und Liebe zu sich selbst und seinen Mitmenschen zu finden, sondern auch zu der Welt und dem eigenen Schicksal. Nur wenn wir aus vollem Herzen »Ja« sagen können zur Welt, wie sie ist, und zum Schicksal, wie es kommt, finden wir auch jenen Frieden in uns und jene Seelenruhe, die dazu führt, dass wir unser Leben als sinnvoll und glücklich erleben. Der höchste Ausdruck dieses »Ja« aber ist es, wenn wir aufrichtig sagen können, wir lieben die Welt, das Leben, unser Schicksal so, wie es ist.

Bei allen schwierigen und traurigen Phasen, die Goethe in seinem langen Leben durchlitten hat – mindestens sieben Mal war er zu Tode erkrankt, das erste Mal mit 17 Jahren; er erlebte den Verlust nahezu aller Menschen, die er geliebt hatte, nicht zuletzt seines Sohnes –, nie verlor er sein Urvertrauen und die Liebe zu dem, was ist. »Wie es auch sei das Leben, es ist gut«, lautet die letzte Zeile seines Gedichts »Der Bräutigam«. An anderer Stelle sagt er: »Alles ist dem Gott geraten, Alles ist am Ende gut«.[5] Und im »West-östlichen Divan« stellt er fest, »dass die Welt, wie sie auch kreise, liebevoll und dankbar sei«.[6]

Woher kommen diese positive Grundhaltung und dieser Optimismus zum Leben, zur Welt und dem Schicksal? Zunächst können bestimmte philosophische Überlegungen zu einer solchen Haltung führen. Die Philosophie erhebt sich vom Besonderen ins Allgemeine, versucht das übergeordnete Ganze zu verstehen, eine vernünftige Gesetzmäßigkeit in allem zu erkennen, den Sinn und die Notwendigkeit zu begreifen, die das Gute, die Freude, das Glück mit dem Schlechten, dem Leiden und dem Unglück verbindet, »als wenn Freude ohne Leid nicht zu haben wäre« (Sokrates). Aufschlussreich ist eine Erläuterung, die Karl Viëtor, ein bedeutender Goethe-Kenner, folgenden Zeilen aus Goethes spätem, von Altersweisheit geprägtem Dichten gegeben hat:

»Alle Tag und alle Nächte
Rühm ich so des Menschen Los:
Denkt er ewig sich ins Rechte,
Ist er ewig schön und groß.«

Viëtor schreibt: »Mit einer der empathischen Unbedingt-heitsformeln, wie Goethe sie im Alter liebt, setzt das Gedicht zu der Lehre an, die seine Pointe ist. Das Rechte ist die Gesetzmäßigkeit der Welt (…) das Innewerden des polaren Lebensrhythmus, die fromme Hingabe an das höhere Unbekannte, das uns an den Phänomenen der Lichtwelt in seiner Reinheit und seiner immer lebendigen, regen Gegenwart offenbar wird; die Steigerung, die der Mensch in den Augenblicken solcher höchsten Erfahrungen empfindet und die ihn die Gegenwart des Göttlichen frei und groß fühlen lässt, und wie er da selbst emporgehoben ist, – alles dies soll er handelnd in das Rechttun überführen und so fruchtbar machen. So wird es (das Rechte, die Welt, Verf.) schön und groß sein im wahrsten, im vollkommensten Sinn.«[7]

Der Philosoph sucht das Bleibende in dem Vergänglichen, geht von dem Besonderen, dem konkreten Fall, zum Allgemeinen, überblickt die ganze Welt der flüchtigen Erscheinungen und sucht das dauerhafte Sein in ihnen. »Eine Höhe und Vogelschau der Betrachtung gewinnen«, schreibt Nietzsche einmal, »wo man begreift, wie alles so, wie es gehen sollte, auch wirklich geht: wie jede Art ›Unvollkommenheit‹ und das Leiden an ihr mit hinein in die höchste Wünschbarkeit gehört.«[8] Eine solche Sichtweise hat viel mit Demut zu tun, nämlich mit dem Eingeständnis, dass wir endlich und fehlerbehaftet sind, dass die menschliche Vernunft begrenzt ist, dass das, was wir verstehen, nur ein kleiner Bruchteil der Wirklichkeit ist, dass wir unseren Urteilen über die Welt daher skeptisch begegnen oder ganz auf sie verzichten sollten. So werden selbst solche auf den ersten Blick befremdlich anmutende Aussprüche verständlich, wie etwa der des Philosophenkaisers Marc Aurel: »Alles, was geschieht, geschieht gerechterweise.«[9] Er folgert daraus, dass, wer an die Vernunft glaubt, d. h. ein philosophisches Leben führt, »alles, was ihm durch die Verkettung der Geschicke begegnet, *mit Liebe umfasse*«. Und er fügt hinzu: »Sollte aber auch alle Welt in sein einfaches, sittsames und wohlgemutes Leben Zweifel setzen, so wird er darüber weder jemandem zürnen noch auch von dem Pfade abweichen, der zu einem Lebensziele führt, bei dem man rein, ruhig, bereit und *mit williger Ergebung in sein Schicksal* anlangen muß.«[10]

Aus unserer Unfähigkeit, die tieferen Zusammenhänge von Leid und Freud, Glück und Unglück zu erkennen, und aus dem Glauben an die Positivität des Lebens wurde immer wieder – so im Stoizismus, Daoismus, ähnlich in den altindischen Weisheitslehren – gefolgert, nicht daran festzuhalten, was man selbst will und für gut hält oder wie man sich eine ideale Welt vorstellt, sondern die Welt so anzunehmen, wie sie ist, und das eigene Schicksal tapfer und freudig zu tragen, wie es auch kommen mag. Dieses bereitwillige und wohlwollende Annehmen aber ist eine Form der Liebe zur Welt und zum Schicksal. Aus ihr entspringen die Freude am Leben, Optimismus und eine positive Grundeinstellung. »Allein was Gott anordnet, das geht gut aus. Nimm dir vor, in Zufriedenheit zu leben«, heißt es in einer über 4000 Jahre alten ägyptischen Lehre.[11] Über Sokrates, der sich in glücklichen wie unglücklichen Zeiten stets gleich blieb und jedem Schicksal unerschrocken entgegenzutreten wusste, schreibt ein Philosophiehistoriker: »... er musste die Kraft besitzen, das Ganze der Welt und des Lebens jederzeit wunschlos und freudig zu bejahen.«[12] Seneca hielt es für weit besser, einem unerwarteten Schicksalsschlag anstatt mit den Worten »Anders wollten's die Götter« mit den Worten zu begegnen: »*Besser* meinten's die Götter«.[13] Mehrfach empfiehlt er daher, »was kommen mag so hinzunehmen, als entspräche es deinem Wunsch«.[14] Wenn man sein Glück in der eigenen Seele sucht und sich von der Abhängigkeit von äußeren Dingen frei gemacht hat, so Epiktet, ein freigelassener Sklave und hoch angesehener Lehrer der stoischen Philosophie, dann ist man in der Lage »alles, was einem widerfahren kann, sanftmütig aufzunehmen«. »Denn ich halte es für besser, was Gott (das Schicksal, Verf.) will, als das, was ich will.«[15] Schließlich sei noch der griechische Philosoph Plutarch angeführt, der wohl Seelenruhe, Gelassenheit und inneren Frieden im Blick hatte, als er darauf hinwies, dass es »süße Früchte« trägt, wenn man sich mit dem Schicksal »versöhnt«: »Ist doch auch sonst das Jasagen zum göttlichen Walten und die von Vorwürfen freie Versöhntheit mit dem Schicksal immer etwas Schönes, was süße Frucht trägt.«[16]

Diese Liebe zum Leben als Ganzes, zur Welt und zum Schicksal, die in Demut gründet und aus einer zeitlosen Perspektive auf die Welt entspringt, leugnet weder das Unglück in der Welt noch hält sie das Mitgefühl mit Leidenden und den Willen, gegen Unrecht und Missstände vorzugehen und für eine bessere Welt einzustehen, für überflüssig. Aber sie erkennt, dass wir als lebende Menschen jeder für sich ein einmaliges und großes Geschenk zu verwalten haben, für das wir dankbar sein sollten. Sie glaubt auch nicht, dass das Übel in der Welt überwiege. Das Gegenteil dürfte der Fall sein. Bei den meisten Menschen übertreffen die Momente der Freude und des Wohlseins bei Weitem die Momente körperlichen und seelischen Leids. Und wäre der Mensch fähig, selbstgenügsam zu leben, seinen Seelenhaushalt aufzuräumen und mit sich ins Reine zu kommen, so würden die meisten Menschen auch ein glückliches Leben führen. »Welche Klagen erheben die Sterblichen wider die Götter! / Nur von uns, wie sie schrein, kommt alles Übel; und dennoch / Schaffen die Toren sich selbst, dem Schicksal entgegen, ihr Elend«, dichtete Homer.[17] »In ihrer Verblendung geben viele nicht sich selber, sondern den Umständen Schuld«, sagt der griechische Philosoph Teles.[18]

Was uns in den Stand setzt, das Schicksal anzunehmen und zu lieben, ist der Umstand, dass wir es selbst sind, die es machen. »Der Charakter des Menschen ist sein Schicksal«, sagte bereits der Vorsokratiker Heraklit.[19] »Glückliches und unglückliches Lebensgeschick ist Sache der Seele«, heißt es bei Demokrit, einem Zeitgenossen des Sokrates.[20] Im gleichen Sinne lesen wir in einem ägyptischen Papyrus, »das gute Schicksal eines Guten gibt ihm nur sein eigenes Herz«.[21] Auf das Schicksal als äußeres Ereignis haben wir in den meisten Fällen keinen Einfluss. Aber entscheidend für unser Lebensglück ist, was wir aus dem äußeren Geschehen machen, wie wir es wahrnehmen, aufnehmen, auslegen, bewerten und verarbeiten. Erst dieser geistige Prozess, der unser eigenes Werk ist, entscheidet darüber, ob ein gutes oder leidvolles Gefühl in uns hervorgerufen wird. »Man sagt«, so heißt es bei Konfuzius, der Weise könne »Unglück in Glück verwandeln«.[22] Oder wie Epiktet es formuliert: »Denn was immer von sogenanntem Unglück herauskommen mag, in meiner Hand liegt es ja, Vorteil daraus zu ziehen.«[23] Wie immer auch die Umstände sind, mit der richtigen Einstellung und der Beherrschung von Körper und Geist können wir aus jeder Situation und jeden Umständen etwas Gutes machen, eine Lehre ziehen, etwas Nährendes und Freudvolles entwickeln. Das ist nicht einfach, aber wer von der Weisheit gelernt und die richtigen Haltungen zur Welt und zum Leben entwickelt hat, dem gelingt es. Der griechische Philosoph Bion von Borysthenes drückt es in einem Bild aus: »Wie man gebissen werden kann, wenn man ein Tier (falsch) anfasst – wenn du eine Schlange in der Mitte packst, wirst du gebissen, wenn du sie am Genick packst, geschieht dir nichts –, so verhält es sich mit den Umständen. Wenn du die falsche Auffassung hast, wirst du Schmerz empfinden; wenn du aber die Umstände so auffassen kannst wie Sokrates, wirst du nichts verspüren. Wenn du sie anders nimmst, musst du leiden, und zwar nicht infolge der Umstände, sondern wegen deines Charakters und deiner falschen Meinung. Daher soll man nicht versuchen, die Umstände zu ändern, sondern sich persönlich auf sie einstellen, wie sie eben sind, wie die Seeleute es tun: Sie versuchen nicht, den Wind und das Meer zu ändern, sondern sie stellen sich selber darauf ein (setzen die Segel, Verf.), um sich den Elementen anzupassen.«[24]

Da die Wirkung aller schicksalhaften Ereignisse auf unseren Seelenzustand in unserer Hand liegt, sind wir für unser Schicksal bzw. für das, was es mit uns macht, selbst verantwortlich. Insofern machen wir uns unser Schicksal selbst. Deshalb können wir uns in ihm auch wiedererkennen. Unser Schicksal ist im hohen Grade Selbstwirksamkeit. Wer in sich ruht und mit wohlwollender Zugewandtheit sein Schicksal annimmt, dem fügt es sich. Wenn wir es auf diese Weise ansehen, annehmen, gestalten und transformieren, ist unser Schicksal letztlich Ausdruck unseres eigenen Charakters. In der Liebe zum Schicksal lieben wir uns dann selbst. Im zweiten Teil von Goethes Faust heißt es:

»So seh ich in allen
Die ewige Zier
Und wie mir's gefallen
Gefall ich auch mir.«[25]

Das ist die Haltung, mit der wir alles im Leben und in der Welt, was sich in der unmittelbaren und unreflektierten ersten Wahrnehmung als Übel, Leid, Unglück oder Missgeschick darstellt, mit Duldsamkeit ertragen und mit Weisheit in etwas Nützliches und letztlich in Lebensfreude verwandeln können. Unser Denken und unsere Vorstellungen sind der »Zauberstab des Hermes«. »Berühre damit«, sagt Epiktet, »was du willst, und es wird zu Gold!«[26] Im Gebrauch unserer Vorstellungen, sagt sein Lehrer Musonius Rufus, »besteht die Freiheit, der schöne Fluss des Lebens, der Seelenfrieden, das Wohlbefinden«.[27]

Goethe, der viel von den antiken Weisheitslehren gelernt hatte und sie mit seinen mannigfachen Lebenserfahrungen verbinden konnte, wusste sehr gut, dass wir auf diese Weise unser Schicksal bestimmen können und imstande sind, Lebensfreude und Glück in jeder Lebenslage zu erfahren:

»Willst du immer weiter schweifen?
Sieh, das Gute liegt so nah.
Lerne nur das Glück ergreifen,
denn das Glück ist immer da.«[28]

»Wer sich in die Welt fügt«, schreibt der Achtzigjährige in einem Brief an seinen Sohn August, »wird finden, dass sie sich gern in ihn finden mag. Wer dieses nicht empfindet oder lernt, wird nie zu irgendeiner Zufriedenheit gelangen.«[29] Belehrend sei die Geschichte eines jeden Menschen, sagt er an anderer Stelle, der mit Talent und Fleiß »sein Schicksal in mehr als einem Sinne selbst gemacht hat«.[30] In »Wilhelm

Meisters Lehrjahre« finden sich die Worte: »Die Geschichte des Menschen ist sein Charakter.«[31]

Wer sich auf diese Weise in die Welt und sein Schicksal einfügen und sich beides aktiv anverwandeln kann, der wird resilient gegen äußere Widrigkeiten und fühlt sich wohl in seiner Haut. »*Wohlsein*«, schreibt Erich Fromm, »lässt sich als die Fähigkeit beschreiben (…) ganz bewusst zu leben und zu handeln; es bedeutet … *mit der Welt eins zu sein* (…) es ist die Erfahrung der Freude im Vollzug des Lebens selbst (…).«[32] Bei Anselm Grün lesen wir: »Wer von der Liebe erfüllt ist, dem können die Turbulenzen des Lebens nichts anhaben. Er verliert das Gefühl der inneren Entfremdung. Er kommt mit sich selbst in Berührung. Er spürt seine Mitte. (…) Die Liebe schenkt Frieden zwischen den Menschen und sie bringt uns mitten in den Turbulenzen dieser Welt mit dem inneren Raum der Stille in Berührung. (…) Und sie bringt uns in Berührung mit unserem wahren Wesen.«[33]

In der Liebe zum Schicksal und zur Welt sagen wir »Ja« zu uns und unserem Leben, spüren wir die Einheit mit uns selbst. Daraus entspringt Lebensfreude. Die Liebe zur Welt als Ganzes, zum Leben und zum Schicksal versetzt uns in den Stand, an allem und jedem Freude empfinden zu können und selbst noch Leidvolles in einem milden Lichte zu betrachten und anzunehmen. Sie macht uns duldsam und gleichmütig und führt zu einer Grundstimmung heiterer Gelassenheit. Bei dem antiken chinesischen Philosophen Zhuangzi heißt es: »Die wahren Menschen der Vorzeit kannten nicht die Lust am Geborensein und nicht den Abscheu vor dem Sterben. (…) *Gelassen gingen sie, gelassen kamen sie. Sie vergaßen nicht ihren Ursprung;* sie strebten nicht ihrem Ende zu; sie nahmen ihr Schicksal hin und freuten sich darüber, und (des Todes vergessend) kehrten sie (ins Jenseits) zurück.«[34]

Liebe zur Weisheit

»Philosophie ist eigentlich Heimweh,
ein Trieb, überall zu Hause zu sein.« [1]
Novalis

Liebe zur Weisheit« ist bekanntlich die deutsche Überset-zung des altgriechischen Wortes »philosophia«, das auch Liebe zum Wissen und zur Wissenschaft sowie geistiges Streben meint. Es setzt sich zusammen aus dem Verb »phi-lein«, lieben, lieb haben, und dem Wort »sophia«, Weisheit, Verstehen, Kenntnis, Einsicht, Geschicklichkeit, Gewandt-heit. Das Wort »sophia« kommt zuerst bei Homer vor, der es zur Beschreibung der Geschicklichkeit der Handwerker in adjektivischer Form im Sinne von »sich auf etwas verstehen« verwendet. Als Weisheit bezeichnet man ein Wissen, das sich vor allem auf die praktische Lebensführung bezieht. Der Weise ist also jemand, der sich auf das Leben bzw. die Le-bensführung versteht, und zwar im Hinblick auf das höchste Lebensziel. Dieses wurde in allen antiken Kulturen darin ge-sehen, ein glückliches Leben zu führen. Eine Anekdote aus dem alten Griechenland, vielleicht eine Legende, besagt, dass es früher nur die Bezeichnung »der Weise« (griechisch »so-phos«) gegeben habe. Der Vorsokratiker Pythagoras aber stellte klar, dass (vollkommene) Weisheit nur dem Gott zu-komme. Der Mensch in seiner Beschränktheit sei allenfalls jemand, der die Weisheit liebe und nach ihr strebe, sie aber nicht besitze, der eben nur ein »philo-sophos« sei. So soll das Wort »Philosophie« in die Welt gekommen sein.

Etwa einhundert Jahre nach Pythagoras behauptete Pla-ton, dass der Liebesgott Eros ein Philosoph sei, denn der Philosoph stehe in der Mitte zwischen einem Unwissenden und einem Weisen und strebe danach, weise zu werden, von Eros mit liebender Sehnsucht dazu angetrieben. Der Weise sei im Besitz des Guten, dem höchsten Wert, den der Mensch anstreben könne und dessen Umsetzung das Leben zu einem glücklichen mache. Die wahrhafte Liebe sei daher »auf den dauernden Besitz des Guten gerichtet«. Die Tätigkeit, die dahin führe, sei eine schaffende, erzeugende und schöpferische, nämlich »die Zeugung im Schönen, dem Körper wie dem Geiste nach«. Im Körper erzeugt sie leibliche Kinder, im Geist aber Wissen, Erkenntnis, Verstehen, Einsicht und »Ideen«, die bleibenden Urformen und Wesen aller Dinge.[2] Die Erkenntnis verstand er dabei als eine »Wiedererinnerung des einst am ›himmlischen Ort‹ Erschauten«, eine »Liebessehnsucht der Seele nach der Wiederschau der präexistenten Ideenwelt«.[3] Es hat den Anschein, als hätte Platon geahnt, wie viel die Liebe mit pränatalen Erfahrungen und dem Wiedererwecken von Gefühlen und Eindrücken zu tun hat, die wir vor unserer Geburt im Mutterleib erlebt haben.

Die Liebe zur Weisheit war bei den Griechen ein Streben nach Wissen, Wahrheit, Erkenntnis und Verstehen. Der Liebesgott Eros war der, der alles ans Licht brachte.[4] Im Anfang aber war das Staunen und die Bewunderung für alles Unerklärliche und Schöne in der Welt, das wie von selbst im Staunenden die Fragen nach dem Sein, Wesen und Ursprung der Welt hervorrief. Ein bedeutender Kenner der griechischen Kultur sagte, dass die Philosophie, d. h. die Liebe zu Wissen, Kultur und Bildung, »die eigentliche charakteristische Schöpfung Athens« sei.[5]

Im Christentum ist der Gedanke Platons, der Mensch strebe nach der Erkenntnis des Guten, Schönen und Wahren, aufgenommen worden, wobei an die Stelle der »Idee des Guten« Gott getreten ist. Der Mensch sehne sich nach einem Leben in und mit Gott, im Schutz und in der Geborgenheit seiner liebenden Güte. Ihn wolle er erkennen. Ihn solle er lieben. In der Liebe zu Gott und dem höchsten Gut sowie in deren Erkenntnis vollende sich die Natur des Menschen und finde er sein Glück und seine Lebensfreude. »In der vollständigen Entwicklung dieser Kräfte (Erkenntnis und Liebe, Verf.), d.h. in der Erkenntnis der höchsten Wahrheit, wie sie (die Menschen) dieselben aus sich erreichen können, in der Vereinigung durch die Liebe mit dem höchsten Gute, zu dem sie aus sich gelangen können, und in dessen ruhigem, ungestörtem, wonnevollem Besitz besteht die natürliche, innerliche Vollendung und folglich das Ziel des Menschen seiner geistigen Natur nach«, schrieb der einflussreiche katholische Theologe Scheeben.[6] Lieben und Erkennen fallen hier zusammen. »Liebe und Vernunft sind ein und dasselbe«, sagt der französische Philosoph Blaise Pascal.[7] Bereits in der Bibel wird Liebe als ein Erkennen bezeichnet: »Adam erkannte sein Weib Eva und sie ward schwanger.«[8]

Sieht man einmal von der Auffassung Platons ab, die ihre Grundlage in seiner idealistischen Philosophie hat, so stellt sich die Frage, was dieses Streben nach Weisheit und Wissen, insbesondere das Wissen um das »gute Leben«, mit Liebe zu tun hat? Novalis hat mit dem einleitenden Zitat eine Antwort zu geben versucht. Philosophie ist die Sehnsucht, nach Hause zu kommen, d.h. zum Ursprung zurückzukehren, in die wohlige Geborgenheit, die Sicherheit, das Getragen- und Genährtwerden, in das »Heimelige«, das wir als Fötus im Leib der Mutter erlebt haben und das sich in unser Körpergedächtnis für immer eingeprägt hat. Da wir aber in diesen Zustand nicht mehr zurückkehren können, suchen wir in der Welt nach Gefühlen, die dem damaligen Erleben entsprechen oder ihm doch nahekommen. Wir möchten unsere Lebenswelt so einrichten, dass wir uns überall in der Welt zu Hause fühlen. Wir möchten die Kluft zwischen dem prägenden Erlebnis des Einsseins und der Verbundenheit mit der

Mutter und dem Getrenntsein als isoliertes Individuum überbrücken. Im Erlebnis von Verbundenheit überwinden wir das Gefühl des Alleinseins, des Mangels, der Unverbundenheit, das sich immer wieder einstellt, wo wir unsere Isoliertheit und Vereinzelung leidvoll spüren und erfahren.

Die Liebe zur Weisheit stellt nach Hartmut Rosa »gleichsam die Reaktion der Moderne auf die Grunderfahrung eines konstitutiven, unüberbrückbaren Risses zwischen Ich und Welt dar, der die ›transzendentale Obdachlosigkeit‹ des modernen Menschen (Lukács) beziehungsweise sein Nirgends-zu-Hause-Sein (Heidegger) zur Folge hat.«[9] Er zitiert Heidegger: »Ein solcher Trieb kann Philosophie nur sein, wenn wir, die wir philosophieren, überall *nicht* zu Hause sind (Hervorhebung durch Verf.). Wonach steht das Verlangen dieses Triebes? Überall zu Hause zu sein – was heißt das? (…) jederzeit und zumal im Ganzen sein. Dieses ›im Ganzen‹ und seine Gänze nennen wir die Welt. Wir sind, und sofern wir sind, *warten wir immer auf etwas.* Wir sind immer von Etwas als Ganzem angerufen. Dieses ›im Ganzen‹ ist die Welt.«[10] Die »Philosophie als Lebensform«, schreibt Lukács, »ist immer ein Symptom des Risses zwischen Innen und Außen, ein Zeichen der Wesensverschiedenheit von Ich und Welt, der Inkongruenz (mangelnde Übereinstimmung) von Seele und Tat.«[11] Dieser Riss kann auch als ein Mangel von etwas dargestellt werden, wie bei Gisbert Kranz: »Sowohl Lieben als auch Erkennen entspringen dem Bewußtsein des Menschen, daß ihm etwas fehlt und daß er sein Wesen noch verwirklichen muß.«[12]

Um uns in der Welt wohlzufühlen und ein Gefühl von »Zu-Hause-Sein« zu entwickeln, müssen wir die Welt verstehen und kennen. Wir müssen die Leerstellen und schwarzen Löcher in unserem Wissen derart in ein Bild von einem stimmigen Ganzen integrieren, dass wir uns der Welt möglichst nahe fühlen, dass wir sie annehmen und akzeptieren können, ja, dass wir tiefe und nachhaltige Lebensfreude an der Welt und dem Leben in ihr empfinden. Der Mensch hat ein natürliches Bestreben danach, die Welt zu verstehen, in dem Ganzen einen Zusammenhang und Sinn zu erkennen. Er sucht und braucht Orientierung, die ihm ein Verständnis der Welt vermittelt. Er möchte das Gefühl haben, er sei in seinem Wohnzimmer und wisse, wo alles, was er braucht, sich befindet und wie alles funktioniert. Im Fremden und Unbekannten, dort, wo sich Brüche und Lücken in seinem Verständnis auftun, entwickelt er Ängste, Unsicherheit und Unwohlsein. Solche »Verständnislücken« wirken in seiner geistig-seelischen Befindlichkeit wie ungelöste psychische Konflikte und können seelisches Leid hervorrufen. Es sind »Knoten« in seiner Seele, wie es in den Upanischaden heißt. »Der Mensch«, schreibt Erich Fromm, »findet sich von vielen verwirrenden Erscheinungen umgeben, und da er mit Vernunft begabt ist, muss er sie zu verstehen suchen, muss sie in einen Zusammenhang bringen, den er begreifen kann (...) Je weiter sich seine Vernunft entwickelt, umso angemessener wird sein Orientierungssystem, das heißt umso näher kommt es der Wirklichkeit. (...) Hat der Mensch keinen ihn subjektiv befriedigenden Orientierungsrahmen, so kann er sich seine seelische Gesundheit nicht bewahren.«[13]

Zwar wird der Mensch nie alles verstehen, weshalb er sein Leben lang nach kontinuierlicher Erweiterung des Wissens streben wird, jedenfalls dann, wenn er seine Neugierde und Liebe zu Wissen und Weisheit wachhält. Damit bleibt auch stets ein Rest Unsicherheit, Verwunderung und Staunen über das, was ist und geschieht. Aber das gehört – wie wir gesehen haben – zur Polarität jeder Liebesbeziehung und garantiert Lebendigkeit, Entwicklung, sich ständig erneuernde Sehnsucht und freudige Erfüllung. Trotz der schwarzen Löcher können wir unser Weltverständnis bis zu einem Grade entwickeln, dass es uns das Gefühl der Geborgenheit, der

Vertrautheit, des Bekannten, der Heimat vermittelt. Auch wenn – wie bei der Selbstliebe und der partnerschaftlichen Liebe – stets ein Rest Unverstandenes bleibt, können wir es in unserem Weltverständnis doch dahin bringen, uns in ihr ›rundum wohlzufühlen‹. Vielleicht hatte Goethe recht, als er einmal im Hinblick auf die Selbsterkenntnis sagte, Gott möge uns davor bewahren, uns selbst vollständig zu erkennen.[14] Die Grenzen unseres Verstehens sind der Motor unserer Lebendigkeit, die verloren ginge, wenn es nichts mehr zu entdecken gäbe, wenn uns nichts mehr überraschen könnte, wenn uns nichts mehr in Erstaunen und Verwunderung versetzen, uns nichts mehr anrühren, begeistern oder erschüttern könnte.

Nach Aristoteles ist das Streben nach Wissen und die Liebe zur Wahrheit die Bestimmung des Menschen, denn es sei die Vernunft, die den Menschen von allen anderen Lebewesen unterscheide. Die Entwicklung und Entfaltung dessen, was eine Gattung charakterisiere und sie für sich allein habe, sei aber ihr Lebensziel, seine Verwirklichung im kontinuierlichen Fortschreiten Glückseligkeit. Deshalb gehörten die Philosophen, Wissenschaftler und Forschenden zu den glücklichsten Menschen. Konfuzius, der das Lernen liebte, hat sich selbst einmal wie folgt charakterisiert: »Er ist ein Mensch, der beim Streben nach Wissen das Essen vergisst und aus Freude am Erkennen all seine Trauer; selbst das nahende Alter nimmt er so nicht wahr.«[15]

Lernen, Wissen, Verstehen, Einfühlen stehen für ein geistiges Einswerden. Wir machen uns eine Einsicht oder eine Vorstellung zu eigen und fügen sie in unser Weltverstehen ein. Jedes Erkennen ist Identifikation. »Mensch, was du liebst, in das wirst du verwandelt werden«, schreibt der Mystiker Angelus Silesius.[16] Schon das Wahrnehmen sei eine Identifizierung mit dem wahrgenommenen Gegenstand, meinten die Inder. Für die antiken Denker stiftet das Erken-

nen eine reale Verbindung mit dem, was erkannt wird.[17]
Wenn wir etwas Wesentliches gelernt und eingesehen haben,
sind wir ein anderer geworden. Wir folgen der neu gewon-
nenen Einsicht, denken, fühlen, wollen und handeln anders
als vorher, sei es auch in einem kaum wahrnehmbaren Maße.
Jedes Lernen verändert.

Wegen dieser geistigen Identifikation und persönlichen
Transformation ist der Prozess des Wissenwollens und Ler-
nens ein Lieben. Schon das Fragen zeigt ein Interesse und
eine Wertschätzung für das, was wir wissen wollen. Mit
Neugier wenden wir uns der Sache zu und öffnen uns für
eine neue Erfahrung oder Erkenntnis. Interesse, Wertschätzung, Zugewandtheit und Offenheit sind wesentliche Elemente von Liebe im weitesten Sinne. »Anteilnahme an etwas, Zuneigung zu etwas sind die ersten Akte, in denen der
menschliche Geist einen Gegenstand zu erfassen beginnt.«[18]
Wird der Gegenstand begriffen und kommt es zu einer Einsicht, findet eine Verschmelzung unseres Geistes mit der
neuen Erkenntnis statt: In solchen Momenten entsteht Freude, für den wissenshungrigen Aristoteles Glückseligkeit.
»Heureka! Ich hab's gefunden!«

Der erste Satz in den »Gesprächen« des Konfuzius, der
authentischsten Schrift, die wir von ihm haben, lautet: »Etwas lernen und sich immer wieder darin üben, schafft das
nicht Freude und ist das nicht der Weg zum Glück?«[19] Das
»sich immer wieder darin üben« deutet zum einen darauf
hin, dass Konfuzius hier Lebensweisheiten im Blick hatte,
die erst im praktischen Tun sich bewähren und in der wie-
derholten Umsetzung das Lernen vollenden; zum anderen,
dass wir das Gelernte verinnerlichen und zu einem Teil von
uns selbst machen müssen, damit es wirklich gelernt ist. Diese Verinnerlichung und »Anverwandlung« ist Identifizierung, geistiges Einswerden, ist gelingende Liebe zum Wissen
und zur Weisheit. Die Liebe zum Lernen stand im Zentrum

der konfuzianischen Lehre von der Persönlichkeitsentwicklung und hat China bis zum heutigen Tag beeinflusst. Er sagte einmal: »In einem Dörfchen mit zehn Häusern gibt es sicher Leute, die wie ich pflichtgetreu sind und vertrauenswert, doch keinen, *der mit mehr Liebe lernt als ich*.«[20]

Die Wesensverwandtschaft von Liebe und Weisheit, ihre weitgehende Identität, verdeutlicht eine andere Stelle bei Konfuzius. Ein Schüler fragte ihn, was Weisheit sei. Konfuzius antwortete: »Die Menschen kennen.« Und was sei ein weises Verhalten? »Die Menschen lieben«, antwortete Konfuzius.[21] Weisheit ist Wissen und Verstehen, und dies führt zu einer Form von Liebe und Verbundenheit zu dem, was verstanden wurde. Darauf soll noch näher eingegangen werden. Konfuzius, einer der Väter der Philosophie im asiatischen Raum, war der Auffassung, dass alle wesentlichen Lebensweisheiten bereits gedacht worden seien und dass es nur darauf ankomme, sie neu zu finden, neu zu bedenken und in die jeweilige Zeit zu übersetzen. »Ich schaffe nichts Neues«, sagte er, »*ich liebe das Alte* und übermittle es nur.« Entsprechend heißt es im »Buch der Riten, Sitten und Gebräuche«: »Entschlossen sein in der Gültigkeit und *das Lernen lieben,* vieles hören und beim Reden vorsichtig sein!«[22]

Es ist immer wieder behauptet worden, dass wir nichts lernen und erkennen können, ohne zu lieben. »Man lernt nichts kennen«, schrieb Goethe, »als was man liebt, und je tiefer und vollständiger die Kenntnis werden soll, desto stärker, kräftiger und lebendiger muss Liebe, ja Leidenschaft sein.«[23] Und an anderer Stelle: »Die unzulänglichen Urteile der Menschen entspringen nur aus Mangel an Liebe, denn ihr Urteil ruht auf nichts.«[24] Umgekehrt dürfte es aber so sein, dass, um etwas lieben zu können, wir es auch kennen müssen. Denn wir können nicht lieben, wovon wir keinerlei Kenntnis haben. »Was man ganz und gar nicht kennt, kann man in keiner Weise lieben«, schreibt Augustinus.[25] »Jede große Liebe ist die Tochter einer großen Erkenntnis«, sagte Leonardo da Vinci.[26] »Es gibt kein Wollen und keine liebende Hingabe«, schreibt der Philosoph Josef Pieper, »ohne Erkenntnis des geliebten Gegenstandes.«[27] Der scheinbare Zirkelschluss beider Auffassungen – keine Erkenntnis ohne Liebe, ohne Erkenntnis keine Liebe –, der an die Fragen nach dem Ursprung von Henne und Ei erinnert, lässt sich auflösen. Kennenlernen wie Liebenlernen ist ein Prozess der zunehmenden Annäherung: Je besser wir etwas, das wir schätzen, kennenlernen, umso enger wird die Verbindung, umso stärker die Liebe, Zuneigung und das Gefühl von Verbundenheit. Je mehr wir etwas lieben, umso besser lernen wir es kennen. »Dasselbe Verlangen«, sagt Augustinus, »mit dem man nach der Erkenntnis einer Sache lechzt, wird zur Liebe der erkannten Sache, da es nun den ersehnten Sprößling hält und umfängt.«[28]

Der deutsche Philosoph Hans-Georg Gadamer nannte den Prozess des Verstehens eine Horizontverschmelzung. Wenn wir jemanden verstehen möchten, überlappt sich zunehmend der Verständnishorizont des Verstehenden mit dem Horizont dessen, der verstanden wird. Wir fühlen uns immer mehr in den anderen ein, versetzen uns in seine Lage, erinnern uns an Situationen, in denen wir ähnliche Gefühle gehabt haben, und rufen sie in uns wach. Auch das ist Liebe im weitesten Sinne: Je mehr die Horizonte zweier Menschen verschmelzen, je mehr wir uns mit dem anderen identifizieren, uns »in ihn hineinversetzen«, umso größer ist unsere Zuneigung, Empathie und Liebe. Bei dem Kirchenvater Augustinus lesen wir: »Es wird nicht geliebt, was man nicht kennt. Wenn man aber liebt, was man zu einem Teil begreift, bewirkt die Liebe selbst, daß man es besser und voller erkennt.«[29] »Liebe ist ein aktives Eindringen in den anderen«, schreibt Erich Fromm, »wobei das eigene Verlangen, ihn zu erkennen, durch die Vereinigung gestillt wird. Im Akt der Vereinigung erkenne ich dich, erkenne ich mich, erkenne ich alle die anderen, und ich ›weiß‹ doch nichts. Ich erkenne auf die einzige Weise, in welcher dem Menschen Erkenntnis des Lebendigen möglich ist: im Erleben von Einheit (…). Im Akt der Liebe, im Akt der Hingabe meiner selbst, im Akt des Eindringens in den anderen finde ich mich selbst, entdecke ich mich selbst, entdecke ich uns beide, entdecke ich den Menschen.«[30]

Bei der Verliebtheit mag dies anders sein. Je verliebter wir sind, umso weniger scheinen wir den anderen zu erkennen, wie er wirklich ist. Durch die starken Emotionen wird der Blick auf den anderen und die Wirklichkeit eher verzerrt als geklärt. Verliebtheit macht blind, wir sehen alles durch eine rosarote Brille. Wo wir im Zustand der Verliebtheit urteilen und entscheiden, handeln wir irrational. »Lieben und vernünftig sein, ist kaum einem Gotte möglich«, schrieb der römische Autor Publilius Syrus.[31] Anders die organisch gewachsene und gereifte Liebe, sie erhellt und erleuchtet. Der von bloßen äußeren Reizen ausgelöste und von ungezügelten Affekten geleitete Trieb macht blind, die aus Einsicht, Einfühlung und Verstehen entspringende Zuneigung zeigt uns das Wesen.[32]

In konfliktbeladenen Verhältnissen können sich wegen der Stärke der Emotionen neben oder anstelle des Gefühls der Verliebtheit und Liebe allerdings auch negative, trennende und feindliche Gefühle wie Eifersucht, Missgunst und sogar Hass einstellen. Auch durch sie wird die Erkenntnis der Wirklichkeit verstellt und verzerrt. Die Nähe geht verloren, Distanz und Entfremdung treten an ihre Stelle. »Mißgunst und Haß beschränken den Beobachter auf die Oberfläche, selbst wenn Scharfsinn sich zu ihnen gesellt; verschwistert sich dieser hingegen mit Wohlwollen und Liebe, so durchdringt er die Welt und den Menschen, ja er kann hoffen, zum Allerhöchsten zu gelangen«, schreibt Goethe.[33]

Zum Wachsen gelingender Liebe bei zunehmender Erkenntnis sagte ein mittelalterlicher christlicher Mystiker: »Wenn der Geist sich zu weiten beginnt zur Erkenntnis des Wahren, so beginnt auch alsogleich der Geschmack der Seele, das heißt die innere Liebe, in einer Art von geistiger Lust sich zu ergötzen. Was im Verstande allein Wissen wäre, das wird nun, durchtränkt von süßer Liebe, zur Weisheit, das ist zu seligem Wissen.«[34] »Wer immer den Gipfel der Weisheit erreicht, der erreicht notwendig auch die Höhe der Liebe, weil niemand vollkommen versteht, der nicht vollkommen wahrhaft liebt. (...) Je vollkommener er in der Weisheit wird, umso vollkommener wird er in der Liebe.«[35] In der Bibel heißt es: *»Und ich bete darum, dass eure Liebe immer noch reicher an Einsicht und jedem Verständnis wird.«*[36] In der indischen Mythologie gilt Uma, die Göttin der Weisheit, als »die verborgene Essenz in allem, als Lebenskraft an sich. (...) Uma bringt Licht und Klarheit in viele Dinge und damit Erkenntnis. Sie stärkt einerseits das helle Sehen, die rasche Auffassungsgabe, die tiefe Wahrnehmung und andererseits auch die Liebe zu allem – auch zu widrigen Lebensumständen.«[37]

In der erkennenden Liebe bzw. in der liebenden Erkenntnis wachsen wir über uns hinaus, wir erweitern unseren Horizont und unser Sein, wir überschreiten die Grenzen unseres Ichs. »Sowohl im Lieben als auch im Erkennen langt der Mensch über sich hinaus auf etwas, das nicht er selbst ist und das ihm fremdartig und doch zugleich wieder verwandt vorkommt.«[38] Wer liebt, erweitert seinen Horizont, wer seinen Horizont erweitert, lernt zu lieben. Wer das Lernen liebt, bekennt demütig, wie wenig er weiß. »Je mehr wir geheilt sind von der Aufgeblasenheit des Stolzes (Wissensdünkel, Eingebildetheit, Verf.), umso mehr sind wir voll Liebe«, heißt es bei Augustinus.[39] Geistiges Wachsen und innere Bereicherung erleben wir als Freude. Deshalb ist die Liebe zu Weisheit, Wissen und Wahrheit von großer Bedeutung für ein gelingendes Leben und nachhaltige Lebensfreude.

Praktische Übungen zur Entfaltung der Liebe

»Alles ist Übung.« [1]

Periander

Wir haben gesehen, dass die Liebe nicht bloß ein Gefühl ist, sondern etwas, für das man sich aktiv einsetzen muss, das Hege und Pflege braucht. Die Fähigkeit zu lieben ist bei jedem Menschen unterschiedlich ausgeprägt. Sie kann gelernt und weiterentwickelt werden. Zu lernen, erfüllend und freudvoll zu lieben, setzt wie jedes Lernen auf dem Gebiet der Lebensführung Einsicht und Übung voraus. Zunächst einmal ist es wichtig, das Wesen und die Gesetzmäßigkeiten der Liebe zu verstehen. Das allein aber reicht nicht aus. Um im täglichen Leben die Fähigkeit zu lieben konkret zu entfalten und aufblühen zu lassen und damit zugleich die Freude am Leben zu erhöhen, müssen wir kontinuierlich dasjenige praktisch einüben, was uns befähigt zu lieben. Zur verstandesmäßigen Einsicht müssen die entsprechenden intuitiven Denk- und Verhaltensmuster hinzukommen. Dafür müssen in unserem Gehirn die notwendigen neuronalen Verschaltungen verknüpft werden, die uns entsprechend lenken und leiten. Die meisten unserer alltäglichen Entscheidungen treffen wir nicht nach vernünftiger Überlegung und Abwägung, sondern aufgrund von Gewohnheiten, verinnerlichter Automatismen und abgespeicherter Muster. Das Gelernte muss daher in Fleisch und Blut übergehen, zu einer festen Haltung und einem Teil von uns werden. Zum Kopf muss der Bauch hinzukommen. Dies geschieht durch kontinuierliches Einüben der entsprechenden Denk- und Verhaltensweisen, bis schließlich eine Umprägung stattgefunden hat und wir intuitiv, wie von selbst und ohne nachzudenken, liebevoll und zugewandt durchs Leben gehen und den Menschen begegnen. Es genügt nicht, zu wissen, wie es geht, wir müssen es auch umsetzen. »Etwas lernen und sich immer wieder darin üben, führt das nicht zum Glück?«, fragte Konfuzius gleich in dem ersten Satz der »Gespräche«.[2]

Eine der Kernthesen dieses Buches ist, dass die Fähigkeit zu lieben und damit die Freude am Leben wesentlich davon abhängen, bis zu welchem Grad man seine Persönlichkeit erfolgreich entwickelt und kultiviert hat, d. h. inwieweit es einem gelungen ist, ein gutes Verhältnis zu sich selbst, zu den Mitmenschen, zur Welt und dem Schicksal aufzubauen. Je mehr jemand seine Mitte gefunden hat, mit sich im Reinen ist, sich selbst mit seinen Stärken und Schwächen kennt, gelernt hat, friedlich und zugewandt mit anderen Menschen umzugehen und persönliche Streitigkeiten zu vermeiden; je weniger jemand sich durch äußere Ereignisse, Unvorhergesehenes und Schicksalsschläge aus der Bahn werfen lässt, sondern eine Grundstimmung heiterer Gelassenheit und Zufriedenheit mit seinem Leben bewahrt, umso leichter fällt es ihm, zu lieben und Liebe zuzulassen, d. h. liebevolle Beziehungen zu sich selbst, zu anderen Menschen und zur Welt zu entwickeln und einzugehen. Daher deckt sich der Weg zu einem Leben, das erfüllt ist von gelebter Liebe und Lebensfreude, mit dem Weg hin zu einer weisen Lebensführung, d. h. zu einem glücklichen, gelingenden Leben.

Mit der Frage, wie das Leben gelingen kann, auf welche Werte es dabei ankommt, was das Leben nährt und was es belastet, worin wir uns üben sollten und welche Denk-, Wollens- und Verhaltensmuster wir verändern oder ganz aufgeben sollten, weil sie uns belasten und negative Affekte hervorrufen – zu all diesen Fragen habe ich in meinen bisherigen Büchern aus der Sicht der praktischen Philosophie und Weisheitslehre in der Antike ausführlich Stellung genommen.[3]

Das Folgende stellt eine Zusammenfassung der dort empfohlenen Übungen dar unter dem spezifischen Aspekt der Liebe und ihrer Bedeutung für die Lebensfreude und ein gelingendes Leben. Vom Umfang der Übungen, die nur Anregungen darstellen, sollte sich der Leser nicht abschrecken lassen. Er kann sich auf diejenigen Übungen konzentrieren, von denen er glaubt, am meisten lernen zu können. Sind es mehrere, so sollte er sich ihnen nicht gleichzeitig, sondern nacheinander widmen. Wer sich überfordert, gibt schnell auf. Die Dauer aber ist die Art des Weisen, heißt es im I Ging.[4] Die Ausführungen gliedern sich in die drei wesentlichen Lebensbereiche, deren Beherrschung und erfolgreiche Bewältigung das Leben gelingen lässt, d. h. die Fähigkeit entwickelt, in ihnen liebevolle Beziehungen herzustellen und zu leben. Die drei Bereiche sind das Verhältnis zu sich selbst, zu anderen Menschen und zur Welt bzw. zum Schicksal. Weil die Bereiche zusammenhängen und sich gegenseitig bedingen und beeinflussen, kommt es im Folgenden zu Überschneidungen und Wiederholungen.

I. Das Verhältnis zu sich selbst

Im Hinblick auf die Fähigkeit zu lieben geht es hier vor allem darum,
- sich anzunehmen und sich lieben zu lernen,
- mit sich selbst ins Reine zu kommen,
- in seine Mitte zu kommen,
- innerseelische Konflikte aufzulösen,
- belastende Prägungen zu erkennen und abzubauen,
- authentisch, wahrhaftig und stimmig zu leben,

- innere Ruhe, Ausgeglichenheit, Selbstvertrauen und ein gutes Selbstwertgefühl zu erlangen,
- negative Affekte wie Ängste, Sorgen, Zorn, Ärger, Neid, Eifersucht, Überheblichkeit, Ungeduld, innere Unruhe etc. abzubauen.

Alle diese Aspekte hängen miteinander zusammen und bedingen sich gegenseitig.

1. Sich regelmäßig zurückziehen und sammeln

Wer sich nur nach außen wendet, ohne zu sich selbst zurückzukehren, der geht als Gespenst um, meinte der chinesische Philosoph Zhuangzi.[5] Eine grundlegende Übung, ohne die kein Fortschritt erzielt werden kann, ist es, sich regelmäßig in sich selbst zurückzuziehen, Momente und Zeiten der Stille, des Alleinseins, der Abgeschiedenheit, der Meditation zu suchen, mit sich ins Gespräch zu kommen und über sich und sein Leben nachzudenken. Ohne immer wieder aus dem Hamsterrad herauszutreten und die Zeit anzuhalten, kommt man nicht zu sich. Es gibt dann keine Weiterentwicklung auf dem Weg der Selbstkultivierung. Nur durch Zeiten der Besinnung kommen wir in unsere Mitte. Je näher wir uns dabei kommen, je besser wir uns selbst erkennen und verstehen, umso mehr Selbstvertrauen und Selbstsicherheit bauen wir auf. Aus dem Selbstvertrauen entspringt Angstfreiheit, aus der Angstfreiheit Offenheit, aus der Offenheit die Fähigkeit, sich unverstellt anderen zeigen zu können und sie auf diese Weise einzuladen, dasselbe zu tun. Was wir ausstrahlen, kommt zurück. Dafür sorgen die Spiegelneuronen. Dieses aufeinander Einwirken ist die Voraussetzung dafür, dass sich Resonanzverhältnisse bilden, dass wir in ein emotionales Mitschwingen kommen und dass sich in der Begegnung mit einem anderen Menschen und im lebendigen Gespräch die Seelen berühren.

2. Innere Ausgeglichenheit herstellen

Der rechte Weg des Menschen besteht darin, seine inneren Kräfte in ein harmonisches Verhältnis zu bringen, heißt es im chinesischen »Buch der Riten«.[6] Selbstvertrauen und Selbstsicherheit brauchen innere Ausgeglichenheit. Es sollte das Ziel sein, der Wagenlenker seiner Emotionen und Begierden zu werden und seine negativen, belastenden Affekte entweder zu überwinden oder doch so zu steuern und einzudämmen, dass sie einen weder belasten noch auf unser Verhalten und Sprechen durchschlagen. Wir dürfen uns durch negative Affekte nicht aus unserer Mitte reißen lassen. Durch die Entwicklung der eigenen Persönlichkeit und geeignete mentale Übungen können wir dahin kommen, dass unser Leben immer weniger von solchen Affekten in Mitleidenschaft gezogen wird. Das führt zu innerer Ausgeglichenheit und schafft Seelenruhe. Die innere Ruhe gibt uns Kraft und Stärke, die wir ausstrahlen und die sich auf unser Umfeld überträgt. Sie schafft Vertrauen und wird so zu einer Einladung an die anderen, sich ihrerseits zu öffnen und sich auf uns einzulassen. Es entstehen positive Resonanzen.

3. Sich so annehmen, wie man ist, und sich gleichzeitig weiterentwickeln

Aristoteles sagte, man müsse sich selbst der beste Freund sein und sich daher auch am meisten lieben.[7] Innere Ausgeglichenheit und Selbstvertrauen setzen Selbstliebe voraus. Es ist wichtig, klar und unverstellt zu erkennen, wer wir sind, und uns so anzunehmen, wie wir sind. Das ist die Basis für jede positive Entfaltung der eigenen Persönlichkeit. Davon ausgehend sollten wir kontinuierlich an dem arbeiten, was uns an uns stört, was uns belastet, uns Leiden zufügt und sich schädlich auf unser Verhältnis zu anderen Menschen auswirkt. Durch kontinuierliches Einüben gegenteiliger Denk- und Verhaltensweisen sollten wir in allmählichen Veränderungsprozessen solche belastenden Eigenschaften Schritt für Schritt abbauen. Wir gehen dabei vor wie bei der Kindererziehung: mit Liebe und dem Bestreben zur Förderung, Entwicklung, Formung und Gestaltung. Wir sollten nicht zu streng mit uns sein und stets verständnis- und liebevoll mit uns umgehen. Wir sollten gleichzeitig beharrlich, aber auch milde sein, sollten uns nicht überfordern und bei allem Bemühen unsere Leichtigkeit nicht verlieren. In dem Maße, wie wir Fortschritte machen, lösen sich die düsteren Seiten unseres Seelenlebens auf, und die Störfaktoren unseres Seelenfriedens treten zurück.

4. Sich selbst erkennen

Ein Leben ohne Selbsterforschung ist nicht lebenswert, meinte Sokrates.[8] Der Abbau negativer Affekte wie Zorn, Wut, Ärger, Ängste, Sorgen etc. setzt voraus, dass wir die Ursachen erkennen, die solche Affekte auslösen. Häufig liegen ihnen ungelöste innerseelische Konflikte, frühkindliche Prägungen, einschneidende Erfahrungen oder traumatische Erlebnisse zugrunde. Wenn wir uns durch eigene Beobachtungen, durch Selbstreflexion oder Tagebuchschreiben nicht auf die Schliche kommen, sollten wir das Gespräch mit Freunden oder Dritten suchen, unter Umständen auch professionelle Hilfe in Anspruch nehmen. Ohne dass wir die Ursachen und prägenden Erlebnisse für unsere negativen Affekte erkennen, können wir allenfalls etwas an den Symptomen ändern, aber nicht die Denk- und Verhaltensmuster auflösen, die diese Affekte hervorrufen. Sie kommen dann immer wieder.

5. In die eigene Mitte kommen

Achte auf deine Mitte, lautet eine uralte chinesische Weisheit.[9] Je mehr es uns gelingt, uns von den genannten Affekten zu befreien, umso mehr kommen wir mit uns ins Reine, stellen sich innere Ruhe, Ausgeglichenheit und Gelassenheit ein, erden sich Persönlichkeit und Charakter in der eigenen Mitte, unserer tiefsten Kraft- und Energiequelle. Wir werden sicherer und stärker und in unseren Beziehungen zu anderen Menschen, Dingen und Verhältnissen offener und aufgeschlossener. Aus der Fülle gesammelter innerer Kraft können wir geben, gestalten, wirken und verbrauchen uns nicht in Verteidigung, Abwehr, Kampf und Wettbewerb. Wir genügen uns selbst, ziehen Freude, Selbstsicherheit und unser Selbstwertgefühl aus uns selbst und sind weitgehend unabhängig vom Zuspruch der anderen. Das macht uns innerlich frei. So können wir unserem Gegenüber ohne Ängste und Erwartungen, aufrichtig und zugewandt begegnen. Negative Affekte dagegen lenken uns ab vom Wesentlichen und machen uns unaufmerksam, sind Energiefresser, nehmen uns die Lebensfreude, verschließen und verdüstern uns und verhindern, dass sich gelingende Resonanzen mit der Welt und unseren Mitmenschen entwickeln. Es ist daher wichtig, uns kontinuierlich von negativen Affekten zu befreien.

6. Authentisch und stimmig leben

Der Weise ist bei all seinem Tun darauf bedacht, dass er mit sich selbst im Einklang bleibt, sagt Konfuzius.[10] Eine wichtige Voraussetzung dafür, dass wir Selbstvertrauen und Selbstsicherheit entwickeln und so die notwendige Offenheit für liebevolle Begegnungen und Erlebnisse gewinnen, ist, dass wir stimmig und wahrhaftig werden, d.h. dass wir unser Denken, Wollen, Sprechen, Fühlen und Handeln in Übereinstimmung bringen. Wenn im Innern etwas nicht zusammenpasst und sich widerspricht, gerät der Boden, auf dem wir stehen, ins Wanken. Wir schwächen uns, werden unsicher, bekommen Risse und verlieren an Selbstvertrauen. Die Unstimmigkeiten werden bemerkt, häufig intuitiv und unbewusst, und führen bei unserem Gegenüber zu Zurückhaltung und Reserviertheit. Sie wirken wie Blockaden für mögliche Resonanzen. Umgekehrt führt eine stimmige Lebensweise zu einer inneren Ruhe, Stärke und Gelassenheit, die einen wach, präsent und achtsam durchs Leben gehen lässt und uns offen und bereit macht, in jedem Augenblick mit Menschen, Dingen, Gedanken und Ereignissen in Schwingung zu geraten und Freude zu empfinden. Stimmigkeit sollte unser inneres wie äußeres Leben kennzeichnen. Das Gegenteil wäre Entfremdung, das Gefühl, dass etwas nicht stimmt. Dieses Gefühl bedrückt uns, die Stimmung sinkt, wir sind gereizt, strahlen weniger Freude, Zuversicht, Sicherheit und Positivität aus. Wir sollten dann unverzüglich der Ursache für die Entfremdung nachgehen und versuchen, sie aufzulösen.

7. Sich in Dankbarkeit, Demut und Bescheidenheit üben

Nichts erzeugt so viel Freude wie die Dankbarkeit, meinte Epikur.[11] Um immer wieder in eine gute Grundstimmung zu kommen, ist es sehr hilfreich, sich in Dankbarkeit, Demut und Bescheidenheit zu üben und seinem Wollen und Wünschen im Hinblick auf äußere Güter, Verhältnisse und Ziele ein Maß zu setzen. Wer vieles sammelt, verliert notwendig Wichtiges, sagte Laotse. Wer selbstgenügsam lebt, wenig begehrt und wenig benötigt, der kann sich umso mehr an dem erfreuen, was da ist, was geschieht, was auf ihn zukommt und was der Augenblick schenkt. Es gibt enorm vieles, über das wir in hektischer Geschäftigkeit achtlos hinweggehen, ohne es zu bemerken. Selbstgenügsamkeit ist eine Frage der inneren Einstellung, nicht des äußeren Besitzes, der Stellung oder des Ansehens. Man kann viel erreicht haben und vieles sein Eigen nennen, eine herausgehobene Stellung innehaben und dennoch bescheiden, innerlich frei und unabhängig sein. Wem das gelingt, der bleibt offen für das Hier und Jetzt und ist bereit, sich anrühren zu lassen, in Resonanz mit jemandem oder etwas zu treten, d.h. zu lieben und aus allem Lebensfreude zu schöpfen.

II. Das Verhältnis zu anderen Menschen

1. Liebe- und verständnisvoll miteinander umgehen

Der Weise macht das Herz der Leute zu seinem Herzen, heißt es im Tao Te King des Laotse.[12] Es ist wichtig, sich in einem liebe- und verständnisvollen, zugewandten und wohlwollenden Umgang mit anderen Menschen zu üben, der frei ist von Ärger, Zorn, Missgunst, Neid, Wertungen, Vorurteilen, Aggression und Streit. Das fällt vielen schwer im Hinblick auf Menschen, die ihnen unsympathisch sind, deren Verhalten und Anschauungen sie ablehnen, mit denen sie aneinandergeraten, von denen sie zu Unrecht angegangen werden und wo es Interessenskonflikte oder verbale Auseinandersetzungen gibt. Hier rückt liebevolles Mitsein in weite Ferne und wird zu einer anspruchsvollen Herausforderung. Aber man kann diese meistern. Der Gewinn daraus für das persönliche Wohlgefühl und für einen liebevollen, zugewandten Umgang mit unseren Mitmenschen ist groß. In einem aggressiven Menschen sollten wir den leidenden Menschen sehen. Jede Aggression ist Ausdruck eines ungelösten inneren Konflikts, einer verwundeten Seele. Eine solche Sichtweise kann uns milde, sanft und nachsichtig stimmen.

Im Laufe der Zeit fällt es uns immer leichter, zu verzeihen und sich zu versöhnen. Die Fähigkeit, verzeihen zu können, ist ein Ausdruck von allgemeiner Menschenliebe und Mitmenschlichkeit.

2. Nicht über Menschen urteilen

Um über einen Menschen urteilen zu können, müsste man wissen, wer er ist und wie er zu dem geworden ist, bemerkte Goethe einmal.[13] Eine grundlegende Übung ist es, über Menschen nicht zu urteilen. Ihr Verhalten, ihre Anschauungen, ihr Reden können und sollten wir auf sachlicher Ebene kritisieren, wenn wir sie für falsch halten. Aber nie sollten wir daraus ein Urteil über den Menschen als solchen ableiten. Wir alle haben Schwächen und keiner macht immer alles richtig. Wir wissen nicht, wie, durch welche Umstände und Erlebnisse unser Gegenüber zu dem geworden ist, der er ist. Fehlverhalten einschließlich schwerer und schwerster Verfehlungen sind Ausdruck eines innerlich schwachen, verletzten, kranken oder in Verblendung lebenden Menschen, der mehr leidet als seine Opfer. Dass die Gesellschaft reagieren und Rechtsbrecher bestrafen muss, ist verständlich. Das zwingt uns aber nicht dazu, in Kategorien von »guten« und »schlechten« Menschen zu denken und uns für einen »besseren« Menschen zu halten. Über andere Menschen nicht zu urteilen fällt vielen Menschen sehr schwer, unsere »Feinde zu lieben« scheint uns nahezu unmöglich zu sein. Aber für einen selbst wie für das Zusammenleben der Menschen ist es sehr wichtig, sich gerade darin zu üben. Jede Aggression, jeder persönliche Streit, jeder Krieg beginnt damit, dass Menschen über andere Menschen urteilen, sei es etwa wegen ihrer Ansichten, ihres Verhaltens, ihres Aussehens, ihrer Lebensweise, sexuellen Orientierung, Religion oder politischen Gesinnung. Jede gelingende zwischenmenschliche Begegnung, jedes Mitschwingen, jede Liebe beginnt dagegen damit, dass wir vorurteilsfrei, offen, zugewandt und verständnisvoll auf unsere Mitmenschen zugehen.

3. Sich für den anderen interessieren und achtsam zuhören

Achtsam zuhören und nicht viel reden, lautet ein Ausspruch von Kleobulos von Lindos, einem der Sieben Weisen im alten Griechenland.[14] Eine hilfreiche Übung ist es, sich stets für die Person und den Charakter des Gegenübers zu interessieren, ihn tief verstehen zu wollen, achtsam zuzuhören und weniger selbst zu reden. Das gilt insbesondere gegenüber Menschen, die uns im ersten Moment nicht sympathisch sind. Wenn wir uns aufrichtig für den anderen interessieren, werden wir Seiten an ihm entdecken, die uns sympathisch sind. Wir gewinnen auf diese Weise ein positives Verhältnis zu ihm und überwinden anfängliche Vorurteile. Der andere merkt, dass wir uns für ihn interessieren, und fühlt sich allein dadurch schon wertgeschätzt und respektiert. Die Mauern fallen. Er gewinnt Vertrauen und öffnet sich. Am Ende sind wir uns beide nähergekommen und erleben die Begegnung und den anderen als angenehm oder gar sympathisch. Das ist liebevoller Umgang miteinander.

4. Nichts persönlich nehmen

Der ist kein großer Geist, auf den Beleidigungen Eindruck machen, meinte Seneca.[15] Gefühle von Aversion, Aggression, Ärger und Zorn gegen andere Menschen machen einen liebevollen Umgang miteinander unmöglich. Um solche Gefühle abzubauen und gar nicht erst aufkommen zu lassen, kann man sich darin üben, keine Kritik, keine Missfallensbekundung, keine Beleidigung, keinen Angriff, keine Anfeindung und keine Aggression persönlich zu nehmen. Unser Selbstwertgefühl sollte aus uns selbst kommen, nicht durch die Anerkennung von außen. Wir sollten resilient werden gegen persönliche Angriffe. Das Gefühl der Kränkung entspringt verletzter Selbstliebe und Eitelkeit. Unsere innere Burg sollte so stark sein, dass uns niemand kränken und verletzen kann. So heftig der Angriff auch ist, wir bleiben ruhig und gefasst und reagieren weder mit einem persönlichen Gegenangriff noch mit Zorn oder Ärger. Wir warten auf den richtigen Moment und suchen in ruhiger Atmosphäre das konstruktive Gespräch. So vermeiden wir persönlichen Streit und bauen eine Brücke zum anderen. Wer sich mit anderen Menschen nicht streitet, ist am ehesten bereit, sie zu lieben und verständnisvoll mit ihnen umzugehen.

5. Fürsorge, Rücksicht, Respekt und uneigennütziges Tun

Wenn du geliebt werden willst, sagte der griechische Philosoph Hekaton von Rhodos, dann liebe.[16] In der partnerschaftlichen Liebe kann man sich darin üben, mehr zu geben, als zu nehmen, insbesondere Zeit, Zuneigung, Aufmerksamkeit, Interesse und Verständnis. Man sollte dabei keine Gegenleistung erwarten. Was aus Liebe geschenkt wird, trägt die Frucht in sich. Man kann sich darin üben, sich selbst zu gewissen Zeiten zurückzunehmen, eigene Pläne zurückzustellen, fürsorglich und ganz für den anderen da zu sein und seine Wünsche zu erfüllen. Bei der partnerschaftlichen Liebe ist es besonders wichtig, jede persönliche Herabsetzung, Aggression oder verletzende Bemerkung zu vermeiden. Aufrichtigkeit, ehrliches Ansprechen von Konflikten, Respekt, Bekundung der Wertschätzung und Liebe, regelmäßiges Herstellen von geistiger, seelischer und körperlicher Nähe, sich Zeit für intime Zweisamkeit zu nehmen, sich gegenseitig bei der Persönlichkeitsentwicklung zu unterstützen, wichtige Themen nicht aufzuschieben, sondern anzugehen, sind wichtige Übungsfelder. Auch in der Partnerschaft innere Freiheit zu wahren und dem anderen zu gewähren ist dabei genauso bedeutsam wie Toleranz, Rücksicht, Vertrauen und Fürsorge. In alldem kann man sich im Denken und Verhalten üben, bis eine entsprechende Haltung und Lebensweise zu einer Selbstverständlichkeit geworden ist.

III. Das Verhältnis zur Welt und zum Schicksal

1. Die innere Mitte wahren und die Resilienz stärken

Wer im Geiste ruhig und gefasst ist, der ist duldsam, sodass ihn nichts aus der Bahn werfen kann, heißt es in der Bhagavadgita, einem berühmten indischen Lehrgedicht.[17] Die Fähigkeit zu lieben und Lebensfreude zu entwickeln erhöht sich in dem Maße, wie jemand in sich ruht, sich wohlfühlt, innerlich ausgeglichen und nach außen offen ist. Je häufiger sich negative Affekte wie Ängste, Sorgen, Zorn, Wut, Ärger, Neid, Eifersucht, negativer Stress, Nervosität, Gereiztheit oder Unruhe einstellen, umso mehr gehen die innere Stabilität und Ausgeglichenheit verloren. Die Fähigkeit zu lieben und Lebensfreude zu entwickeln wird beeinträchtigt oder geht zeitweise oder dauerhaft ganz verloren. Häufig ist die Ursache im Äußeren zu suchen: Wünsche erfüllen sich nicht, Projekte scheitern, der erhoffte berufliche Erfolg bleibt aus, Pläne werden durchkreuzt, wir erleiden schmerzliche Verluste oder Einschränkungen. Wer es aber schafft, dass ihn das äußere Geschehen nicht aus der Bahn wirft, dass er bei sich bleibt und sich nicht frustrieren lässt, der kann auch in schwereren Zeiten eine Grundstimmung heiterer Gelassenheit und Zuversicht bewahren. Seine Fähigkeit zu lieben, sich zu öffnen und sich am Leben zu erfreuen wird nicht oder nur kurzzeitig beeinträchtigt. Daher ist es wichtig, seine Resilienz zu stärken und zu lernen, mit der Welt und dem Schicksal, wie es auch sei, gut umzugehen.

2. Eine innere Burg bauen

Mit der Philosophie müssten wir uns umgeben, meinte Seneca, sie sei eine uneinnehmbare Festung, die das Schicksal nicht erobern kann.[18] Um seine Resilienzfähigkeit zu stärken, ist es wichtig, sein Selbstwertgefühl aus sich selbst zu schöpfen und es nicht von äußeren Faktoren und Umständen abhängig zu machen, seien es Menschen, Dinge, Verhältnisse oder Ereignisse. Wer fest in sich ruht, die inneren Werte, die seine Persönlichkeit ausmachen, über das Äußere stellt und auf seine persönlichen Fähigkeiten vertraut, der ist gegen Schicksalsschläge gerüstet und wird ruhig und gelassen auf Veränderungen reagieren können. Seine Mitte, in der er ruht, gleicht einer Burg, die von äußeren Ereignissen nicht eingenommen oder erschüttert werden kann. Wer eine starke innere Burg hat, bleibt in jeder Situation ruhig und gefasst und findet bei schweren Schicksalsschlägen in angemessener Zeit wieder zu sich. Diese Ruhe gibt ihm die Kraft zur Offenheit und Aufgeschlossenheit. Liebe und Lebensfreude brauchen diese Offenheit, um sich zu entfalten. Die innere Burg bedeutet demnach nicht emotionale Abschottung und Unempfindlichkeit, sondern das Gegenteil: in sich einen sicheren Ort zu haben, der von äußeren Ereignissen nicht verletzt werden kann und der einem die Kraft und Sicherheit gibt, sich im Äußeren so geben zu können, wie man ist.

3. Sich von seinen äußeren Zielen und Tätigkeiten nicht verstricken lassen

Liebe nie ein Ding so sehr, dass es dir nicht genommen werden kann, meinte der Stoiker Epiktet.[19] Alle äußeren Güter, Bindungen und Verhältnisse sollten nie die eigene Integrität, Selbstständigkeit und Unabhängigkeit gefährden. Man sollte ihnen keinen absoluten Wert beimessen, auf den man nicht mehr verzichten zu können glaubt. Wer so denkt, gerät in eine Abhängigkeit, die einen angreifbar und verletzlich macht. Wir entwickeln Sorgen und Ängste und verlieren unsere Leichtigkeit und Gelassenheit. Das behindert die Offenheit, mit anderen Menschen oder Dingen in Resonanz zu treten, d. h. zu lieben und Lebensfreude zu entwickeln. Wir sollten daher ständig die Bedeutung aller äußeren Verhältnisse und Güter für unser Leben relativieren und uns immer wieder daran erinnern, dass die inneren Werte und der eigene Seelenzustand das Wichtigste sind.

4. Vergänglichkeit und Tod annehmen

Übe dich im Sterben, sagte Epikur und forderte uns damit auf, die allgegenwärtige Vergänglichkeit als eine Grundtatsache des Lebens anzunehmen.[20] Wenn wir das verinnerlichen, können wir alles loslassen, wenn es uns genommen wird.

Wir schöpfen unser Glück und Wohlgefühl aus uns selbst und hängen nicht am seidenen Faden äußerer Zufälligkeiten. Dazu gehört auch, dass wir das Sterben und den Tod, insbesondere unseren eigenen, als einen notwendigen und natürlichen Teil unseres Lebens annehmen und unsere Angst vor ihm überwinden. Das macht uns freier und offener. Das ist nicht leicht, aber mit einiger Übung kann jeder sich diese Haltung aneignen. Eine solche Haltung steigert unsere Lebensfreude, Genuss- und Liebesfähigkeit, weil wir wissen, wie zerbrechlich und vergänglich alles ist.

5. Das Unverfügbare annehmen

Das eine geben die Götter, das andere verweigern sie, heißt es bei Homer.[21] Was nicht in unserer Macht liegt und wir nicht verändern können, das müssen wir annehmen, wie es ist, ohne uns daran abzuarbeiten oder deshalb belastende Gefühle zu entwickeln. Wer gegen das Unverfügbare anrennt und keinen Frieden mit ihm schließen kann, der vergeudet sinnlos seine Energie, Kraft, Leichtigkeit und Offenheit. Dadurch verliert unser Leben an Freude, Unbefangenheit und die Fähigkeit, mit der Welt in Resonanz zu treten. Das bedeutet nicht, dass wir alles gutheißen sollen und uns nicht mit aller Kraft gegen das Unrecht und Leiden in der Welt stemmen sollten. Aber wir sollten dort ansetzen, wo wir tatsächlich etwas bewirken können.

6. Unser Wollen, Planen, Wünschen und Begehren begrenzen

Um den Zustand heiterer Gelassenheit aufrecht zu erhalten, ist es ratsam, vom Schicksal und der Welt so wenig wie möglich zu erwarten, die eigenen Begehrlichkeiten zu begrenzen und darauf zu verzichten, ständig mehr haben zu wollen. Je bescheidener und genügsamer der Mensch lebt, umso duldsamer und gelassener wird er. Er blickt auf die Welt nicht als etwas, das verweigert, vorenthält und uns hindert, sondern das schenkt, bereithält und Möglichkeiten bietet. So entwickelt sich eine Freude an dem, was ist, und man wird immer mehr in der Lage sein, die Welt wertzuschätzen und zu lieben. Dies ist, wie vieles, was hier beschrieben wurde, eine Sache der inneren Einstellung und der Perspektive, aus der wir auf etwas schauen. Was wie ein Unglück aussieht, können wir häufig als eine Herausforderung, eine Prüfung oder eine Übung ansehen und daran wachsen. Oder, wie es der Stoiker Musonius Rufus gesagt hat: »In dem Gebrauch unserer Vorstellungen liegt die Freiheit, das Wohlbefinden, der Seelenfriede, der schöne Fluss des Lebens und die gesamte Tugend.«[22]

»Das erste, was sich jeder Mensch auf der Welt wünscht,
ist Liebe;
und das letzte, was ein Mensch sich wünscht,
ist ebenfalls Liebe.
Liebe ist der Anfang und das Ende.«[23]

Sri Sri Ravi Shankar

Danksagung

Ich bedanke mich bei meinem Lektor Jürgen Bolz, vor allem aber bei meiner Frau Susanne für zahlreiche wertvolle Hinweise und Anregungen sowie für die Ermutigung und Unterstützung, dieses Buch zu schreiben. Ich danke schließlich allen Freunden und Förderern von »MASS UND MITTE – Schule für antike Lebensweisheit«, die mit ihren Spenden den Umbau des »Hauses der Weisheit« ermöglichten. Dort habe ich das Buch geschrieben.

Danksagung

Literaturverzeichnis

Aristoteles, *Einführungsschriften*, übersetzt von Olof Gigon, Zürich und München 1961

Aristoteles, *Metaphysik*, übersetzt und hrsg. von Franz F. Schwarz, Stuttgart 1970

Aristoteles, *Nikomachische Ethik*, übersetzt von Olof Gigon, Zürich 1972, zitiert nach Buch und Abschnitt

Aristoteles, *Nikomachische Ethik*, übersetzt von Eugen Rolfes, Leipzig 1911

Aristoteles, *Politik*, übersetzt von Olof Gigon, München 1973, zitiert nach Buch und Abschnitt

Assmann, Aleida (Hrsg.), *Weisheit. Archäologie der literarischen Kommunikation III*, München 1991

Bauer, Joachim, *Das empathische Gen. Humanität, das Gute und die Bestimmung des Menschen*, Freiburg i.Br. 2021

Bauer, Joachim, *Prinzip Menschlichkeit*, Hamburg 2006

Bauer, Joachim, *Wie wir werden, wer wir sind. Die Entstehung des menschlichen Selbst durch Resonanz*, München 2019

Beutler, Ernst, *Essays um Goethe*, 6. Auflage, Bremen 1957

Bhagavadgita. Das Lied der Gottheit, übersetzt von Robert Boxberger, neu bearbeitet und herausgegeben von Helmuth von Glasenapp, Stuttgart 1955, zitiert nach Gesang (arab. Ziff.) und Vers (arab. Ziff)

Bhagavadgita, übersetzt und herausgegeben von Klaus Mylius, Wiesbaden/Leipzig ohne Jahresangabe

Bissing, Freiherr von, *Ägyptische Lebensweisheit*, Zürich 1955

Bode, Wilhelm, *Goethes Schweizer Reisen*, Leipzig 1922

Braem, Harald, *Hem-On, der Ägypter*, München 1990

Brüll, Lydia, *Japanische Weisheit*, ausgewählt, übersetzt und herausgegeben von Lydia Brüll, Stuttgart 1999

Brunner Hellmut, *Die Weisheitsbücher der Ägypter,* Düsseldorf/Zürich 1991

Buber, Martin, *Das dialogische Prinzip,* 6. Auflage, Gerlingen 1992

Buch der Riten, Sitten und Gebräuche, *Li Gi. Das Buch der Riten, Sitten und Gebräuche,* herausgegeben und übersetzt von Richard Wilhelm, Köln 2007

Buchwald, Reinhard, *Führer durch Goethes Faustdichtung. Erklärung des Werkes und Geschichte seiner Entstehung,* 7. Auflage, Stuttgart 1964

Capelle, Wilhelm, *Die Vorsokratiker,* übersetzt und eingeleitet von Wilhelm Capelle, Stuttgart 1968

Cicero, *Gespräche in Tusculum,* übersetzt von Olof Gigon, München 1991, zitiert nach Buch und Kapitel

Dalai Lama, *Kleines Buch der Weisheit,* Freiburg i.Br. 2003

Dalai Lama, *Rückkehr zur Menschlichkeit. Neue Werte in einer globalisierten Welt,* aus dem Englischen von Waltraud Götting, Köln 2011

Demokrit, *Fragmente zur Ethik,* neu übersetzt und kommentiert von Gred Ibscher, Stuttgart 1996

Desikachar, T. K. V./Krusche, Hellfried, *Das verborgene Wissen bei Freud und Patañjali,* Stuttgart 2007

Dhammapada, übertragen von Nyanatiloka Mahathera, 3. Auflage, Uttenbühl 1995

Diels, Hermann/Kranz, Walther, *Die Fragmente der Vorsokratiker,* 6. Auflage, Berlin 1951

Diogenes Laertius, *Leben und Meinungen berühmter Philosophen,* Hamburg 1990, zitiert nach Buch (röm. Ziff.) und Abschnitt (arab. Ziff.)

Drewermann, Eugen, *Psychoanalyse und Moraltheologie,* Bd. II *Wege und Umwege der Liebe,* 1996

Durant, Will, *Kulturgeschichte der Menschheit,* in 25 Bänden, Editions Rencontre Lausanne ohne Jahresangabe, zitiert nach Band (arab. Ziff.) und Seite (arab. Ziff.)

Dürckheim, Karlfried Graf, *Wunderbare Katze und andere Zen-Texte,* 10. Auflage, Bern u. a. 1994

Easwaran, Eknath, *Die Upanischaden,* eingeleitet und übersetzt von Eknath Easwaran, München 2008

Ebener, Dietrich, *Griechische Lyrik,* Sonderausgabe, Bayreuth 1985

Ekiken, Kaibara, *The Way of Contentment,* translated by Ken Hoshino, London 1913

Epiktet, *Gespräche. Fragmente. Handbuch,* auf der Grundlage der Übertragung von Rudolf Mücke neu übersetzt von Tino Deckert, Hamburg 2021, zitiert nach Buch (röm. Ziff.), Kapitel und Abschnitt (beides arab. Ziff.)

Epiktet, *Unterredungen und Handbüchlein der Moral,* herausgegeben von Alexander von Gleichen-Rußwurm; Übersetzung Enk und Conz (ohne Orts- und Jahresangabe)

Epiktet, Teles und Musonius, *Wege zum glückseligen Leben,* übertragen und eingeleitet von Wilhelm Capelle, Zürich 1948, in Klammern Angabe der Diatribe

Epikur, *Von der Überwindung der Furcht,* übersetzt von Olof Gigon, München 1991, zitiert nach Seite und ggf. Abschnitt

Ferry, Luc, *Leben lernen: Eine philosophische Gebrauchsanweisung,* München 2006

Flitner, Wilhelm, *Goethe im Spätwerk. Glaube, Weltsicht, Ethos,* Bremen 1957

Fredrickson, Barbara L., *Die Macht der Liebe. Ein neuer Blick auf das größte Gefühl,* Frankfurt a. M. 2013

Freud, Sigmund, *Fragen der Gesellschaft. Ursprünge der Religion,* Studienausgabe, Band IX, Frankfurt a. M. 1974

Friedenthal, Richard, *Goethe. Sein Leben und seine Zeit,* Stuttgart/Hamburg, Deutscher Bücherbund (ohne Jahresangabe)

Fritz, Karl August, *Weisheiten der Völker,* Köln 2003

Fromm, Erich, *Die Pathologie der Normalität. Zur Wissenschaft vom Menschen,* Berlin 2005

Fromm, Erich, *Gesamtausgabe,* hrsg. von Rainer Funk, 10 Bände, München 1980ff., zitiert nach Band (röm. Ziff.) und Seite (arab. Ziff.)

Funk, Rainer, *Erich Fromm – Liebe zum Leben. Eine Bildbiographie,* Stuttgart 1999

Gandhi, Mohandas Karamchand, *Eine Autobiographie oder Die Geschichte meiner Experimente mit der Wahrheit,* Gladenbach 1977

Gay, Peter, *Freud. Eine Biografie für unsere Zeit*, 3. Auflage, Frankfurt a. M. 2006

Geldsetzer, Lutz/Hong, Han-ding, *Chinesische Philosophie – eine Einführung,* Stuttgart 2008

Goethe, Johann Wolfgang von, *Sämtliche Werke nach Epochen seines Schaffens,* hrsg. von Karl Richter, Münchner Ausgabe, 2006, zitiert MA, Band und Seitenzahl

Goethes Briefe und Briefe an Goethe, Hamburger Ausgabe in 6 Bänden, herausgegeben von Karl Robert Mandelkow, München 1988, zitiert nach Band (röm. Ziff.) und Seite (arab. Ziff.), Adressat und Datum

Goethes Gespräche, Biedermannsche Ausgabe, ergänzt und hrsg. von Wolfgang Herwig, Zürich 1969, zitiert nach Band (röm. Ziff.) und Seite (arab. Ziff.) sowie Nummer

Goethes Sämtliche Werke, *Jubiläums-Ausgabe,* Stuttgart und Berlin 1900 ff., zitiert JA, Band und Seitenzahl

Goethes Werke, Hamburger Ausgabe, 6. Auflage, Hamburg 1962, zitiert HA, Band und Seitenzahl

Goethes Werke, Weimarer Ausgabe, hrsg. im Auftrage der Großherzogin Sophie von Sachsen, Weimar 1887–1919, zitiert WA, Abteilung (röm. Ziff.), Band und Seite (beides arab. Ziff.)

Goethe erzählt sein Leben, hrsg. von Hans Egon Gerlach und Otto Herrmann, Hamburg 1949

Gomperz, Heinrich, *Die Lebensauffassung der griechischen Philosophen und das Ideal der inneren Freiheit. Zwölf gemeinverständliche Vorlesungen,* Jena und Leipzig 1904

Griechische Tragiker, hrsg. von Wolf-Hartmut Friedrich, München 1958, Übersetzungen von Droysen, Solger und Hartung

Grün, Anselm, *Auf dem Wege zu einer Theologie des Wanderns,* Münsterschwarzach 1983

Grün, Anselm, *Die Bibel verstehen: Hinführung zum Buch der Bücher,* Freiburg i.Br. 2005

Grün, Anselm, *Staunen – Die Wunder im Alltag entdecken,* Freiburg i. Br. 2018

Harder, Richard, *Eigenart der Griechen. Einführung in die griechische Kultur,* Freiburg 1962

Hegel, Georg Wilhelm Friedrich, *Vorlesungen über die Ästhetik II,* in *Werke in 20 Bänden,* Bd. 14, Frankfurt a. M. 1970

Heidegger, Martin, *Die Grundbegriffe der Metaphysik. Welt – Endlichkeit – Einsamkeit,* Frankfurt a. M. 2004

Hesiod, *Sämtliche Werke,* übersetzt von Thassilo von Scheffer, Wiesbaden 1947, zitiert nach Werk und Vers (arab. Ziff)

Historisches Wörterbuch der Philosophie, hrsg. von Joachim Ritter und Karlfried Gründer, Basel 1971 ff., zitiert nach Band (röm. Ziff.) und Spalte (arab. Ziff.)

Homer, *Ilias und Odyssee,* übersetzt von Johann Heinrich Voss, diverse Ausgaben, zitiert nach Epos (Il./Od.), Buch und Vers (beides arab. Ziff.)

Hosang, Maik, *Tiefenkulturelle Widerstände und Chancen: Warum braucht Nachhaltigkeit Gefühls- und Glücksforschung?,* in GAIA 3/2007

Huch, Ricarda, *Die Romantik. Ausbreitung, Blütezeit und Verfall,* Tübingen 1951

Hüther, Gerald/Krens, Inge, *Das Geheimnis der ersten neun Monate. Unsere frühesten Prägungen,* 5. Auflage, Düsseldorf und Zürich 2013

Hüther, Gerald/Hosang, Maik/Grün, Anselm, *Liebe ist die einzige Revolution. Drei Impulse für Ko-Kreativität und Potenzialentfaltung,* Freiburg i. Br. 2017

I Ging. Text und Materialien, übersetzt von Richard Wilhelm, 15. Auflage, München 1988

Jaeger, Werner, *Paideia. Die Formung des griechischen Menschen,* 3 Bände, Berlin und Leipzig 1934, zitiert nach Band (röm. Ziff.) und Seite (arab. Ziff.)

James, William, *Die Vielfalt religiöser Erfahrung. Eine Studie über die menschliche Natur,* Berlin 2014

Kerényi, Karl, *Die Mythologie der Griechen,* Bd. 1 *Die Götter- und Menschheitsgeschichten,* 8. Auflage, München 1985

Konfuzius, *Gespräche,* herausgegeben und übersetzt von Ralf Moritz, Reclam, Ditzingen 2005, zitiert nach Kap. (röm.) und Abschnitt (arab.); teilweise wird auf die Übersetzung von Richard Wilhelm (1910) oder Hans O. H. Stange (1953) oder Ernst Schwarz (1985) zurückgegriffen

Kranz, Gisbert, *Liebe und Erkenntnis. Ein Versuch,* München und Salzburg 1972

Kungfutse, *Schulgespräche,* übersetzt von Richard Wilhelm, Düsseldorf/Köln 1961, zitiert nach Kapitel und Abschnitt (beides arab. Ziff.)

Laotse, *Tao te king,* übersetzt von Richard Wilhelm, München 1998, zitiert nach Abschnitt (arab. Ziff.)

Laotse, *TAO TĚ KING,* übersetzt von Victor von Strauß, Zürich 1959

Laudse, *Daudedsching,* übersetzt von Ernst Schwarz, 5. Auflage, Leipzig 1985, zitiert nach Abschnitt

Luck, Georg, *Die Weisheit der Hunde,* Stuttgart 1997

Ludwig, Emil, *Goethes Lebensweisheit,* Berlin u. a. 1931

Lukács, Georg, *Die Theorie des Romans. Ein geschichtsphilosophischer Versuch über die Formen der großen Epik,* Berlin 1920

Lukrez, *Vom Wesen des Weltalls,* übersetzt und eingeleitet von Dietrich Ebener, Berlin und Weimar 1994, zitiert nach Gesang (röm. Ziff.) und Vers (arab. Ziff.)

Marc Aurel, *Selbstbetrachtungen,* übertragen mit einer Einleitung von Wilhelm Capelle, Stuttgart 1948, zitiert nach Buch und Abschnitt (beides arab. Ziff.)

Marcus Aurelius Antoninus, *Selbstbetrachtungen,* Stuttgart 2009, übersetzt und eingeleitet von Albert Wittstock

Mong Dsi (Mong Ko), übersetzt von Richard Wilhelm, Jena 1916, zitiert nach Band (röm. Ziff.), Abschnitt (Buchstabe) und Kapitel (arab. Ziffer)

Nestle, Wilhelm, *Die Nachsokratiker,* herausgegeben und eingeleitet von Wilhelm Nestle, 2 Bände, Jena 1923, zitiert nach Band (röm. Ziff.) und Seite (arab. Ziff.)

Nestle, Wilhelm, *Griechische Geistesgeschichte*, 2. Auflage, Stuttgart 1944

Nestle, Wilhelm, *Griechische Lebensweisheit und Lebenskunst*, Stuttgart 1949

Nestle, Wilhelm, *Die Sokratiker*, Jena 1922

Nestle, Wilhelm, *Die Vorsokratiker*, Düsseldorf–Köln 1978

Nietzsche, Friedrich, *Werke in drei Bänden*, herausgegeben von Karl Schlechta, 7. Auflage, München 1973

Nikhilananda, Swami, *Vivekananda. Leben und Werk*, dt. Bearbeitung und Ergänzung von Hans Spengler-Zomak, München 1972

Noetzel, Karl, *Östliche Weisheit*, gesammelt und übersetzt von Karl Noetzel, Verlag der Greif Walther Gericke, Wiesbaden 1954 (zuvor schon bei Söcking über Starnberg, Bachmair 1946)

Oldenburg, Hermann, *Buddha. Sein Leben. Seine Lehre. Seine Gemeinde*, hrsg. von Helmuth von Glasenapp, Magnus Verlag, Stuttgart (ohne Jahresangabe)

Otto, Walter F., *Die Götter Griechenlands*, Frankfurt a. M. 1947

Platon, *Sämtliche Werke*, herausgegeben von Erich Loewenthal, 3 Bände, Köln 1969, zitiert nach Buch und Ziffer der Stephanusausgabe

Platon, *Sämtliche Dialoge*, herausgegeben von Otto Apelt, 7 Bände, Hamburg 1993, zitiert nach Buch und Ziffer der Stephanusausgabe

Plutarch, *Lebensklugheit und Charakter*, aus den »Moralia«, ausgewählt, übersetzt und eingeleitet von Rudolf Schottlaender, Leipzig 1979

Plutarch, *Moralia*, hrsg. von Christian Weise und Manuel Vogel, 2 Bände, zitiert nach Band (röm. Ziff.) und Seite (arab. Ziff.), Wiesbaden 2012

Pohlenz, Max, *Die Stoa. Geschichte einer geistigen Bewegung*, 4. Auflage, Göttingen 1970, 2 Bände, zitiert nach Band (röm. Ziff.) und Seite (arab. Ziff.)

Rank, Otto, *Das Trauma der Geburt und seine Bedeutung für die Psychoanalyse,* Frankfurt 1988 (Erstveröffentlichung 1924)

Ranke-Graves, Robert von, *Griechische Mythologie. Quellen und Deutung,* Hamburg 1969

Rosa, Hartmut, *Resonanz. Eine Soziologie der Weltbeziehung,* Berlin 2016

Rüdiger, Horst, *Griechische Lyriker,* Gütersloh 1967

Schadewaldt, Wolfgang, *Die Anfänge der Philosophie bei den Griechen,* Tübinger Vorlesungen, 4 Bände, zitiert nach Band (röm. Ziffer) und Seite (arab. Ziffer), Frankfurt a. M. 1978

Scheler, Max, *Krieg und Aufbau,* Leipzig 1916

Schwarz, Ernst, *So sprach der Weise. Chinesisches Gedankengut aus drei Jahrtausenden,* übersetzt und herausgegeben von Ernst Schwarz, Berlin 1981

Seneca, L. Annaeus, *Philosophische Schriften,* übersetzt von Otto Apelt, Wiesbaden 2004, zitiert nach Band (röm. Ziff.) und Seite (arab. Ziff.), ggf. Schrift und Abschnitt; Briefe an Lucilius: Brief und Nr.

Seneca, L. Annaeus, *Philosophische Schriften,* Lateinisch–Deutsch, übersetzt und herausgegeben von Manfred Rosenbach, 5 Bände, 2. Auflage, Darmstadt 1995

Seneca, L. Annaeus, *Naturales quaestiones. Naturwissenschaftliche Untersuchungen*, Lateinisch-Deutsch, übersetzt und herausgegeben von Otto und Eva Schönberger, Stuttgart 1998, zitiert nach Buch, Kapitel, Abschnitt

Seneca, L. Annaeus, *Sämtliche Tragödien,* Lateinisch–Deutsch, übersetzt von Theodor Thomann, 2 Bände, 2. Auflage, Zürich 1978

Singer, Wolf/Ricard, Matthieu, *Hirnforschung und Meditation. Ein Dialog,* Frankfurt a.M. 2008

Snell, Bruno, *Die Entdeckung des Geistes. Studien zur Entstehung des europäischen Denkens bei den Griechen,* 2. Auflage, Hamburg 1948

Snell, Bruno, *Leben und Meinungen der Sieben Weisen,* 3. Auflage, München 1952

Sophokles, *Werke in einem Band,* übersetzt von Rudolf Schottlaender, Berlin und Weimar 1966

Sri Sri Ravi Shankar, *Die Kunst des Lebens,* Ahlerstedt 2011

Straub, Lorenz, *Liederdichtung und Spruchweisheit der alten Hellenen,* Verlag W. Spemann, Berlin und Stuttgart (ohne Jahresangabe)

Thich Nhat Hanh, *Das Herz von Buddhas Lehre,* 3. Auflage, Freiburg i.Br. 1999

Thich Nhat Hanh, *Die Lehre des Buddha über die Liebe,* München 2022

Thich Nhat Hanh, *Einfach lieben,* München 2016

Thich Nhat Hanh, *Gut sein und was der Einzelne für die Welt tun kann,* München 2014

Viëtor, Karl, *Geist und Form. Aufsätze zur deutschen Literaturgeschichte,* Bern 1952

Werfel, Franz, *Die vierzig Tage des Musa Dagh,* Frankfurt 1979

Xenophon, *Erinnerungen an Sokrates,* übersetzt von Rudolf Preiswerk, Reclam 1992, zitiert nach Buch (röm. Ziff.) und Kapitel (arab. Ziff.)

Xenophon, *Das Gastmahl,* übersetzt von Georg Peter Landmann, Hamburg 1957

Yu Dan, *Konfuzius im Herzen. Alte Weisheit für die moderne Welt,* München 2009

Zhuangzi, *Das wahre Buch vom südlichen Blütenland,* übersetzt von Richard Wilhelm, Neuausgabe Kreuzlingen/München 2006, zitiert nach Buch (röm. Ziff.) und Kapitel (arab. Ziff.); »Ü Kalinke«: Zhuangzi. *Das Buch der daoistischen Weisheit,* herausgegeben und übersetzt von Viktor Kalinke, Ditzingen 2019

Zimmer, Heinrich, *Maya. Der indische Mythos,* Zürich 1952

Zotz, Volker, *Konfuzius für den Westen,* Frankfurt a. M. 2007

Anmerkungen

1 Zitiert nach Hüther/Hosang/Grün, Liebe ist die einzige Revolution, S. 50.

2 Faust II Vers 11872 f., WA I 15,328 (Zeilen 1 und 2); WA I 47,177, Der Sammler und die Seinigen (Zeilen 3 und 4).

3 Sophokles, Werke in einem Band, Antigone, Verse 799 f.

4 Schwarz, So sprach der Weise, S. 119.

Woher kommt die Sehnsucht nach Liebe?

1 Seneca, Sämtliche Tragödien, Bd. 2, Thyestes, Vers 551.

2 Zitiert nach Otto, Walter F., Die Götter Griechenlands, S. 102 (Schiller, Das Glück).

3 Zu den biologisch vorgeprägten Primäremotionen vgl. Hosang, Tiefenkulturelle Widerstände und Chancen: Warum braucht Nachhaltigkeit Gefühls- und Glücksforschung?, in GAIA 3/2007.

4 Fromm, Die Kunst des Liebens, in Gesamtausgabe, Bd. IX, S. 463.

5 Rank, Das Trauma der Geburt und seine Bedeutung für die Psychoanalyse, S. 38.

6 Rank, ebenda, S. 133 f., Fn. 14: »Ich kann es mir hier nicht versagen, aus dem prachtvollen ›Buch von der Schöpfung des Kindes‹, wie es in den ›Kleinen Midraschim‹ überliefert ist, den Hauptgedankengang und einige Sätze anzuführen. Das ›Buch‹ beginnt mit dem Beischlaf der Eltern und den ersten Schicksalen des ›Tropfens‹, der von einem Engel beschützt wird. Nachdem der Geist in den Tropfen gebracht ist, führt ihn der Engel des Morgens in das ›Paradies‹ und des Abends in die ›Hölle‹ und zeigt ihm dann den Ort, wo er auf Erden wohnen, und den Ort, wo er begraben sein wird. ›Der Engel führt ihn aber immer wieder in den Leib seiner Mutter zurück, und der Heilige, gelobt sei er, macht ihm Türe und Riegel (auf, Verf.). Und der Heilige, gelobt sei er, sagt zu ihm: Bis hierher sollst du kommen und nicht

weiter. Und es liegt das Kind in dem Schoße seiner Mutter neun Monate. – Die ersten drei Monate wohnt es in der untersten Kammer, die drei mittleren in der mittleren Kammer und die drei letzten in der obersten Kammer. Und es ißt von allem, wovon seine Mutter ißt, und es trinkt von allem, wovon seine Mutter trinkt, und führt keinen Kot ab; denn sonst würde seine Mutter sterben. – Und sobald jene Zeit gekommen ist, daß es hinausgehe, kommt jener Engel und sagt zu ihm: Gehe hinaus; denn die Zeit ist gekommen, daß du hinausgehest in die Welt. Und der Geist des Kindes antwortet: Ich habe bereits vor demjenigen, der da sprach, und die Welt war, gesagt, daß ich es mir genügen lasse an der Welt, in der ich gewohnt habe. Und der Engel antwortet ihm: Die Welt, in die ich dich bringe, ist schön. Und ferner: Wider deinen Willen bist du im Leibe deiner Mutter gebildet worden und wider deinen Willen wirst du geboren, um hinauszugehen in die Welt. Sofort weint das Kind. Und weshalb weint es? Wegen jener Welt, in der es war, und die es jetzt verläßt. Und wie es hinausgeht, schlägt es der Engel unter seine Nase und verlöscht das Licht über seinem Haupte. Er bringt es gegen seinen Willen hinaus, und es vergißt alles, was es gesehen hat. Und wie es hinauskommt, weint es.‹«

7 Nestle, Die Vorsokratiker, S. 139, 142.

8 Hüther/Krens, Das Geheimnis der ersten neun Monate, S. 23.

9 Rank, Das Trauma der Geburt und seine Bedeutung für die Psychoanalyse, S. 192.

10 Hosang, in Hüther/Hosang/Grün, Liebe ist die einzige Revolution, S. 83.

11 Laotse, Tao te king, Nr. 16.

12 Laudse, Daudedsching, Nr. 20. Schreibweise geändert.

13 Zitiert nach Rosa, Resonanz, S. 539, Fn. 36.

14 Fromm, Die Kunst des Liebens, in Gesamtausgabe, Bd. IX, S. 465.

15 Grün, Auf dem Wege zu einer Theologie des Wanderns, Münsterschwarzach 1983, S. 31; unter Verweis auf C. G. Jung, Gesammelte Werke, Olten und Freiburg i. Br. 1973, Bd. V, S. 258.

16 Grün, Auf dem Wege zu einer Theologie des Wanderns, S. 105 f. Zu Gabriel Marcel: Grün, in Hüther/Hosang/Grün, Liebe ist die einzige Revolution, S. 137.

17 Sophokles, Werke in einem Band, Antigone, Verse 781 ff.

18 Zimmer, Maya, S. 58.

19   Oldenburg, Buddha. Sein Leben. Seine Lehre. Seine Gemeinde, S. 19
      (Rigveda X, 129). Text geringfügig geändert.

20   Buch der Riten, Sitten und Gebräuche, S. 292 ff.

21   Rank, Das Trauma der Geburt und seine Bedeutung für die Psycho-
      analyse, S. 193. Satzbau geringfügig geändert.

22   Hüther/Krens, Das Geheimnis der ersten neun Monate, S. 16 f.

23   Mong, V A 1 (99) Text und Anmerkung. Schun ist eine mythische
      Gestalt.

24   Ebenda, VI A 6 (132).

25   Plutarch, Moralia, II, 837.

26   Seneca, Sämtliche Tragödien, Bd. 2, Thyestes, Vers 551.

27   Drewermann, Psychoanalyse und Moraltheologie, Bd. II, S. 42.

28   Buber, Das dialogische Prinzip, S. 28 f.

29   Ebenda.

30   Jaeger, Paideia, Bd. I, S. 99 und Bd. II, S. 254 f.

31   Lukrez, Vom Wesen des Weltalls, I 17 ff.

32   Fromm, Die Furcht vor der Freiheit, in Gesamtausgabe, Bd. I, S. 231.

33   Rosa, Resonanz, S. 574.

34   Vortrag Gerald Hüther; aus einem Podcast auf seiner Homepage.

35   Dalai Lama, Rückkehr zur Menschlichkeit, S. 59 f.

36   Otto, Walter F., Die Götter Griechenlands, S. 94.

37   Ranke-Graves, Griechische Mythologie, S. 48.

38   Fritz, Weisheiten der Völker, S. 297.

Liebe als Wunsch zur Vereinigung

1   Fromm, Gesamtausgabe, Bd. IV, S. 25 und Bd. IX, S. 331.

2   Sri Sri Ravi Shankar, Die Kunst des Lebens, S. 46.

3   Buber, Das dialogische Prinzip, S. 15, 22.

4   Konfuzius, Gespräche, XI 20; Epikur, Von der Überwindung der
     Furcht, S. 163 (106). Text geringfügig geändert.

5   Ranke-Graves, Griechische Mythologie, S. 25; Kerényi, Die Mytholo-
     gie der Griechen, S. 20.

6   Platon, Sämtliche Werke, Das Gastmahl 192 E (Bd. II, S. 685).

7   Ebenda, 191 C/D (Bd. II, S. 683).

8   Ebenda. 193 D (686).

9   Rank, Das Trauma der Geburt und seine Bedeutung für die Psycho-
    analyse, S. 179 f.

10 Otto, Walter F., Die Götter Griechenlands, S. 97.

11 Ebenda, S. 94.

12 Ebenda, S. 101. Zu vergleichen wäre Platon, Sämtliche Werke, Phai-
    dros 279A/B, wo Sokrates betet: »Lieber Pan du, und alle ihr anderen
    Gottheiten dieser Stätte, möchtet ihr mir verleihen schön zu werden
    im Innern (…)«.

13 Hesiod, Theogonie, 937.

14 Otto, Walter F., Die Götter Griechenlands, S. 103.

15 Nestle, Die Vorsokratiker, S. 132 f.

16 Zhuangzi, Das wahre Buch vom südlichen Blütenland, XXI 4.

17 Zhuangzi, Das wahre Buch vom südlichen Blütenland, XII 11.

18 Zhuangzi, Das wahre Buch vom südlichen Blütenland, XI 4.

19 Zhuangzi, Das wahre Buch vom südlichen Blütenland, V 4 (Überset-
    zung Kalinke, S. 68).

20 Zhuangzi, Das wahre Buch vom südlichen Blütenland, VI 1.

21 Zhuangzi, Das wahre Buch vom südlichen Blütenland, II 3.

22 Zhuangzi, Das wahre Buch vom südlichen Blütenland, XXIII 1 a. E.

23 Zhuangzi, Das wahre Buch vom südlichen Blütenland, XXII 5; vgl.
    Übersetzung Kalinke, S. 276.

24 Buch der Riten, Sitten und Gebräuche, S. 257.

25 Buch der Riten, Sitten und Gebräuche, S. 88 f.

26 Easwaran, Die Upanischaden, S. 85 (Mandukya 1–8). Die letzten Sät-
    ze betreffen nicht Prajna, die dritte Stufe der Versenkung, sondern
    Turiya, die vierte und höchste Stufe.

27 Sri Ramana Maharshi, zitiert in Easwaran, Die Upanischaden, S. 145.

28 Easwaran, Die Upanischaden, S. 317 (Tejobindu-Up. 3).

29 Ebenda, S. 318 (Tejobindu-Up. 7).

30 Ebenda, S. 55 und 74 (Brihadaranyaka 2,4,5).

31 Dürckheim, Wunderbare Katze und andere Zen-Texte, S. 22. Text
    geringfügig geändert.

32 Rank, Das Trauma der Geburt und seine Bedeutung für die Psycho-
    analyse, S. 130.

33 Fromm, Die Kunst des Liebens, in Gesamtausgabe, Bd. IX, S. 497.

34 Sri Sri Ravi Shankar, Die Kunst des Lebens, S. 58. Vgl. »Das Glück
    Gottes ist inwendig in euch«, Lutherbibel, Lukas 17, 21.

35   Ebenda, S. 24.

36   Ebenda, S. 122.

37   Ebenda, S. 100.

38   Ebenda, S. 35.

39   Ebenda, S. 120.

40   Ebenda, S. 55.

41   Ebenda, S. 71, 75, 76.

42   Ebenda, S. 77.

43   Fromm, Psychologie und Werte, in Gesamtausgabe, Bd. IX, S. 334.

44   Ebenda, S. 331. Nahezu identisch mit Fromm, Wege aus einer kranken Gesellschaft, in Gesamtausgabe, Bd. IV, S. 25.

45   Fromm, Die Kunst des Liebens, in Gesamtausgabe, Bd. IX, S. 463.

46   Ebenda, S. 444.

47   Ebenda, S. 478.

48   Ebenda, S. 334 f.

49   Ebenda, IX, S. 445 f. Vgl. Rank, Das Trauma der Geburt und seine Bedeutung für die Psychoanalyse, S. 47, 69, 193 und passim.

50   Fromm, Die Kunst des Liebens, in Gesamtausgabe, Bd. IX, S. 450.

51   Ebenda, S. 451.

52   Fromm, Psychologie und Werte, in Gesamtausgabe, Bd. IX, S. 332.

53   Fromm, Die Kunst des Liebens, in Gesamtausgabe, Bd. IX, S. 465.

54   Ebenda, S. 467.

55   Hüther/Krens, Das Geheimnis der ersten neun Monate, S. 109.

56   Ebenda, S. 148.

57   MA 17, 824 (Maximen und Reflexionen Nr. 572).

58   Friedenthal, Goethe, S. 189 f.

59   Faust I, Vers 1765.

60   Beutler, Essays um Goethe, S. 560.

61   Buber, Das dialogische Prinzip, S. 31.

62   Bauer, Das empathische Gen, S. 129.

63   Ebenda, S. 55 f.

64   Bauer, Wie wir werden, wer wir sind, S. 135.

65   Fredrickson, Die Macht der Liebe, S. 20.

66   Zitiert nach Hüther/Hosang/Grün, Liebe ist die einzige Revolution, S. 102.

67   In Hüther/Hosang/Grün, Liebe ist die einzige Revolution, S. 127.

68   Dalai Lama, Rückkehr zur Menschlichkeit, S. 59.

69 Rank, Das Trauma der Geburt und seine Bedeutung für die Psycho-
    analyse, S. 69 und 193.

Liebe als gelingendes Miteinander

1 Buch der Riten, Sitten und Gebräuche, S. 260.

2 HA I 226 (Xenien).

3 Zitiert nach Assmann, Weisheit, S. 206 Anm. 9.

4 Zitiert nach Hüther/Hosang/Grün, Liebe ist die einzige Revolution,
   S. 131 (aus Platon, Phaidros).

5 Zotz, Konfuzius für den Westen, S. 167 f.; Konfuzius, Gespräche, XV
   24.

6 Mong VII A 15 (160).

7 Nestle, Die Nachsokratiker, II 69.

8 Fromm, Psychoanalyse und Religion, in Gesamtausgabe, Bd. VI,
   S. 272.

9 Mong IV A 11 (79).

10 Seneca, Philosophische Schriften, I 137 (Vom Zorn, II 31).

11 Platon, Sämtliche Werke, Gorgias 507 D ff.

12 Aristoteles, Nikomachische Ethik (Gigon), VIII 1 (1155 a 3); Aristote-
    les, Politik, III 9 (1280 b 34–39).

13 Buch der Riten, Sitten und Gebräuche, S. 112 f.

14 Zitiert nach Sri Sri Ravi Shankar, Die Kunst des Lebens, S. 18.

15 Bauer, Wie wir werden, wer wir sind, S. 209. Text geringfügig geän-
    dert.

16 Bauer, Das empathische Gen, S. 48.

17 Unterweisungen des Shuruppak (2600–2400 v. Chr.), zitiert nach Ass-
    mann, Weisheit, S. 107; https://etcsl.orinst.ox.ac.uk/section5/tr561.
    htm: A loving heart maintains a family; a hateful heart destroys a fa-
    mily.

18 Konfuzius, Gespräche, VII 30.

19 Nikhilananda, Vivekananda, S. 344.

Liebe als Erfüllung

1   Aurobindo Ghose, zit. nach Hüther/Hosang/Grün, Liebe ist die einzige Revolution, S. 104.

2   Mong VII A4 (157).

3   Mong II A 7 (35); vgl. auch IV A 11 (79).

4   Buber, Das dialogische Prinzip, S. 18.

5   Zitiert nach Hüther/Hosang/Grün, Liebe ist die einzige Revolution, S. 105.

6   Platon, Sämtliche Werke, Das Gastmahl 210 ff.

7   Goethe, WA II 1,15 (Entwurf einer Farbenlehre, Erster, didaktischer Teil).

8   Luck, Die Weisheit der Hunde, S. 237.

9   In Hüther/Hosang/Grün, Liebe ist die einzige Revolution, S. 105.

10 Thich Nhat Hanh, Einfach Lieben, S. 86.

Liebe als Lebensfreude

1   Wörtlich: »*Alles ist in uns selbst vorhanden. Wenn wir in uns gehen und sind wahrhaftig: das ist die höchste Freude. Wenn wir stark sind in der Nächstenliebe und darnach handeln: das ist der nächste Weg zur Vollkommenheit.*« Mong VII A 4 (157).

2   Hermann Hesse, Über die Liebe, Video: https://www.youtube.com/watch?v=I3e5DfsXMa0&t=197 s.

3   Ebenda.

4   Aristoteles, Einführungsschriften, S. 132.

5   Epikur, Von der Überwindung der Furcht, übersetzt von Olof Gigon, München 1991, zitiert nach Seite und ggf. Abschnitt, S. 110 (48).

6   Hermann Hesse, Über die Liebe, Video: https://www.youtube.com/watch?v=I3e5DfsXMa0&t=197 s.

7   Ebenda.

8   Thich Nhat Hanh, Einfach Lieben, S. 17.

9   Ebenda, S. 16 und 11.

10 Ebenda, S. 66.

11 Ebenda, S. 78, 96 und 104.

12 Zitiert nach Funk, Erich Fromm – Liebe zum Leben, S. 138.

13 Mong Dsi VII A 21 (161 und Anm. 21). Text geringfügig geändert.

14 Nelson Mandela, zitiert nach Singer/Ricard, Hirnforschung und Meditation, S. 27.

15 Zitiert nach Buchwald, Führer durch Goethes Faustdichtung, S. 270 f.

Liebe als Lebensglück

1   Platon, Sämtliche Werke, Gastmahl 180B. Text geringfügig geändert.

2   Hosang, Maik, Tiefenkulturelle Widerstände und Chancen: Warum braucht Nachhaltigkeit Gefühls- und Glücksforschung?, in GAIA 3/2007.

3   Ebenda.

4   Goethe, WA 11, 346 (Die natürliche Tochter, Vers 2185).

5   Fredrickson, Die Macht der Liebe, S. 23, 15.

6   Ebenda, S. 25.

7   Bauer, Prinzip Menschlichkeit, S. 130, 204.

8   Ebenda, S. 59, 61.

9   Bauer, Das empathische Gen, S. 42 f.

10 Bauer, Prinzip Menschlichkeit, S. 7.

11 Rosa, Resonanz, S. 26.

12 Dalai Lama, Rückkehr zur Menschlichkeit, S. 65.

13 Thich Nhat Hanh, Die Lehre des Buddha über die Liebe, S. 7.

14 Konfuzius, Gespräche, IV 15, in Anlehnung an die Übersetzungen von Moritz und Wilhelm.

15 Goethe, MA 2. 1, S. 24 (Rastlose Liebe).

Liebe zu sich selbst

1   Thich Nhat Hanh, Gut sein und was der Einzelne für die Welt tun kann, S. 40.

2   Thich Nhat Hanh, Einfach Lieben, S. 64, 60.

3   Hermann Hesse, Über die Liebe; Video: https://www.youtube.com/watch?v=I3e5DfsXMao&t=197 s.

4   Aristoteles, Nikomachische Ethik (Gigon), IX 4 und 8.

5   Aristoteles, Nikomachische Ethik (Gigon), IX 8.

6   Aristoteles, Politik, II 5, 1263 b 1 ff.

7   Fromm, Die Situation des Menschen, in Gesamtausgabe, Bd. IV, S. 29.

8   Ebenda, S. 30.

9   Fromm, Die Pathologie der Normalität. Zur Wissenschaft vom Menschen, S. 117.

10   Desikachar/Krusche, Das verborgene Wissen bei Freud und Patañjali, S. 225.

11   Epikur, Von der Überwindung der Furcht, S. 113 (79). Text geringfügig geändert.

12   Fromm, Die Kunst des Liebens, in Gesamtausgabe, Bd. IX, S. 477.

13   Ekiken, The Way of Contentment, S. 71 (Übersetzung vom Verf.).

14   Zweite Pythische Ode, 72, zit. nach Snell, Die Entdeckung des Geistes, S. 151. Der Zusatz zitiert nach Schadewaldt, Die Anfänge der Philosophie bei den Griechen, III 336.

15   Vgl. MA 17,513 (Wilhelm Meisters Wanderjahre, 2. Buch, Betrachtungen im Sinne der Wanderer), auch MA 12, 306.

16   Epikur, Von der Überwindung der Furcht, S. 113 (71).

17   Straub, Liederdichtung und Spruchweisheit der alten Hellenen, S. 101.

18   Platon, Apologie des Sokrates, 35 A; Xenophon, Erinnerungen an Sokrates, S. 120 f.

19   Grün, in Hüther/Hosang/Grün, Liebe ist die einzige Revolution, S. 139.

20   Seneca, Philosophische Schriften, III 54 (Brief 16).

21   Xenophon, Erinnerungen an Sokrates, IV 2, 26: »Ist es nicht offensichtlich, dass die Menschen ... am meisten Schlechtes aber dadurch (erfahren), dass sie sich in sich selbst täuschen?«

22   Epiktet, Teles und Musonius, S. 123 (I 19).

23   Seneca, Philosophische Schriften, IV 327 (Brief 121).

24   Nestle, Die Nachsokratiker, II 127.

25   Braem, Hem-On, der Ägypter, S. 407 f.

26   Huch, Die Romantik, S. 121 und 139.

27   Thich Nhat Hanh, Einfach Lieben, S. 64 und 66.

28   Thich Nhat Hanh, Gut sein und was der Einzelne für die Welt tun kann, S. 40.

29   Snell, Leben und Meinungen der Sieben Weisen, S. 101.

30 Bauer, Wie wir werden, wer wir sind, S. 193.

31 Fromm, Psychoanalyse und Religion, in Gesamtausgabe, Bd. VI, S. 275 f.

32 Zitiert nach Grün, in Hüther/Hosang/Grün, Liebe ist die einzige Revolution, S. 156.

Liebe zu anderen Menschen

1 Noetzel, Östliche Weisheit, S. 27.

2 Thich Nhat Hanh, Gut sein und was der Einzelne für die Welt tun kann, S. 119.

3 Buch der Riten, Sitten und Gebräuche, S. 260.

4 Konfuzius XII 22. Text geringfügig geändert.

5 Schwarz, So sprach der Weise, S. 119. Zitat geringfügig geändert.

6 Buch der Riten, Sitten und Gebräuche, S. 279.

7 Konfuzius, Gespräche, XV 23.

8 Buch der Riten, Sitten und Gebräuche, S. 41 (Kap. »Maß und Mitte«).

9 Mong VII B 16 (175) und VII A 15 (160). Konfuzius (Schwarz, So sprach der Weise, S. 327): »Aller Tugenden Wurzel ist die Kindesliebe…Die Kindesliebe beginnt also mit dem Dienst an Blutsverwandten (…) und endet in der lobenswerten Lebensführung der eigenen Person.«

10 Jaeger, Paideia, Bd. III 159 f.

11 Gandhi, Eine Autobiographie oder Die Geschichte meiner Experimente mit der Wahrheit, S. 513.

12 Sri Sri Ravi Shankar, Die Kunst des Lebens, S. 127.

13 Goethe, Faust II Vers 9685 f. Vgl. Brief an Charlotte von Stein vom 12.07.1786, WA 7,246: »(…) denn aus Verbindungen, die nicht bis in's Innerste der Existenz gehn, kann nichts Kluges werden.«

14 Noetzel, Östliche Weisheit, S. 13 und 38.

15 Hegel, Vorlesungen über die Ästhetik II, S. 182 f.

16 Buber, Das dialogische Prinzip, S. 32.

17 So Rosa, Resonanz, S. 536.

18 Ebenda, S. 25.

19 Buber, Das dialogische Prinzip, S. 293 ff.

20 Rosa, Resonanz, S. 591 f.

21 Ebenda, S. 608.

22 Ebenda, S. 611 f.

23 Ebenda, S. 74 f.

24 Fromm, Psychoanalyse und Religion, in Gesamtausgabe, Bd. VI, S. 275.

25 Dalai Lama, Kleines Buch der Weisheit, S. 2.

26 Dalai Lama, Rückkehr zur Menschlichkeit, S. 63 f.

27 Ebenda, S. 58.

28 »Ich habe im Geschäftsleben den größtmöglichen Erfolg erlangt. Für andere ist mein Leben der Inbegriff des Erfolgs. Gleichwohl habe ich, von der Arbeit abgesehen, wenig Freude. Am Ende ist der Reichtum nur eine Tatsache meines Lebens, an die ich mich gewöhnt habe (…) In diesem Moment, im Krankenbett, während ich über mein ganzes Leben nachdenke, erkenne ich, dass alle Anerkennung und aller Wohlstand, worauf ich so stolz war, verblasst und angesichts des drohenden Todes bedeutungslos wird. Bewahre dir Liebe für deine Familie, für deinen Ehepartner, für deine Freunde. Du wirst erkennen, dass wahres inneres Glück nicht von materiellen Dingen herrührt. Du wirst daher hoffentlich erkennen, dass wenn du Kumpels und Freunde hast, Brüder und Schwestern, mit denen du plauderst, lachst, dich unterhältst, Lieder singst, über Gott und die Welt sprichst (…) Das ist wahres Glück!!!« Dan Evon, Steve Jobs Deathbed Speech, Published 7 November 2015: https://www.snopes.com/fact-check/steve-jobs-deathbed-speech/

29 Gay, Freud, S. 617 f. Zitate im Zitat von Freud, Das Unbehagen in der Kultur, in Studienausgabe, Bd. IX, S. 238 ff.

30 Brunner, Die Weisheitsbücher der Ägypter, S. 404.

31 Ebenda, S. 227.

32 Wikipedia, Artikel »Feindesliebe«.

33 Mong Dsi IV B 28 (93 f). Text geringfügig geändert.

34 Buch der Riten, Sitten und Gebräuche, S. 374.

35 Noetzel, Östliche Weisheit, S. 37 und 26.

36 Seneca L. Annaeus, Philosophische Schriften, (Rosenbach), Bd. 5, S. 589 (Über die Wohltaten, VII 31,1).

37 Seneca, Philosophische Schriften, I 185 (Vom Zorn, III 28).

38 Zitiert nach Pohlenz, Die Stoa, I S. 345 f. In den »Selbstbetrachtungen« des Marc Aurel: 7, 22 und 31.

39 Konfuzius, Gespräche, III 7; Text nach der Übersetzung von Richard Wilhelm (»Der Edle kennt keinen Streit«).

40 Lehre des Papyrus Chester Beatty IV, zitiert nach Brunner, Die Weisheitsbücher der Ägypter, S. 227.

41 Bauer, Das empathische Gen, S. 75.

42 Seneca, Philosophische Schriften, I 153 f. (Vom Zorn, III 5).

43 Bauer, Das empathische Gen, S. 59 f.

44 Ebenda, S. 57, 59.

45 Aristoteles, Nikomachische Ethik (Gigon), IX 12, 1127 a 8 ff.

46 Diogenes Laertius, Leben und Meinungen berühmter Philosophen, VI 11.

47 Nach Hegel, Vorlesungen über die Ästhetik II, S. 183.

Liebe zum Lebenspartner

1 Homer, Od. VI 183 ff.

2 Rolland in einem Brief an Freud vom 5. Dezember 1927. Freud: Das Unbehagen in der Kultur, in Studienausgabe, Bd. IX, S. 197 und 200.

3 MA 13. 1, S. 149.

4 Goethe, MA 10, S. 36 (Entwurf einer Farbenlehre 1. Abt. 38).

5 Hosang, in Hüther/Hosang/Grün, Liebe ist die einzige Revolution, S. 95.

6 Fritz, Weisheiten der Völker, S. 22.

7 Fromm, Die Kunst des Liebens, in Gesamtausgabe, Bd. IX, S. 472.

8 Ebenda, S. 492, 461, 471, 473.

9 Plutarch, Lebensklugheit und Charakter, S. 45 f.

10 Inschrift auf der Grabplatte seiner verstorbenen Frau Christiane: »Du versuchst, o Sonne, vergebens / Durch die düsteren Wolken zu scheinen! / Der ganze Gewinn meines Lebens / Ist, ihren Verlust zu beweinen.« MA 11. 1. 1, S. 167.

11 Rosa, Resonanz, S. 346.

12 Ebenda, S. 343.

13 Ebenda, S. 345.

14 Ebenda, S. 346 f.

15 Ebenda, S. 346.

16 MA 10, 36 (Entwurf einer Farbenlehre 1. Abt. 38).

17   Goethe, MA 1, S. 1 (Das Glück der Liebe).

18   Faust I 4243 ff.

19   Goethes Gespräche, III/1, 578, zu Müller 19. September 1823.

20   Goethes Gespräche, III/1, 604, zu Müller 19. Oktober 1823.

21   Die Ausdrücke stammen von dem englischen Dramatiker Vanbrugh
      (17./18. Jh.), Durant, Kulturgeschichte der Menschheit, 24, 133.

22   Harder, Eigenart der Griechen, S. 141.

23   Fromm, Die Kunst des Liebens, in Gesamtausgabe, Bd. IX, S. 452.

24   Ebenda.

25   Ebenda, Bd. IX, S. 500 f.

26   Rosa, Resonanz, S. 260.

27   Ebenda, S. 259.

28   Nestle, II 86.

29   Plutarch, Lebensklugheit und Charakter, S. 52.

30   Fromm, Die Kunst des Liebens, in Gesamtausgabe, Bd. IX, S. 453, 455.

31   Ebenda, S. 458.

32   Ebenda, S. 464.

33   Vgl. ebenda, S. 493.

34   Vgl. Rosa, Resonanz, S. 347.

35   Griechische Tragiker, Aischylos, Der gefesselte Prometheus, Verse
      900 ff.

36   Zitiert nach Oldenburg, Buddha. Sein Leben. Seine Lehre. Seine Ge-
      meinde, S. 173.

Liebe und Leiden

1   Sri Sri Ravi Shankar, Die Kunst des Lebens, S. 44.

2   Platon, Sämtliche Werke, Phaidon 60 B.

3   Marc Aurel, Selbstbetrachtungen, 2, 16.

4   Xenophon, Erinnerungen an Sokrates, IV 2, 26.

5   Zitiert nach Fritz, Weisheiten der Völker, S. 343.

6   Marc Aurel, Selbstbetrachtungen, 4, 48.

7   Epikur, Von der Überwindung der Furcht, S. 110, (47).

8   Zhuangzi, Das wahre Buch vom südlichen Blütenland, XVIII 1.

9   Otto, Die Götter Griechenlands, S. 104.

10   Ebener, Griechische Lyrik, S. 447 (Phokylides).

11 Rüdiger, Griechische Lyriker, S. 101.

12 Sophokles, Werke in einem Band, S. 380 (Fragment).

13 Ebenda, S. 381.

14 Griechische Tragiker, Euripides, Medea, Verse 629 ff.

15 Ebenda, Euripides, Iphigenie in Aulis, Verse 543 ff.

16 Bhagavadgita, 2, 64.

17 Zitiert nach Oldenburg, Buddha. Sein Leben. Seine Lehre. Seine Gemeinde, S. 233 f.; Dhammapada, Vers 213 (S. 62).

18 Seneca, Philosophische Schriften, IV 290 f. (Brief 116).

19 Seneca, Sämtliche Tragödien, Bd. 1, Medea, Vers 136; Phaedra, Verse 178 ff.

20 Seneca, Philosophische Schriften, III 25 (Brief 9).

21 Seneca, Philosophische Schriften, III 44 (Brief 14).

22 Fromm, Die Kunst des Liebens, in Gesamtausgabe, Bd. IX, S. 452.

23 Epiktet, Unterredungen, III 23. Erster Abschnitt zitiert nach Luc Ferry, Leben lernen: Eine philosophische Gebrauchsanweisung, München 2006, S. 62.

24 Huch, Die Romantik, S. 174 und 116. Die Verse stammen aus dem Gedicht »Sehnsucht« von Ludwig Tieck.

25 Sri Sri Ravi Shankar, Die Kunst des Lebens, S. 79 f.

26 Ebenda, S. 41 f.

27 Ebenda, S. 44.

28 Dalai Lama, Rückkehr zur Menschlichkeit, S. 60.

29 Fredrickson, Die Macht der Liebe, S. 12.

30 Bauer, Das empathische Gen, S. 43 f.

Liebe zu den Dingen

1 Hermann Hesse, Über die Liebe, Video: https://www.youtube.com/watch?v=I3e5DfsXMa0&t=197 s.

2 Sri Sri Ravi Shankar, Die Kunst des Lebens, S. 75.

3 Fromm, Die Kunst des Liebens, in Gesamtausgabe, Bd. IX, S. 491.

4 Ebenda, S. 450.

5 Dalai Lama, Rückkehr zur Menschlichkeit, S. 56.

6 Goethe, MA 5, S. 81 ff. (Wilhelm Meisters Lehrjahre II 2). Text geringfügig geändert, Hervorhebungen vom Verf.

7   Flitner, Goethe im Spätwerk, S. 317.

8   Brief an Herder, WA IV 48, 219.

9   Goethe, WA I 20, 318 (Wahlverwandtschaften, 2. Teil 10. Kap.).

10   Brief an C. Seebeck 3. Januar 1832, WA IV 49, 191.

11   Faust II, Vers 11446.

12   Gomperz, Die Lebensauffassung der griechischen Philosophen und das Ideal der inneren Freiheit, S. 23.

13   Thich Nhat Hanh, Das Herz von Buddhas Lehre, S. 30 f.

14   Buber, Das dialogische Prinzip, S. 15.

15   Aristoteles, Nikomachische Ethik (Rolfes), X 1, 1172 a 20. Text geringfügig geändert.

16   Ebenda, II 2, 1104 b 8.

17   Schwarz, So sprach der Weise, S. 265.

Liebe zu dem, was wir tun

1   Zitiert nach Ludwig, Goethes Lebensweisheit, S. 98 (aus »Geschwister«).

2   »Arbeit und Tugend schließen sich gegenseitig aus«, sagt Aristoteles, Historisches Wörterbuch der Philosophie: Arbeit, Bd. I, Spalte 481.

3   Vgl. ebenda, Bd. I, Spalte 482.

4   Zitiert nach Ludwig, Goethes Lebensweisheit, S. 72 (Werther).

5   Rosa, Resonanz, S. 393 f.

6   Historisches Wörterbuch der Philosophie: Arbeit, Bd. 1, Spalte 485. Wikipedia, Artikel Adam Smith.

7   Rosa, Resonanz, S. 379.

8   Fromm, Die Kunst des Liebens, in Gesamtausgabe, Bd. IX, S. 470.

9   Rosa, Resonanz, S. 395. Das Zitat von Sennett findet sich dort.

10   Zitiert nach Ludwig, Goethes Lebensweisheit, S. 92 (Gedicht »Sprichwörtlich«).

11   Ebenda, S. 95 (Wilhelm Meisters Wanderjahre).

12   Nestle, Die Nachsokratiker, II 203.

13   Hosang, in Hüther/Hosang/Grün, Liebe ist die einzige Revolution, S. 75.

14   Fromm, Psychologie und Werte, in Gesamtausgabe, Bd. IX, S. 335.

15   Kazuo Inamori, Erfolg aus Leidenschaft, Wien 1996, S. 116.

16 Xenophon, Erinnerungen an Sokrates, S. 98.

17 Zitiert nach Ludwig, Goethes Lebensweisheit, S. 96 (zu Beidenfeld, 1815). Text geringfügig geändert.

18 Fromm, Die Kunst des Liebens, in Gesamtausgabe, Bd. IX, S. 450.

19 Grün, Staunen – Die Wunder im Alltag entdecken, Freiburg i. Br. 2018.

20 Richard Sennett, zitiert nach Rosa, Resonanz, S. 400, Fn. 109.

21 Bauer, Wie wir werden, wer wir sind, S. 125 f.

22 Goethe erzählt sein Leben, S. 240 (Tagebuch 13. Januar 1779).

23 Goethe, WA II 1,15 (Entwurf einer Farbenlehre, Erster, didaktischer Teil).

Liebe zur Natur

1 Laotse, TAO TĚ KING, Nr. 52 (Victor von Strauß).

2 Laotse, Tao te king, Nr. 52 (Übersetzung Richard Wilhelm).

3 Nestle, Die Nachsokratiker, II 56.

4 Nestle, Die Sokratiker, S. 199.

5 Platon, Sämtliche Werke, Gastmahl 191 D und 192 E.

6 Laotse, Tao te king, Nr. 16.

7 Laotse, Tao te king, Nr. 16.

8 Zhuangzi, Das wahre Buch vom südlichen Blütenland, VI 1.

9 Nestle, Die Vorsokratiker, S. 129. Text geringfügig geändert.

10 Goethe, MA 2.2, S. 479 (Die Natur).

11 Zhuangzi, Das wahre Buch vom südlichen Blütenland, VI 1.

12 Konfuzius, Gespräche, V 18.

13 Nestle, Die Vorsokratiker, S. 131–133. Die Kommata in der 7. Zeile (»Bis, zum All-Einen verwachsen, sie«) vom Verf. hinzugefügt; vgl. Diels/Kranz, Die Fragmente der Vorsokratiker, Bd. 1, Empedokles, B 26.

14 Buch der Riten, Sitten und Gebräuche, S. 81.

15 Goethe, MA 1.2, S. 543.

16 Grün, Staunen – Die Wunder im Alltag entdecken, S. 223, 229 f.

17 Brüll, Japanische Weisheit, S. 52.

18 Cicero, Gespräche in Tusculum, IV 70 f.

19 Rousseau, Schriften, Bd. 2 hrsg. von Henning Ritter, Frankfurt a. M. 1988, S. 759.

20 In Hüther/Hosang/Grün, Liebe ist die einzige Revolution, S. 120.

21 Brüll, Japanische Weisheit, S. 27.

22 Thich Nhat Hanh, Einfach lieben, S. 78.

23 I Ging, S. 272 (Abhandlung § 1).

24 Brüll, Japanische Weisheit, S. 41.

25 Bauer, Das empathische Gen, S. 137.

26 Ebenda, S. 83 f.

27 Nestle, Die Vorsokratiker, S. 104.

28 Goethe, WA I 6,189 (West-östl. Divan, VIII. Buch Suleika, »Wieder-finden«, Verse 33 ff) und WA I 6,169 (»Suleika«, Vers 7).

Liebe zur Kunst, Musik und Kultur

1 Kungfutse, Schulgespräche, 15, 6.

2 Seneca, Philosophische Schriften, III 24 (Brief 9).

3 Zhuangzi, Das wahre Buch vom südlichen Blütenland, XIX 10.

4 Platon, Sämtliche Dialoge, Gesetze 719 C.

5 Sophokles, Werke in einem Band, S. 374 (Fragment).

6 Hesiod, Sämtliche Werke, S. 96 ff.

7 Goethe, MA 13. 1, S. 140.

8 Platon, Sämtliche Dialoge, Der Staat 401 D. Text geringfügig geändert.

9 Nestle, Die Nachsokratiker, II 74.

10 I Ging, S. 79.

11 Ebenda.

12 Brüll, Japanische Weisheit, S. 108.

13 Buch der Riten, Sitten und Gebräuche, S. 93.

14 Ebenda, S. 96.

15 Ebenda, S. 107. Text geringfügig geändert.

16 Schwarz, So sprach der Weise, S. 234.

17 Flitner, Goethe im Spätwerk, S. 322, 315, 318, 329 f.

1 Anders Drewermann, Psychoanalyse und Moraltheologie, S. 41 ff.: »Die Liebe ist *von* Gott heißt für die Bibel gerade nicht: die Liebe *ist* Gott.«

2 Nikhilananda, Vivekananda, S. 328.

3 Aristoteles, Metaphysik, 3. Buch, Anm. 46, unter Verweis auf 958a 28 und De gen. et corr. (Über Entstehen und Vergehen), 315a 7, 333b 21.

4 Fromm, Die Kunst des Liebens, in Gesamtausgabe, Bd. IX, S. 482.

5 Ebenda, S. 486.

6 Seneca, Philosophische Schriften (Rosenbach), Bd. 5, Über die Wohltaten 4,7,1; 4,8,2. Ebenda 4,8,3: »Natur, Fatum, Schicksal: das alles sind Namen desselben Gottes.«

7 In Hüther/Hosang/Grün, Liebe ist die einzige Revolution, S. 161.

8 James, Die Vielfalt religiöser Erfahrung, S. 501.

9 Exodus 33, 11 nach der Übersetzung Luthers: »Der Herr redete mit Mose von Angesicht zu Angesicht, wie ein Mann mit seinem Freund redet.«

10 Werfel, Die vierzig Tage des Musa Dagh, S. 36, 589, 595.

11 Flitner, Goethe im Spätwerk, S. 346.

12 Ebenda, S. 307 f.

13 Noetzel, Östliche Weisheit, S. 27.

14 Goethe, MA 6. 1, S. 517.

15 Goethe, WA IV 7,64.

16 Mundaka-Up. 3,1,3–6, zitiert nach Easwaran, Die Upanischaden, S. 161 f. In einer Anmerkung zu dieser Stelle heißt es: »›Falschheit‹ – anritam, mit seiner Nebenbedeutung: ›das, was aus dem Rhythmus (rita) ist‹«, dem Rhythmus des Seins.

17 Paramahamsa-Up. 1–2, Easwaran, Die Upanischaden, S. 325 f.

18 Bhagavadgita, 18, 53–54.

19 Grün, Die Bibel verstehen, S. 100.

20 I Ging, S. 275.

1   Faust, II Verse 11300 ff.

2   Seneca, Naturales quaestiones, 2,45,2 und 3.

3   Sri Sri Ravi Shankar, Die Kunst des Lebens, S. 109.

4   Etwa Theognis, Hesiod, Euripides; vgl. Nestle, Griechische Lebens-
     weisheit und Lebenskunst, S. 50.

5   Goethe, JA 9, 296 (Theaterreden 175 f.).

6   Goethe, JA 5, 119.

7   Viëtor, Geist und Form, S. 157 (Schwebender Genius über der Erd-
     kugel).

8   Nietzsche, Werke in drei Bänden, Bd. III, S. 690 (Aus dem Nachlass
     der Achtzigerjahre); in der Ausgabe *Wille zur Macht,* Nr. 1004.

9   Marc Aurel, Selbstbetrachtungen, 4, 10. Text geringfügig geändert.

10   Marc Aurel, Selbstbetrachtungen (Wittstock), 3, 16.

11   Lehre des Ptahhotep (um 2350 v. Chr.), Brunner, S. 114.

12   Gomperz, Die Lebensauffassung der griechischen Philosophen und
     das Ideal der inneren Freiheit, S. 108.

13   Seneca, Philosophische Schriften, IV 180 (Brief 98).

14   Seneca, Naturales quaestiones, Buch III, Vorrede, 12. Ebenso Seneca,
     Philosophische Schriften, III 220 f. (Brief 61).

15   Epiktet, Teles und Musonius, S. 201, 203.

16   Plutarch, Lebensklugheit und Charakter, S. 33.

17   Homer, Od. 1, 33 f.

18   Luck, Die Weisheit der Hunde, S. 260.

19   Diels/Kranz, Fragment 22 B 119. Ebenso der griechische Dichter Epi-
     charm: »Die Artung (Lebensweise, Charakter) ist den Menschen ihr
     guter Dämon, anderen ihr schlechter«, Diels/Kranz, Fragment 23 B
     17.

20   Demokrit, Fragmente zur Ethik, S. 53.

21   Bissing, Ägyptische Lebensweisheit, S. 91.

22   Konfuzius, Schulgespräche, 14, 3.

23   Epiktet, Unterredungen und Handbüchlein der Moral, S. 289 (Hand-
     büchlein Nr. 18).

24   Luck, Die Weisheit der Hunde, S. 260.

25   Faust II Verse 11296 ff.

26   Epiktet, Teles und Musonius, S. 121 (III 20).

27 Nestle, Die Nachsokratiker, II 203.

28 Goethe, MA 2. 1, S. 41 (»Erinnerung«).

29 Goethes Briefe und Briefe an Goethe, IV, S. 388 (an August von Goethe, 5. Juli 1830).

30 Goethes Briefe und Briefe an Goethe, III, S. 20 (an Philipp Hackert, 4. April 1806).

31 Goethe, MA 5, S. 445 (Wilhelm Meisters Lehrjahre, 7. Buch, 5. Kap.).

32 Fromm, Psychologie und Werte, in Gesamtausgabe, Bd. IX, S. 340.

33 In Hüther/Hosang/Grün, Liebe ist die einzige Revolution, S. 132.

34 Zhuangzi, Das wahre Buch vom südlichen Blütenland, VI, 1.

Liebe zur Weisheit

1 Zitiert nach Rosa, Resonanz, S. 533.

2 Platon, Sämtliche Werke, Gastmahl 206 B.

3 Scheler, Krieg und Aufbau, S. 409.

4 Kerényi, Die Mythologie der Griechen, S. 20.

5 Jaeger, Paideia, Bd. III, S. 138.

6 Mathias Joseph Scheeben (1835–1888), deutscher katholischer Theologe, zitiert nach Kranz, Liebe und Erkenntnis, S. 55.

7 Zitiert nach Scheler, Krieg und Aufbau, S. 394.

8 1. Mose, 4,1 (Lutherbibel).

9 Rosa, Resonanz, S. 533.

10 Heidegger, Die Grundbegriffe der Metaphysik, S. 7 f.

11 Rosa, Resonanz, S. 533, Fn. 23; Lukács, Die Theorie des Romans, S. 9 f.; zur transzendentalen Obdachlosigkeit vgl. ebenda, S. 24.

12 Kranz, Liebe und Erkenntnis, S. 40.

13 Fromm, Psychologie und Werte, in Gesamtausgabe, Bd. IX, S. 337.

14 Goethe erzählt sein Leben, S. 280 f.

15 Konfuzius, Gespräche, VII 18, hier zitiert nach Yu Dan, Konfuzius im Herzen, S. 94 f.

16 Zitiert nach Kranz, Liebe und Erkenntnis, S. 43.

17 Flitner, Goethe im Spätwerk, S. 282.

18 Kranz, Liebe und Erkenntnis, S. 21.

19 Konfuzius, Gespräche, I 1. Text auf der Grundlage verschiedener Übersetzungen.

20 Konfuzius, Gespräche, V 27.

21 Konfuzius, Gespräche, XII, 22.

22 Buch der Riten, Sitten und Gebräuche, S. 287.

23 Goethe, WA IV 23,7 (Brief an Jacobi 10. Mai 1812).

24 Goethe, WA IV 23,439 (Entwurf zu dem Brief an Jacobi 10. Mai 1812).

25 Zitiert nach Kranz, Liebe und Erkenntnis, S. 17.

26 Zitiert nach Scheler, Krieg und Aufbau, S. 393.

27 Zitiert nach Kranz, Liebe und Erkenntnis, S. 22, Fn. 12.

28 Zitiert nach Kranz, Liebe und Erkenntnis, S. 22. Text geringfügig geändert.

29 Ebenda, S. 47.

30 Fromm, Die Kunst des Liebens, in Gesamtausgabe, Bd. IX, S. 458.

31 Zitiert nach Fritz, Weisheiten der Völker, S. 349.

32 Vgl. Kranz, Liebe und Erkenntnis, S. 31, Fn. 15a, unter Verweis auf Johannes B. Lotze, und S. 33.

33 Goethe, MA 17, S. 771 (Maximen und Reflexionen, Nr. 286).

34 David von Augsburg (1200–1272), mystischer Schriftsteller, zitiert nach Kranz, Liebe und Erkenntnis, S. 23.

35 Hrabanus Maurus, mittelalterlicher Mönch, im Anschluss an Augustinus, zitiert nach Kranz, Liebe und Erkenntnis, S. 23.

36 Bibel, Einheitsübersetzung, Phil 1,9.

37 http://www.artedea.net/uma; als »Göttin der Weisheit« bezeichnet sie Easwaran, Die Upanischaden, S. 103.

38 Kranz, Liebe und Erkenntnis, S 40.

39 Vgl. ebenda, S. 37.

Praktische Übungen
zur Entfaltung der Liebe

1 Zitiert nach Snell, Leben und Meinungen der Sieben Weisen, S. 13.

2 Konfuzius, Gespräche, I 1. In den Übersetzungen steht für »Glück« meistens »Befriedigung« oder »Freude«.

3 Etwa: *Wie lebe ich ein gutes Leben? Philosophie für Praktiker,* München 2014, *Denken heilt. Philosophie für ein gesundes Leben,* München 2016, *Leben lernen – ein Leben lang. Eine praktische Philosophie,* Freiburg

i.Br. 2017, *Nur die Ruhe! Einfach gut leben mit Philosophie,* München 2021.

4   Aus der »großen Abhandlung« zum I Ging, § 7, I Ging, S. 265.

5   Zhuangzi, Das wahre Buch vom südlichen Blütenland, XXIII 3.

6   Schwarz, So sprach der Weise, S. 337.

7   Aristoteles, Nikomachische Ethik, IX 8 (1168 b 9 f.).

8   Platon, Sämtliche Werke, Apologie 38 A.

9   Aus dem »Sechzehn-Wörter-Spruch«, nach Geldsetzer/Hong, Chinesische Philosophie, S. 158.

10 Konfuzius, Schulgespräche, 37, 1.

11 Epikur, Von der Überwindung der Furcht, S. 166 (135).

12 Laotse, Tao te king, Nr. 49; im Text steht der »Berufene« für der »Weise«.

13 Brief an Zelter 28. Juni 1831: »Genug, wer sich untersteht zu schätzen, was der Mensch ist, der müßte in Anschlag bringen, was er war und wie er's geworden ist.« Goethes Briefe und Briefe an Goethe, IV, S. 435.

14 Eigene Übersetzung, vgl. Capelle, Die Vorsokratiker, S. 65.

15 Seneca, Philosophische Schriften, I 153 f.: »Aber der wahrhaft große Geist, der sich selbst richtig schätzt, rächt Beleidigungen nicht, weil er sich nicht beleidigt fühlt (…) der ist kein großer Geist, auf den Beleidigungen Eindruck machen.«

16 Nestle, Die Nachsokratiker, II 86.

17 Bhagavadgita, 14, 22–25.

18 Vgl. Seneca, Philosophische Schriften, IV 2 (Brief 82).

19 Epiktet, Gespräche. Fragmente. Handbuch, III 24, 84.

20 Epikur, Von der Überwindung der Furcht, S. 120.

21 Homer, Od. 14, 443 f. und Il. 16, 250.

22 Nestle, Die Nachsokratiker, II 203. Text gekürzt.

23 Sri Sri Ravi Shankar, Die Kunst des Lebens, S. 101.

ALBERT KITZLER

VOM GLÜCK DES WANDERNS

Wandern heißt aus dem Alltag heraustreten, Natur erleben, Seele und Körper stärken und damit die Gesundheit fördern. Doch das ist nicht alles, sagt der Philosophie-Coach Albert Kitzler: Wandern ist ein Spiegelbild des Lebens — es geht ums Aufbrechen und Loslassen, um Anstiege und Abstiege, um Durststrecken und das erhebende Gefühl, ein Ziel zu erreichen. Vom Glück des Wanderns lädt ein zum Nachdenken über das Wandern und das Leben und erschließt dabei die stille und wohltuende Kraft, die beidem innewohnt.

»Albert Kitzler trifft die Essenz des
menschlichen Daseins.«
WDR 5